魏礼群近照

2024

中国式现代化与高质量发展

中国改革与发展热点问题研究

魏礼群 ◎ 主编

中国出版集团
中译出版社

图书在版编目（CIP）数据

中国式现代化与高质量发展：中国改革与发展热点问题研究：2024 / 魏礼群主编 . -- 北京：中译出版社，2024.1

ISBN 978-7-5001-7678-7

Ⅰ.①中… Ⅱ.①魏… Ⅲ.①现代化建设—研究—中国②中国经济—经济发展—研究 Ⅳ.① D61 ② F124

中国国家版本馆 CIP 数据核字（2023）第 232202 号

中国式现代化与高质量发展：中国改革与发展热点问题研究 2024
ZHONGGUOSHI XIANDAIHUA YU GAO ZHILIANG FAZHAN:
ZHONGGUO GAIGE YU FAZHAN REDIAN WENTI YANJIU 2024

主　　编：	魏礼群
策划编辑：	于　宇　薛　宇　方荟文
责任编辑：	于　宇　方荟文
文字编辑：	薛　宇　方荟文
营销编辑：	马　萱　钟筏童
出版发行：	中译出版社
地　　址：	北京市西城区新街口外大街 28 号 102 号楼 4 层
电　　话：	（010）68002494（编辑部）
邮　　编：	100088
电子邮箱：	book@ctph.com.cn
网　　址：	http://www.ctph.com.cn

印　　刷：	北京中科印刷有限公司
经　　销：	新华书店
规　　格：	787mm×1092mm　1/16
印　　张：	24.25
字　　数：	326 千字
版　　次：	2024 年 1 月第 1 版
印　　次：	2024 年 1 月第 1 次印刷

ISBN 978-7-5001-7678-7　　　　定价：79.00 元

版权所有　侵权必究
中 译 出 版 社

中国改革与发展热点问题研究编委会

编委会主任

　　魏礼群

编委会副主任

　　刘青松　冯俏彬　蒲　实

编委会委员（按姓氏音序排序）

　　安森东　巢小丽　何　奎　焦长权　李　娣　李　芳

　　刘　磊　刘文靖　苗　芃　石　伟　孙金阳　吴长军

　　杨华峰　余　佳　张茉楠　张抗私　朱　瑞

目 录

绪 论
新时代十年我国推进社会治理现代化的重大创新与成就 / 魏礼群　　001

第一章
中国式现代化进程中的高质量发展
促进民营经济高质量发展是时代要求和历史必然 / 马建堂　　015
以高质量发展全面推进中国式现代化 / 张占斌　　022
紧紧抓住全面建设社会主义现代化国家的首要任务 / 胡 敏　　029
毛泽东与中国式现代化 / 丁茂战　　038
中国新供给经济学的理论创新和政策主张 / 贾 康　　053

第二章
经济高质量发展的重难点
全面实施新《反垄断法》 加快建设全国统一大市场 / 王一鸣　　063
新时代我国利用外资现状、挑战与建议 / 李 娣　　068
中小企业如何实现数字化转型 / 朱 玉　　083

农业转移人口就业问题 / 张抗私　　　　　　　　　　　　091

如何有效破解乡村振兴进程中出现的新问题 / 葛建标　巢小丽　131

财政可持续：突出问题与改进建议 / 冯俏彬　　　　　　　　141

第三章
政府高质量治理的重难点与行动建议

创新行政管理制度：2023年机构改革的行政学分析 / 高小平　151

关注互联网租赁自行车行业困境 / 王露　　　　　　　　　　165

质量管理数字化：现状、问题与对策 / 安森东　　　　　　　170

促进中小企业高质量发展的数字赋能策略 / 吴长军　　　　　179

工会如何参与社会治理 / 李芳　朱晨朔　　　　　　　　　　187

第四章
社会高质量治理的重难点与行动对策

建设社会主义法治文化的四个着力点 / 石伟　　　　　　　　207

新发展阶段对社会质量建设的新要求 / 黄海燕　　　　　　　215

农村养老服务：如何提高供给质量 / 刘磊　李巧娟　　　　　228

"人达峰"之后：如何构建生育友好社会 / 黎娟娟　　　　　　236

老龄化社会如何实现"互助养老" / 曹鸣玉　　　　　　　　　244

老旧小区改造：如何实现多赢 / 李振锋　王翔君　　　　　　252

网格化发展的二十年：历程、逻辑和推进路径 / 朱瑞　张青青　266

第五章
统筹好发展与安全的重难点与行动对策

"一带一路"倡议的重大战略价值与展望 / 张茉楠　　　　　　283

欧盟碳边境调节机制：如何影响我国外贸及应对措施 / 朱振　叶琲玲　302

加快能源转型：从"资源"到"制造"/ 余佳　田韶鹏　　　　　315

推动公共安全治理向事前预防转型 / 张文杰　　　　　　　　328

加快缩小区域间财力差异 / 焦长权　王伟进　　　　　　　　336

构建符合公众心理规律的风险沟通模式 / 苗芃　　　　　　　359

提升国家安全治理能力：构成、约束及优化 / 杨华锋　　　　369

后　记　　　　　　　　　　　　　　　　　　　　　　　379

绪 论

新时代十年我国推进社会治理现代化的重大创新与成就

魏礼群

习近平总书记所作的党的二十大报告，高举中国特色社会主义伟大旗帜，科学描绘了以中国式现代化全面建设社会主义现代化国家、全面推进中华民族伟大复兴的宏伟蓝图，也为推进我国社会治理现代化进一步指明了方向，提供了遵循。党的二十届二中全会对全面建设社会主义现代化国家、推进中国社会治理现代化，又作出重要决策和部署。认真回顾和总结进入新时代十年来中国社会治理重大创新与重大成就，对于深入领会和贯彻落实党的二十大及二十届二中全会精神，在新时代新征程上持续推进和实现我国社会治理现代化，具有十分重要的意义。

一、新时代十年社会治理理论的重大创新

党的十八大之后，中国特色社会主义进入了新时代。十年来，习近平总书记着眼于新时代坚持和发展中国特色社会主义、推进和拓展中国式现代化，提出了一系列加强和创新社会治理的新思想、新观点、新论断，形成了内涵丰富、有机统一、逻辑严密的理论体系。我体会到，其中最重要的包括以下几个方面。

（一）明确提出全面加强党的领导，确保中国社会治理现代化的正确方向和强大凝聚力

习近平总书记在党的二十大报告中指出，十年来，"我们全面加强党的领导，明确中国特色社会主义最本质的特征是中国共产党领导，中国特色社会主义制度的最大优势是中国共产党领导"。中国式现代化是中国共产党领导的社会主义现代化。加强党的全面领导可以确保中国式现代化的正确方向和强大凝聚力。习近平总书记强调："党政军民学，东西南北中，党是领导一切的。"党的十九届五中全会指出："总揽全局、协调各方，这是新形势下实现党的正确领导的重要原则，是提高党的执政能力的基本要求，是形成工作合力的体制保证。"党对社会治理的领导"必须是全面的、系统的、整体的"，使党的领导体现在社会治理现代化全过程、各方面、各环节，通过政治引领、组织建设、能力提升，确保社会治理正确方向、形成合力、提高效能。习近平总书记特别强调："要把基层党组织这个战斗堡垒建得更强，发挥社区党员、干部先锋模范作用。" 2023 年 3 月，中共中央、国务院印发的《党和国家机构改革方案》中，明确组建中央社会工作部，这是全面加强党对社会治理领域统一领导、统筹做好社会工作的重大创新举措，具有重大的理论意义和实践意义。坚持和加强党的全面领导，是习近平新时代中国特色社会主义思想关于社会治理理论创新的鲜明标志。

（二）明确提出坚持人民至上理念，以人民为中心创新和推进社会治理

人民至上是习近平新时代中国特色社会主义思想鲜明的理论品格，也是新时代我国国家治理理论的核心要义，明确了社会治理为了谁、依靠谁、谁评判的问题。一是社会治理要牢记为人民服务的根本宗旨。社会治理"要以百姓心为心，与群众有福同享、有难同当，有盐同咸、无盐同淡"，"要紧紧抓住人民群众急难愁盼问题，采取更多

惠民生、暖民心举措"。这就要求社会治理必须始终把人民放在最高位置，坚持一切为了人民，为了人民的一切。二是社会治理必须贯彻群众路线。习近平总书记明确指出："我们要适应新形势下群众工作新特点新要求，深入做好组织群众、宣传群众、教育群众、服务群众工作，虚心向群众学习，诚心接受群众监督。"要在社会治理中，积极发展全过程人民民主，用制度体系保障人民当家作主，使社会治理更好体现人民意志、保障人民权益、激发人民创造。特别要拓展听民意、汇民智、聚民心的渠道。三是社会治理成效要由人民来评判。习近平总书记明确提出："把是否促进经济社会发展、是否给人民群众带来实实在在的获得感，作为改革成效的评价标准。""人民是我们党的工作的最高裁决者和最终评判者。""时代是出卷人，我们是答卷人，人民是阅卷人。"把人民作为"最高裁决者和最终评判者""阅卷人"，这是习近平新时代中国特色社会主义思想关于社会治理理论以人民为中心、坚持人民至上的集中体现。

（三）明确提出总体国家安全观，建设高水平平安中国

在准确把握国家安全形势变化新特点新趋势的基础上，习近平总书记创造性提出总体国家安全观，指出："必须坚持总体国家安全观，以人民安全为宗旨，以政治安全为根本，以经济安全为基础，以军事、文化、社会安全为保障，以促进国际安全为依托。"党的二十大报告进一步将完善社会治理体系纳入总体国家安全体系和能力现代化架构之中。习近平总书记在报告中指出："国家安全是民族复兴的根基，社会稳定是国家强盛的前提。"这个重要论断将国家安全与社会治理凝结为一体。总体国家安全观注重提高公共安全治理水平，公共安全治理是社会治理的重要内容，是事关人民群众切身利益的系统工程，更是社会和谐稳定的有力支撑。习近平总书记明确要求，"推动公共安全治理模式向事前预防转型"，更加注重自然灾害、突发疫情、食品安全等直接涉及民生的安全隐患，提高防灾减灾救灾和重大突发公共事件预判

处置和保障能力，更主动地防范社会公共危机，更有效地回应公共利益诉求，努力建构适应人民群众动态安全需求的长效安全治理机制。将"安全"贯穿到国家发展各领域和全过程，以新安全格局保障新发展格局，这对促进我国经济社会持续稳定健康发展具有重大意义。

（四）明确提出建设社会治理共同体，构筑共建共治共享的社会治理制度

党的十九届四中全会通过的《中共中央关于坚持和完善中国特色社会主义制度、推进国家治理体系和治理能力现代化若干重大问题的决定》提出，社会治理是国家治理的重要方面，"必须加强和创新社会治理，完善党委领导、政府负责、民主协商、社会协同、公众参与、法治保障、科技支撑的社会治理体系，建设人人有责、人人尽责、人人享有的社会治理共同体"。同时，对于构建基层社会治理格局也进行了明确阐述。习近平总书记指出："我们追求的发展是造福人民的发展，我们追求的富裕是全体人民共同富裕。改革发展搞得成功不成功，最终的判断标准是人民是不是共同享受到了改革发展成果。"因此，社会治理共同体建设是以增进人民福祉、实现公平正义、保障人民群众合法权益、让全体人民共享发展和治理成果为目标的。建设社会治理共同体、构筑共建共治共享的社会治理制度，既集中体现了新时代社会治理理论的与时俱进，也凸显了制度建设对社会治理现代化的推动与保障作用。

（五）明确提出创新社会治理方式，提高社会治理效能和水平

党的十九届四中全会指出，改进和创新社会治理方式，要"加强系统治理、依法治理、综合治理、源头治理，把我国制度优势更好转化为国家治理效能"。坚持系统治理，强调的是多元治理主体间的良性互动，体现的是党委领导、政府负责、社会协同、公众参与形成的合力。坚持依法治理，这是"最可靠、最稳定的治理"。明确提出协同

运用自治、法治、德治提高社会治理效能。自治是基层社会运行的基本依托和方式，必须依靠人民群众实行真正的自治；法治是社会治理现代化的主要标志和根本保障，必须全面厉行法治；德治是社会治理现代化的灵魂和根基，必须切实强化德治。自治、法治、德治要有机联系、互相协调、相得益彰。坚持综合治理，强调的是多种治理方法的协同运用，特别是互联网技术为"社会治理精准化、公共服务高效化"提供了有力支撑，要通过线上和线下相结合的方式形成治理合力。同时，社会治理还要遵循"刚柔相济"的原则，既注重规范的"硬约束"，更要重视思想教育、心理疏导、沟通调解等"软方法"的有机联动，将他律和自律结合起来，增强治理的实效性。坚持源头治理，强调的是要了解人的需求，问需于民，靶向施治，从源头上预防和根治矛盾，保持社会的和谐稳定。以上这些充分体现了社会治理的系统方法论，也是实现社会治理现代化的必然要求。

（六）明确提出注重弘扬中华优秀传统文化，彰显我国社会治理现代化的文化底蕴和精神标识

中华优秀传统文化源远流长、博大精深，是中国社会治理独特的精神标识和深沉的精神追求。一是重视中华优秀传统社会治理文化的创造性转化、创新性发展。也就是从中华优秀传统治理文化中把那些跨越历史时空、富有永恒魅力、具有当代价值的概念、理念发掘出来，作出新的时代阐释。同时，要转化、创造、丰富、发展，将承继精髓与创新表达有机结合，将深度挖掘与现代转换有机结合，将借鉴吸收与赋予时代内涵有机结合，使现代社会治理从浩瀚的中华优秀传统文化中汲取营养。二是强调重视家庭家教家风在社会治理中的基础性作用。习近平总书记指出："不论时代发生多大变化，不论生活格局发生多大变化，我们都要重视家庭建设，注重家庭、注重家教、注重家风……使千千万万个家庭成为国家发展、民族进步、社会和谐的重要基点。"这就要求社会治理更多地发挥家庭的生育、婚姻、养老、教化

等社会功能,积极建设家庭友好型社会治理,推动形成爱国爱家、相亲相爱、向上向善、共建共享的社会主义家庭文明新风尚。三是强调重视把马克思主义思想精髓同中华优秀传统文化精华贯通起来,为社会治理现代化提供强大的思想支撑。中国人民在长期生产生活的积累中形成了丰富的社会治理思想和理念。比如,治国有常、利民为本的思想,天下为公、大同世界的思想,自强不息、厚德载物的思想,以民为本、安民富民乐民的思想,为政以德、政者正也的思想,革故鼎新、与时俱进的思想,脚踏实地、实事求是的思想,仁者爱人、以德立人的思想,以诚待人、讲信修睦的思想,和而不同、和谐相处的思想,安不忘危、存不忘亡、治不忘乱、居安思危的思想,等等。习近平总书记指出,这些思想与理念"可以为人们认识和改造世界提供有益启迪,可以为治国理政提供有益启示,也可以为道德建设提供有益启发"。习近平总书记对中华优秀传统文化的重视与运用,集中体现了对中国传统社会治理文化价值的重大发展,凸显了中国特色社会治理理论深厚的文化底蕴与精神标识。

(七)明确提出注重基层社会治理,夯实社会治理现代化的坚强基石和扎实基础

社会治理现代化的重点是基层社会治理现代化。强调健全党组织领导的基层群众自治机制,加强基层治理组织建设;强调完善城乡社区治理体系,及时将社会矛盾纠纷化解在基层,化解在萌芽状态。要完善办事公开制度,拓宽有序参与基层社会治理渠道,为群众提供更多更好的公共服务。要"完善网格化管理、精细化服务、信息化支撑的基层治理平台"。习近平总书记强调:"尽可能把资源、服务、管理放到基层,使基层有职有权有物,更好为群众提供精准有效的服务和管理。"注重基层社会治理的重要论述,充分体现了习近平新时代中国特色社会主义思想关于社会治理理论的鲜明问题导向、扎实的实践基础与深厚的为民情怀。

二、新时代十年中国社会治理实践的重大进展

在习近平新时代中国特色社会主义思想指导下，十年来，中国社会治理发生了深刻变革，实现了一系列新突破新进展新成效。

（一）加强党对社会治理领域的全面领导

这是新时代十年来社会治理实践最重要最显著的变革。在社会治理领域全面加强党的政治建设、思想建设、作风建设、纪律建设、制度建设的同时，更加注重党的组织体系建设，推动党组织向最基层延伸，健全党组织领导的自治、法治、德治相结合的城乡基层治理体系，推动基层党组织全面进步、全面过硬。党中央修订了《中国共产党农村基层组织工作条例》《中国共产党党和国家机关基层组织工作条例》《中国共产党普通高等学校基层组织工作条例》，制定了《中国共产党组织工作条例》《中国共产党国有企业基层组织工作条例（试行）》《中国共产党支部工作条例（试行）》《中国共产党党员教育管理工作条例》。各级党委（党组）扎实推进城乡基层党建，切实解决国有企事业单位、机关、学校、医院等基层党建工作中的突出问题，着力补齐非公企业、社会组织等新兴领域党建工作短板，探索推进新业态、新就业群体党建工作。新时代十年，各级党委的领导力不断增强，特别是基层党组织战斗堡垒作用突出，广大党员在疫情防控、基层治理大考中经受住了考验，充分发挥了模范带头作用。

（二）在加强和创新社会治理中着力保障改善民生

新时代十年，是在加强和创新社会治理中大力保障改善的十年。在幼有所育、学有所教、劳有所得、病有所医、老有所养、住有所居、弱有所扶上持续用力，人民生活全方位改善。特别是如期实现脱贫攻坚目标，使我国近1亿人口彻底摆脱贫困，困扰中华民族几千年的绝对贫困问题得到历史性解决。坚持社会主义的基本分配制度，努力提

高居民收入在国民收入分配中的比重，探索提高劳动报酬在初次分配中的比重，构建初次分配、再分配、第三次分配协调配套的制度体系。持续推动形成公开透明、公正合理的收入分配秩序，明显提升低收入劳动者收入，扩大中等收入者比重，多渠道增加居民财产性收入。坚持就业优先战略，实行更加积极的就业政策，城镇新增就业年均超过1 300万人，为改善民生和维护社会稳定发挥了重要作用。公共服务体系逐步健全，公共服务供给全面提升，经过长期不懈努力，我国已经建成了世界上规模最大的教育体系、社会保障体系、医疗卫生体系、住房保障体系和公共文化服务体系。人民群众获得感、幸福感、安全感更加充实、更有保障。

（三）持续深化社会治理基础性制度改革创新

为了促进社会公平正义，推动社会文明进步，党和国家采取了一系列重大决策部署和制度安排，使社会治理领域的重要基础性制度不断创新和完善。在教育领域，大力促进教育公平制度建设。在医疗卫生领域，大力完善基本医疗保障制度，持续深化医疗卫生体制改革，全面推进"健康中国"建设。在人口发展方面，建立健全生育支持政策体系，积极应对人口老龄化和少子化。在户籍管理方面，大力推进户籍制度改革，建立全国城乡统一的户口登记制度。在住房方面，深化住房制度改革，实施公共租赁住房制度。就业、社会保障、土地管理、环境保护等方面的基础性制度也都不断完善。

（四）构筑共建共治共享的社会治理体制制度

从党的十八届三中全会提出加快形成科学有效的社会治理体制，到党的十九大提出打造共建共治共享的社会治理格局，到党的十九届四中全会提出坚持和完善共建共治共享的社会治理制度，再到党的二十大强调健全共建共治共享的社会治理制度，社会治理现代化的体制制度逐步确立和健全。党中央全面加强对社会治理领域的领导，推

动建立坚强有力的组织领导体制、系统完备的制度体系、融合联动的工作机制,党委领导、政府负责、民主协商、社会协同、公众参与、法治保障、科技支撑的社会治理体制制度体系基本形成。

(五)加强平安中国建设取得重大进展

新时代十年,党和国家高度重视平安中国建设。把平安中国建设置于中国特色社会主义事业发展全局中谋划推进,为创新社会治理体系提供更为广阔的领域与空间。全面落实总体国家安全观,建立集中统一、高效权威的国家安全领导体制和维护国家安全制度。加强国家安全体系和能力现代化建设,立法、司法、执法水平全面提升,有效防范化解处置各类安全风险。持续加强社会治安综合治理,防范和打击新型网络犯罪、跨国犯罪以及黄赌毒等严重影响人民群众安全的违法犯罪。2018—2020年,党中央部署开展了为期三年的扫黑除恶专项斗争,全国打掉涉黑组织3 644个、涉恶犯罪集团11 675个,黑恶犯罪得到根本遏制。严重暴力犯罪案件连续十年呈下降趋势。法治国家、法治政府、法治社会建设明显加快。整个社会逐步充满活力而又有序,长期保持和谐稳定。

(六)城乡基层社会治理取得新成效

党中央明确提出要求和作出具体部署,在全国基层社会治理中深入学习、坚持发展和大力推广新时代"枫桥经验",积极推进和创新城乡基层社会治理。统筹推进社会治理中心、网格化服务管理中心、诉讼服务中心、公共法律服务中心、信访接待中心、网络服务中心建设,扎实开展"我为群众办实事"实践活动。为群众提供更多普惠均等、便捷高效的服务,网格化、网络化服务管理在全国基本做到全覆盖,使许多纠纷和矛盾化解于基层。在社会治理中,广泛运用现代信息技术,把体制变革与现代科学技术深度结合起来,大力推行"互联网+"服务管理,数字技术赋能社会治理,社会治理的效能不断提升。

（七）积极推动市域社会治理现代化

市域是上承国家宏观社会治理，下接基层微观社会治理的枢纽。党中央明确提出：加强和创新市域社会治理，加快推进市域社会治理现代化。中央政法委制定了《全国市域社会治理现代化试点工作指引》，分类指导试点地区探索创新。鼓励各市域积极探索社会治理现代化的新方式新路径，加强系统集成，完善城乡社会治理现代化体系，努力提高市域社会治理现代化能力。市域社会治理现代化试点工作取得重要进展和明显成效。社会治理活动在市域整体统筹，重大风险在市域得到有效化解。

三、新时代十年社会治理创新的重大成就

新时代十年，中国社会治理重大理论创新与实践创新，取得了一系列具有历史意义的重大成就。

（一）实现了马克思主义社会治理理论的新飞跃

习近平新时代中国特色社会主义思想关于社会治理理论，将马克思主义基本原理同中国具体实际相结合、同中华优秀传统文化相结合，实现了马克思主义社会治理理论中国化时代化的新飞跃，从理论与实践的结合上回答了社会治理现代化的指导思想、领导核心、主体力量、目标任务、体制机制、制度体系、方法路径。同时，回答了社会治理与人的全面发展和实现全体人民共同富裕等一系列重大问题，提出了许多原创性的社会治理新理念、新思想、新战略，为推进中国特色社会治理现代化提供了科学思想指引和行动指南。习近平新时代中国特色社会主义思想，将中国人民在实践中创造与积累的宇宙观、天下观、社会观、道德观，同马克思主义的政党学说、人民学说、国家学说、共同体学说中的基本立场、基本理论贯通起来，同人民群众日用而不

觉的共同价值观念融通起来，实现了马克思主义基本理论与中国式表达的有机融合，使马克思主义中国化时代化拥有了深厚的历史基础与群众基础，从而保持了鲜活的生命力和与时俱进的蓬勃活力。

（二）续写了中国社会长期稳定的新篇章

进入新时代，我国社会治理面临着严峻复杂的国内外环境。世界上，百年未有之大变局加速演进；在国内，改革发展稳定的一些深层次问题不断显现。这些都对社会治理体系与治理能力提出了更高要求。以习近平同志为核心的党中央明确提出"五位一体"总体布局和"四个全面"战略布局，确定稳中求进的工作总基调，统筹发展和安全，把党的全面领导与社会治理共同体建设融会贯通，把解决人民群众急难愁盼问题与建设服务型政府、创新社会治理融会贯通，把提升社会治理的社会化、法治化、智能化、专业化水平融会贯通，使社会治安状况不断改善，我国成为世界上最安全的国家之一。近三年来，在新冠病毒感染肆虐的情况下，党中央果断决策、沉着应对，全国上下众志成城、同舟共济，构筑起联防联控、群防群控的坚固防线，适时调整优化防控政策措施，抗疫斗争取得重大决定性胜利。党中央的决策部署，不仅最大程度保护了人民生命安全和身体健康，也最大限度减少了疫情对经济社会发展的影响。

（三）拓展了中国式现代化社会治理的新道路

党的十八大以来，贫困人口脱贫工作成为全面建成小康社会的重大任务，党和国家组织实施了人类历史上规模空前、力度最大、惠及人口最多的脱贫攻坚战，全面建成小康社会如期实现。在这十年历史进程中，着力加强和创新社会治理，全面推进社会建设，通过构建民生保障体系、完善社会治理体系、强化社会信用体系、健全公共安全体系、巩固国家安全体系，推动我国社会结构调整优化、社会文明进步升华，社会治理科学化、精细化、现代化明显提升，社会建设和社会文明达到新水平，拓展了符合中国国情、体现时代要求、顺应人民期待的中国特色社会治理之路。全面建成小康社会的社会景象，包括和谐社会建设、平安社会建设、信用社会建设、法治社会建设、健康社会建设、社会治理现代化建设成效更加显著。在这十年历史进程中的社会治理理论重大创新和在实践中积累的宝贵经验，都为持续推进和拓展中国式社会治理现代化，以及为全面实现中国式现代化奠定了更加坚实的基础、提供了更加有力的保障。

（四）贡献了人类社会治理现代化的新方案

进入新时代，中国日益走近世界舞台中央，不断为人类社会作出新的贡献。以习近平同志为主要代表的中国共产党人，以全球化视野和广阔胸怀，倡导弘扬全人类共同价值，倡导加强国际人文交流合作，坚持正确义利观，推动构建人类命运共同体，促进各国人民相知相亲。秉持共商共建共享的全球治理观，积极参与全球治理体系改革和建设，促进全球和平合作和共同发展。推动全球环境治理，加强应对气候变化国际合作，努力成为全球生态文明建设的重要参与者、贡献者、引领者。继续发挥负责任大国作用，共同创造人类社会的美好未来。充分展现大国担当，全面开展应对公共安全事件国际合作，赢得了广泛的国际赞誉。特别是成功走出中国式现代化道路，创造了人类文明新形态，拓展了发展中国家走向现代化的新途径，为世界上那些企望在加快发展、推进现代化建设中保持社会稳定、保持自身独立性的国家和民族提供了全新选择，为人类社会贡献了中国智慧、中国力量和中国方案。

我们坚信，全面贯彻落实党的二十大和二十届二中全会精神，在新时代新征程上中国社会治理现代化一定会不断取得更大的进展和成就，为不断巩固和发展国家安全、社会稳定的良好局面，持续推进和拓展中国式现代化伟大事业，全面实现国家治理现代化作出新的更大贡献！

第一章

中国式现代化进程中的高质量发展

促进民营经济高质量发展是时代要求和历史必然

马建堂[①]

2023年3月6日下午，习近平总书记在全国政协十四届一次会议民建和工商联界别联组会上，就正确引导民营经济高质量发展等重大问题发表了极其重要的讲话，要求全国上下面对国际国内环境发生的深刻复杂变化，必须做到沉着冷静、保持定力，稳中求进、积极作为，团结一致、敢于斗争。希望民营企业家全面、准确、完整践行新发展理念，在推动经济社会高质量发展中有新作为、做新贡献。习近平总书记的重要讲话是党对民营经济重要地位的再次充分肯定，是国家对民营企业实现高质量发展的热情激励，是人民领袖对民营企业家"富而有责、富而有义、富而有爱"的深切期许，我们一定要认真学习、深刻领会、全面贯彻。

一、毫不动摇地鼓励、支持和引导非公有制经济发展是改革开放以来党和国家的既定方针，从来没有变也一定不会变

改革开放以来，在中国共产党的正确领导下，我们成功走出一条不断解放和发展生产力的中国式现代化之路。在这个伟大进程中，中

[①] 马建堂，第十四届全国政协常委、经济委员会副主任，国务院发展研究中心原党组书记。

国民营经济从无到有、从小到大、从弱到强，已成为经济社会发展的重要力量，在推动增长、增加就业、促进创业、改善民生等方面发挥重要作用，"五六七八九"①就是民营经济和民营企业重要地位的生动写照。在这个伟大进程中，党对民营企业、民营经济地位和作用的认识也在不断深化，从"公有制经济的必要和有益的补充"到"社会主义市场经济的重要组成部分"，再到"民营经济是我国经济制度的内在要素"，再到"民营经济是我们党长期执政、团结带领全国人民实现'两个一百年'奋斗目标和中华民族伟大复兴中国梦的重要力量"，认识在生动实践中不断深化，鼓励、支持和引导非公有制经济发展毫不动摇、一以贯之。

1981年6月，党的十一届六中全会通过的《关于建国以来党的若干历史问题的决议》，首次提出"国有经济和集体经济是中国的基本经济形式，一定范围的劳动者个体经济是公有制经济的必要补充"。这一论断对民营经济和个体经济的积极作用和必要地位第一次作了正面肯定，对于改革开放之初民营经济的发展起到了重要促进作用。

随着改革开放的推进，党中央进一步把非公有制经济定位为社会主义市场经济的重要组成部分。党的十五大报告指出"公有制为主体、多种所有制经济共同发展是我国社会主义初级阶段的一项基本经济制度"。党的十六大与时俱进，首次提出"两个毫不动摇"，即"毫不动摇地巩固和发展公有制经济"和"毫不动摇地鼓励、支持和引导非公有制经济发展"。自此以后，"两个毫不动摇"就成为我国的既定国策、我党的既定方针。党的十八大进一步提出"毫不动摇鼓励、支持、引导非公有制经济发展，保证各种所有制经济依法平等使用生产要素、公平参与市场竞争、同等受到法律保护"。党的十九大把"两个毫不动摇"写入新时代坚持和发展中国特色社会主义的基本方略。党的二十

---

① "五六七八九"：贡献了50%以上的税收，60%以上的国内生产总值，70%以上的技术创新成果，80%以上的城镇劳动就业，90%以上的企业数量。

大报告在重申"两个毫不动摇"的同时,更是有针对性地指出"优化民营企业发展环境,依法保护民营企业产权和企业家权益,促进民营经济发展壮大"。

二、促进非公有制经济、民营企业健康和高质量发展是习近平经济思想的重要内容

习近平经济思想是习近平新时代中国特色社会主义思想的重要组成部分,是中国共产党不懈探索社会主义发展道路形成的宝贵思想结晶,是马克思主义政治经济学在当代中国、21世纪世界的最新理论成果,是我国经济高质量发展、全面建设社会主义现代化国家的科学指南。在全面建设中国式现代化过程中,对于作为社会主义市场经济发展重要成果的非公有制经济,以及民营企业和民营企业家,习近平总书记作出了一系列重要指示,是我党支持、鼓励、引导民营经济健康和高质量发展的"定盘星"和科学指针。

2018年11月1日,习近平总书记在人民大会堂主持召开民营企业座谈会,发表了具有历史意义的重要讲话。习近平总书记回顾了民营经济不断发展壮大的历程,充分肯定了我国民营经济的重要地位和作用,特别强调,"非公有制经济在我国经济社会发展中的地位和作用没有变,我们毫不动摇鼓励、支持、引导非公有制经济发展的方针政策没有变,我们致力于为非公有制经济发展营造良好环境和提供更多机会的方针政策没有变"。这"三个没有变"给民营企业发展送上"定心丸"、注入"强心剂",为大力支持民营企业发展壮大指明了方向。

习近平总书记的讲话在重申党和国家对非公有制经济和民营企业鼓励、支持、引导一贯态度的同时,从新时代中国特色社会主义市场经济发展和完善的角度,从实现中华民族伟大复兴的高度,对民营经济的地位和作用还做了新的重大概括。他强调,民营经济是我国经济制度的内在要素,民营企业和民营企业家是我们自己人。民营经济是

社会主义市场经济发展的重要成果，是推动社会主义市场经济发展的重要力量，是推进供给侧结构性改革、推动高质量发展、建设现代化经济体系的重要主体，也是我们党长期执政、团结带领全国人民实现"两个一百年"奋斗目标和中华民族伟大复兴中国梦的重要力量。这是我们党关于所有制理论的最新发展，在非公有制经济和民营企业发展史上具有划时代的意义。

2023年3月6日，习近平总书记在看望参加全国政协十四届一次会议的民建、工商联界委员时再次强调，民营经济是我们党长期执政、团结带领全国人民实现"两个一百年"奋斗目标和中华民族伟大复兴中国梦的重要力量，我们始终把民营企业和民营企业家当作自己人。这是针对当前社会上的一些糊涂和不正确认识，对党的"两个毫不动摇""三个不会变"大政方针的再次宣示，将极大地增强民营企业家的信心，极大地提振市场预期，极大地调动起全体民营企业家为实现"两个一百年"奋斗目标和国民经济运行整体好转而努力奋斗的积极性、主动性、创造性。

习近平总书记深刻指出，高质量发展对民营经济发展提出了更高要求，民营企业要践行新发展理念，深刻把握民营经济发展存在的不足和面临的挑战，转变发展方式、调整产业结构、转换增长动力，坚守主业、做强实业，自觉走高质量发展路子。这是对民营企业的殷切期望，是对民营企业家的深切要求，必将推动民营企业正视挑战、勇敢进取，不断提高企业竞争力，推动民营经济转型升级，为我国经济社会的高质量发展作出应有贡献。

习近平总书记情真意切地期望民营企业成为共同富裕的重要力量，担当起促进共同富裕的社会责任，增强家国情怀，做爱国敬业、守法经营、创业创新、回报社会的典范。习近平总书记的讲话饱含着人民领袖对民营企业家的期许，必将激励民营企业家更自觉地投身于促进共同富裕的伟大事业，必将激励民营企业家勇于创业创新，又主动回报社会，真正做到"富而有责、富而有义、富而有爱"。

习近平总书记关于民营经济、民营企业、民营企业家的这次讲话是我党关于民营经济地位和作用的最权威肯定，是马克思主义关于民营经济、非公有制经济的最新理论成果，是调动和汇聚千百万民营企业家投身中华民族伟大复兴事业的强大思想和精神动力，是推动民营经济、民营企业健康和高质量发展的根本遵循，必须立即地、坚决地、毫不动摇地贯彻落实。

三、认真学习习近平总书记重要讲话，全力推动民营企业健康和高质量发展

第一，引导民营企业聚精会神创业创新、把发展的信心真正"鼓起来"。多做增强民营企业家信心的事，多干增强市场信心的事。建议召开民营企业家表彰大会，表彰一批带头创业创新、带头守法经营、带头回馈社会的模范。主流媒体对不利于民营企业发展的不良舆论要主动"亮剑"，积极引导，形成全社会推动民营经济健康和高质量发展的强大舆论场。

第二，在法律上、制度上、政策上把对民营企业公平对待的要求真正"落下去"。要按照习近平总书记讲话精神对现行涉及民营经济的法律法规进行清理，不一致的地方，要以习近平经济思想为依据进行必要的调整和修正。要认真解决民营企业投资碰到的"玻璃门、旋转门"等问题，消除各种对民营企业在资质、业绩等方面的隐性限制与歧视。今后凡是制定涉及民营企业的法律法规和规范性文件，应事先征求工商联的意见，必要时经第三方的专门评估。

第三，把民营企业参与推动高质量发展的重要作用真正"发出来"。发挥民营企业，尤其是龙头民营企业的创新积极性，支持他们参与国家战略科研使命，承担国家重大科研任务，支持民营企业同等参与国家实验室、技术创新中心等重大科技平台建设，支持民营企业牵头的创新联合体积极承担国家重大科技项目，加快推进科技资源和应

用场景向民营企业开放。推动科技人才向民营企业流动，解决民营企业、民办科研机构科研人员在评职称、申请国家奖项等方面的合理诉求。对民营经济的新业态、新模式继续实施审慎包容监管，在发展中规范，在规范中更好发展，对存在的问题要历史地看、辩证地看，不轻易采取过激的整治措施。

鼓励和支持民营企业发展的真谛是公平，要义是不歧视，核心是保证各种所有制经济依法平等使用生产要素、公开公平公正参与市场竞争、同等受到法律保护，真正使民营企业成为享同等地位的市场主体、受同等保护的企业法人。具体而言，要在以下几个方面做到真正的公平和同等。

一是平等进入。除极少数关系国家安全的行业外，民营企业都可以平等进入，真正消除限制民企进入的隐性条款，公平实行投资负面清单下的备案制。

二是平等获得生产要素。在土地取得、贷款发放、人才招聘、水气接入等方面取消显性和隐性限制，并使民营企业能规范和便利地获得这些生产要素和生产条件。

三是平等销售产品和服务。切实破除产品招投标和政府采购方面的或明或暗的所有制歧视。

四是平等保护财产权利。市场主体之间、市场主体与公共机关之间发生商事纠纷时，以事实为依据、法律为准绳，平等保障各类当事人的合法权益，平等保护各类所有制的合法财产权利。

第四，引导民营企业家在守主业的底线上"强起来"。非公有制经济和民营企业的健康发展，除去政府的一视同仁、公平对待、优化环境外，克服发展中的困难、不断提高企业在市场中的竞争力，最为关键的还是民营企业要苦练内功。同等重要的市场主体、经济制度的内在要素等定位，绝不意味着民营企业没有优胜劣汰，绝不意味着民营企业可在政府的支持、鼓励下无所作为。恰恰相反，政府愈是优化环境、鼓励支持，民营企业愈要奋发作为、创新进取。

一是技术上创新。创新是企业在激烈的市场竞争中立于不败之地的唯一法门。要加大研发投入，吸引高层次人才，不断更新产品，提高核心竞争力。

二是在管理上加强。管理也是生产力，管理也能降成本。要加强成本管理，减少各种开支，提高资金使用效率。

三是在诚信上进取。人无信不立，企业无信则不可能长久。要切实树立诚信意识，诚信对伙伴、诚信对客户、诚信对政府、诚信对顾客。靠企业的信誉、产品的信誉，打开市场，占领市场，成为行业排头兵和百年老店。

四是在经营上合规。民营企业和民营企业家要筑牢依法合规经营底线，弘扬优秀企业家精神，做爱国敬业、守法经营、创业创新、回报社会的典范，努力做到"富而有责、富而有义、富而有爱"。

总之，党对民营经济高度肯定，民营经济已是我国经济制度的内在要素和我们党长期执政的重要力量，思想和理论上的创新要想带来我国民营经济的大发展、大进步，靠的是各级政府雷厉风行的落实，更要靠所有民营企业的奋斗创新。这是人民的期盼，也是时代的呼唤。

以高质量发展全面推进中国式现代化

张占斌[①]

党的十八大以来，以习近平同志为核心的党中央作出了推动高质量发展的战略决策和战略部署。推动高质量发展，最初是对经济领域提出的要求，后来逐渐扩展并覆盖至党和国家发展的方方面面，这是党中央进入新时代作出的重大战略选择。近些年高质量发展的理论与实践风生水起，广为国内国际社会所关注。党的二十大报告重申发展是党执政兴国的第一要务，强调高质量发展是全面建设社会主义现代化国家的首要任务。这更加聚焦了国内和国际的目光，并引起了方方面面广泛的热议。从党的二十大报告中，可以看到中国共产党坚定推动发展、推动高质量发展的决心和意志，看到中国共产党坚定以高质量发展推进中国式现代化的决心和意志。在新发展阶段以中国式现代化全面推进中华民族伟大复兴，也就是要求以高质量发展全面推进中国式现代化。

一、中国式现代化呼唤高质量发展

在新中国成立以来特别是改革开放以来我国取得一系列发展成就的基础上，新时代十年党和国家事业取得了历史性成就，发生了历史

[①] 张占斌，中央党校（国家行政学院）中国式现代化研究中心主任、马克思主义学院教授。

性变革，正从经济大国向经济强国迈进，已经具备加快构建新发展格局的综合优势，也具备了以高质量发展推进中国式现代化的攻坚能力。

第一，高质量发展就是坚持"发展是硬道理"的发展。党的十一届三中全会以后，全党把精力聚焦到社会主义现代化建设上来，开启了以经济建设为中心、大力推进改革开放的壮阔历程，推动着中国经济逐步发展起来，也推动着整个国家逐步富强、人民逐步富裕起来。中国特色社会主义进入新时代，中国式现代化的发展也进入了新时代。党深刻地认识到，我们取得如此伟大的成就得益于坚持了"发展是硬道理""发展是党执政兴国的第一要务"。没有坚实的物质技术基础，就不可能全面建成社会主义现代化强国。历史画卷向我们明示了这样一个道理：能发展就不要阻挡，不发展就是最大的不安全。凡是发展好的时候，凡是坚定坚持发展的时候，我们整个国家的状态就好，事业就兴旺；凡是不重视发展的时候，凡是偏离发展主线的时候，我们的事业就面临曲折乃至遭到极大伤害。

第二，高质量发展就是坚持"以经济建设为中心"的发展。强调以经济建设为中心，这是我们党改革开放以来确定的社会主义初级阶段的基本路线，也是我们取得的成就的根本指引。《中国共产党章程》强调："中国共产党在领导社会主义事业中，必须坚持以经济建设为中心，其他各项工作都服从和服务于这个中心。"习近平总书记强调："以经济建设为中心是兴国之要，发展仍是解决我国所有问题的关键。只有推动经济持续健康发展，才能筑牢国家繁荣富强、人民幸福安康、社会和谐稳定的物质基础。"以经济建设为中心，可以牵动其他方面的建设，带动其他方面的建设。反之，离开了以经济建设为中心，或者是不重视以经济建设为中心，就会对其他方面的发展带来伤害。

第三，高质量发展就是坚持"以人民为中心"的发展。党的十八大以来强调提出以人民为中心的发展，这是因为实现人民对美好生活的向往是中国式现代化的出发点和落脚点，江山就是人民，人民就是江山。但现实中有的人有模糊认识，认为坚持以人民为中心的发展，那还要不要坚持以经济建设为中心呢？回答当然是肯定的，坚持以经济建设为中心与坚持以人民为中心是相统一的：坚持以经济建设为中心奠定了坚持以人民为中心的客观基础，是以人民为中心的根本前提；坚持以人民为中心必然要求通过坚持以经济建设为中心创造物质文化基础。

第四，高质量发展就是坚持"新发展理念"的发展。高质量发展是能够很好满足人民日益增长的美好生活需要的发展，真正体现新发展理念的发展，使创新成为第一动力、协调成为内生特点、绿色成为普遍形态、开放成为必由之路、共享成为根本目的的发展，以及从数量追赶转向质量追赶，从规模扩张转向结构升级，从要素驱动转向创新驱动，从分配失衡转向共同富裕，从高碳增长转向绿色发展。更明确、更简洁地说，高质量发展就是要从过去的"有没有"转向"好不好"，这是中国式现代化健康发展的必然要求。

二、深刻认识和把握中国式现代化面临的问题

当今世界正经历百年未有之大变局，我国面对着中华民族伟大复兴的战略全局，国际国内发展环境面临深刻复杂变化。中国式现代化不是空中楼阁，是需要高质量踏踏实实推进的。因此，以高质量发展全面推进中国式现代化是应对变局、危局和育新局、开新局的重要举措，具有突出的紧迫性和针对性。

第一，多年来积累的发展不平衡不充分问题。党的二十大报告回顾了过去5年的工作和新时代10年的伟大变革，特别是讲到了经济社会方面所取得的巨大历史变化，指出我国经济实力实现了历史性跃升。并且，对多年来积累的一些不平衡不充分问题也没有回避，比如推动高质量发展还有许多卡点瓶颈，科技创新能力还不强，确保粮食、能源、产业链供应链可靠安全和防范金融风险等许多重大问题还需解决，重点领域改革还有不少硬骨头要啃，城乡区域发展和收入分配差距依

然较大，群众的就业、教育、医疗、托育、养老、住房等方面面临不少难题，生态环境保护任务依然艰巨，等等。

第二，对经济建设作为中心工作认识的偏颇。从中国发展的实践来看，如果不能正确地确定"中心"，就不能够真正掌握和推动全局；如果离开经济建设这个中心，整个现代化事业的全局都会受到损害。习近平总书记指出，只要国内外大势没有发生根本变化，坚持以经济建设为中心就不能也不应该改变。这是坚持党的基本路线一百年不动摇的根本要求，也是解决当代中国一切问题的根本要求。然而，现实中一些地方存在着空喊口号，不敢作为、不想作为、不会作为的不良风气，热衷于应对上级的督导和检查，对经济缺乏热情、眉毛胡子一把抓，行政化方式惯性依然明显、市场化方式运用不平衡不充分。特别是在当前经济弱复苏的背景下，推动经济成长的任务繁重，更应该端正以经济建设为中心的认识。

第三，落实以人民为中心发展的能力不足。实现好、维护好、发展好最广大人民根本利益作为发展的出发点和落脚点。"十四五"期间，全体人民共同富裕要迈出坚实步伐，2035年，全体人民共同富裕要取得更为明显的实质性进展，让经济社会发展成果更多、更公平地惠及全体人民，不断增强人民群众获得感、幸福感、安全感，这些都离不开高质量发展。为此，坚持以人民为中心发展必须自觉主动解决地区差距、城乡差距、收入差距等问题，坚持在发展中保障和改善民生，统筹做好就业、收入分配、教育、社保、医疗、住房、养老、扶幼等各方面工作。这方面的工作都是中国式现代化进程中的堵点和痛点，有些地方、有些干部在破解这些难题的新要求上不适应，感到束手无策、能力欠缺。

第四，全面贯彻落实新发展理念还不到位。理念是行动的先导，一定的发展实践都是由一定的发展理念来引领的。新发展理念是一个整体，必须完整、准确、全面理解和贯彻。然而，不少地区存在理解和贯彻新发展理念不够到位的情况。一方面，贯彻落实新发展理念不是不重视速度，高质量发展也是有一定速度要求的。有的人认为高质量发展就可以速度放缓了，甚至因为低速度才能高质量，这是不正确的。从满足人民美好生活需要、确保国家安全、化解经济风险和中美战略博弈等多方面考虑，经济增长必须有一个适当的速度。另一方面，贯彻落实新发展理念未能从系统性、整体性的角度把握，仍期待经济延续跑马占荒式的粗放发展，存在着偏执一方、畸轻畸重的问题。

三、以"六个必须坚持"破解高质量发展难题

以高质量发展推进中国式现代化，首先要把握好习近平新时代中国特色社会主义思想的世界观和方法论，坚持好、运用好贯穿其中的立场、观点、方法，着力破解高质量发展的难题。

第一，必须坚持人民至上，扎实推动共同富裕。中国式现代化是全体人民共同富裕的现代化。坚持以经济建设为中心、推动高质量发展，与坚持以人民为中心是相统一的，集中体现在推动共同富裕的伟大历史进程，也就是坚持实现"生产将以所有的人富裕为目的"。这是世界性难题，但是我们是中国共产党领导的社会主义现代化，一定要坚守初心使命，把好事办好，争取取得好成绩。

第二，必须坚持自信自立，走自己的发展道路。中国式现代化以往取得的成就靠的是坚持"两个结合"，一切从国情出发、从实际出发，放胆解放和发展生产力，调动市场主体的积极性，努力实现自立自强。中国式现代化事业继续向前推进，仍然要坚守历史的经验。我们既总结国内成功做法，又借鉴国外有益经验；既不闭门造车，也不邯郸学步；既海纳百川、胸怀天下，又坚定自信、脚踏实地，把发展的安全和命运掌握在自己手里，走出自己的现代化发展道路。当前最紧要的是要实施新型举国体制，发扬"两弹一星"精神，破解有关国家对我们的"卡脖子"难题。

第三，必须坚持守正创新，发挥制度和治理的优势。要进一步解

放思想、实事求是、敢闯敢干。破除官僚主义、命令主义、形式主义，推动社会主义市场经济体制改革不断深化。当前和今后要重点处理好政府、市场和社会的关系，发挥政府、市场和社会的综合比较优势，坚持"两个毫不动摇"，切实解决"资本忧虑、资本躺平"等突出问题，依法保护民营企业产权和企业家权益，调动民营经济的积极性，促进民营经济发展壮大。加快国有企业改革，加快战略性调整和布局，建设世界一流企业。

第四，必须坚持问题导向，聚焦解决深层次难题。当前经济呈弱复苏特征，国家和企业方方面面都有不少困难。加快构建新发展格局，需要破解很多堵点、痛点、难点。比如怎样完善宏观经济政策，凝聚人心来改善市场预期？如何推动市场主体的活跃来解决更多的就业难题，努力推动城乡居民收入普遍增长？如何加快数字技术和数字经济的发展，抢占国际竞争的制高点？如何构建市场化法治化国际化的营商环境，建设高标准市场体系？希望各方面弘扬"四千"精神：走遍千山万水、说尽千言万语、想尽千方百计、吃尽千辛万苦，创造中国经济发展的新领域、新赛道、新形态、新模式。

第五，必须坚持系统观念，全面系统推进改革发展。前瞻性思考、全局性谋划、整体性推进，是全面深化改革的内在要求，也是中国式现代化的时代呼唤。着力提升全要素生产率，推动经济实现质的有效提升和量的合理增长，努力实现人均 GDP 达到中等发达国家水平的目标。着力实现高水平科技自立自强，努力实现进入创新型国家前列的目标。着力提升产业链供应链韧性和安全水平，加快形成新发展格局，努力实现建成现代化经济体系的目标。着力推动绿色低碳转型，努力实现碳达峰后稳中有降的目标。

第六，必须坚持胸怀天下，不断深化对外开放。中国式现代化是走和平发展道路的现代化，蕴含着包容开放之道，致力于构建人类命运共同体。现在，方方面面都面临一个如何构建更高水平开放型经济体制的问题。这也是依托我国超大规模市场优势，以国内大循环吸引全球要素资源，增强国内国际两个市场两种资源联动效应，提高在整个世界经济中的竞争力和话语权的重大问题。必须不断深化对外开放，推动体制机制创新，实现由商品和要素自由流动为主的流动型开放向规则导向的制度型开放转变。希望海南自由贸易港和 21 个国内自由贸易区发挥改革开放初期敢想敢干敢闯的精神，竖起世界顶级水平的标杆，走在扩大开放的时代前列。

紧紧抓住全面建设社会主义现代化国家的首要任务

胡 敏[①]

党的二十大报告明确宣示,"从现在起,中国共产党的中心任务就是团结带领全国各族人民全面建成社会主义现代化强国、实现第二个百年奋斗目标,以中国式现代化全面推进中华民族伟大复兴"。这清晰表明,从现在开始到 21 世纪中叶,我们党一切工作的重心就是实现国家的现代化。报告又接着强调,"高质量发展是全面建设社会主义现代化国家的首要任务",并把"实现高质量发展"作为中国式现代化本质要求的重要内容之一。

我们必须深刻理解党的二十大报告作出的这个重大论断,紧紧抓住高质量发展这个全面建设社会主义现代化国家的首要任务,积极顺应我国发展新的战略机遇、新的战略任务、新的战略阶段、新的战略要求、新的战略环境,完整、准确、全面贯彻新发展理念,加快构建新发展格局,在中国式现代化新的历史进程中努力实现全方位、全过程、各领域的高质量发展。

一、高质量发展是根据我国发展阶段、发展环境、发展条件变化作出的科学判断

"我国经济已由高速增长阶段转向高质量发展阶段"是党的十九

[①] 胡敏,中央党校(国家行政学院)研究员、国家行政学院出版社社长。

大作出的一个重大判断。党中央作出这一重大判断是保持我国经济持续健康发展的必然要求，是适应我国社会主要矛盾变化和全面建成小康社会、全面建设社会主义现代化国家的必然要求，是遵循经济规律发展的必然要求。习近平总书记在《关于〈中共中央关于制定国民经济和社会发展第十四个五年规划和二〇三五年远景目标的建议〉的说明》中指出："'十四五'时期经济社会发展要以推动高质量发展为主题，这是根据我国发展阶段、发展环境、发展条件变化作出的科学判断。""当前，我国社会主要矛盾已经转化为人民日益增长的美好生活需要和不平衡不充分的发展之间的矛盾，发展中的矛盾和问题集中体现在发展质量上。这就要求我们必须把发展质量问题摆在更为突出的位置，着力提升发展质量和效益。"

党的二十大报告再次重申："发展是党执政兴国的第一要务。没有坚实的物质技术基础，就不可能全面建成社会主义现代化强国。"报告进一步将"高质量发展"作为全面建设社会主义现代化国家的首要任务，列为中国式现代化的本质要求之一，可见，高质量发展将贯穿未来我国现代化国家建设的整个过程。我们可以从这几个方面加以理解。

新时代十年的伟大变革为高质量发展创造了厚实的发展条件。党的十八大以来，中国特色社会主义进入新时代，经过十年的接续奋斗，党和国家事业取得历史性成就、发生历史性变革，我国发展站在了新的更高的历史起点上。2021年，我国国内生产总值达到114万亿元，占全球经济比重上升到18.5%，多年来对世界经济增长贡献率年均达到约30%，稳居世界第二大经济体地位；人均国内生产总值增加到1.25万美元，接近高收入国家门槛；全球创新指数排名位列世界第11位；城镇化率达到64.7%。我国已成为制造业第一大国、货物贸易第一大国、商品消费第二大国、外资流入第二大国，外汇储备多年位居世界第一。我国经济发展平衡性、协调性、可持续性明显增强，中国特色社会主义制度更加成熟、更加定型，更大范围、更宽领域、更深层次的对外开放格局已经形成。一个有14亿多人口、中等收入群体超4亿人的超大规模市场和需求潜力为未来发展创造了巨大空间。有了这些厚实的发展条件，推进高质量发展、建设现代化国家就更有底气和保障。

实现两步走的新的战略任务必须坚定不移走高质量发展之路。党的二十大按照两步走战略安排提出了未来5年、到2035年以及本世纪中叶我国发展的战略任务。在总体目标上，到2035年我国要达到中等发达国家水平、基本实现现代化，到本世纪中叶我国要成为综合国力和国际影响力领先的社会主义现代化强国。要实现这样的阶段性战略任务，对照目前国际公认的现代化发展水平标准，仅从经济增长量的角度上，我国人均国内生产总值基于现有基础在未来十几年就要近乎翻一番，到本世纪中叶还要再翻一番。而从目前情况看，我国与发达国家在许多经济和民生指标方面仍有较大差距，所以任务还是十分艰巨的。再依靠过去那种粗放式发展模式、低水平重复建设和单纯数量扩张肯定是不行的，只有以质取胜、不断塑造新的竞争优势，才能支撑长期持续健康发展。所以，党的二十大报告指出，要推动经济实现质的有效提升和量的合理增长。我们必须充分认识、科学统筹未来我国经济发展质和量的关系，必须在持续实现质的有效提升的同时，持续实现量的合理增长。因此，只有坚定不移走高质量发展之路，以量的增长为质的提升提供重要基础，以质的提升为量的增长提供持续动力，不断做大做强中国经济，才能有效巩固社会主义现代化的物质基础和制度基础。

我国发展面临的新的战略环境要求依靠高质量发展应变求变。党的二十大报告对我国未来发展面临的国内外环境作出了深刻分析。从国际上看，当前世界百年未有之大变局加速演进，新一轮科技革命和产业变革深入发展，国际力量对比深刻调整。世界之变、时代之变、历史之变正以前所未有的方式展开，世界进入新的动荡变革期，人类社会面临前所未有的挑战。从国内看，虽然我国进入了全面建设社会主义现代化国家的新发展阶段，实现中华民族伟大复兴进入了不可逆转的历史进程，但我国仍然处于社会主义初级阶段，仍然是世界上最大的发展中国家。在前进道路上，我国改革发展稳定还面临不少深层次矛盾，躲不开、绕不过。比如，今后一个时期我国人口总量和结构变化对潜在经济增长率形成明显制约，城乡区域发展和收入分配差距依然较大，发展不平衡不充分问题仍然突出，我国人均资源占有量少的基本国情还没有改变，来自外部势力的各种打压遏制随时可能升级，等等。在中国式现代化进程中，要实现物质文明、政治文明、精神文明、社会文明、生态文明协调发展，我国面临其他国家都不曾遇到的各种压力和严峻挑战。党的二十大报告指出，我国发展进入战略机遇和风险挑战并存、不确定难预料因素增多的时期，各种"黑天鹅""灰犀牛"事件随时可能发生。所以，我们必须保持战略定力，增强历史自信，主动识变、应变、求变，依靠各个方面的高质量发展，着力解决发展不平衡不充分的问题，着力消除高质量发展的卡点瓶颈，着力冲破体制机制藩篱，着力化解可以预见和难以预见的风险挑战，才能把发展的战略基点和自主权牢牢掌握在自己手中。

二、现代化新征程的发展必须是完整、准确、全面贯彻新发展理念的高质量发展

我们党领导人民治国理政，很重要的一个方面就是要回答好"实现什么样的发展、怎样实现发展"这个重大问题。开启全面建设社会主义现代化国家新征程，我们依然要回答好这个问题。习近平总书记指出："发展理念是发展行动的先导，是管全局、管根本、管方向、管长远的东西，是发展思路、发展方向、发展着力点的集中体现。""发展理念是否对头，从根本上决定着发展成效乃至成败。"所以，发展理念是至关重要的。

党的十八大以来，我们党对经济形势进行科学判断，对发展理念和思路作出及时调整，创造性地提出创新、协调、绿色、开放、共享五大发展理念。这是一个系统的理论体系，回答了发展的目的、动力、

方式、路径等一系列理论和实践问题，阐明了我们党关于发展的政治立场、价值导向、发展模式、发展道路等重大政治问题。党中央把贯彻新发展理念作为关系我国发展全局的一场深刻变革，强调不能简单以生产总值增长率论英雄，必须实现创新成为第一动力、协调成为内生特点、绿色成为普遍形态、开放成为必由之路、共享成为根本目的的高质量发展，推动经济发展质量变革、效率变革、动力变革。这10年来，贯彻新发展理念已经成为全党上下的共识，并在实践中取得了丰硕成果。

党的二十大报告部署了全面建设社会主义现代化国家的经济发展战略，再次着重强调了"必须完整、准确、全面贯彻新发展理念"。这充分表明，建设现代化国家，推动高质量发展，关键还是要完整、准确、全面贯彻新发展理念。加快构建新发展格局，着力推动高质量发展，核心要义就是要从根本宗旨把握新发展理念，从问题导向把握新发展理念，从忧患意识把握新发展理念。我们必须自觉把新发展理念贯穿到建设现代化国家的全过程、各方面。

一是推动创新成为发展的第一动力。创新发展是我们应对发展环境变化、增强发展动力、把握发展主动权的根本之策。党的二十大报告强调，必须坚持科技是第一生产力、人才是第一资源、创新是第一动力；坚持创新在我国现代化建设全局中的核心地位。这就要求进一步完善科技创新体系，健全社会主义市场经济条件下的新型举国体制，强化国家战略科技力量。坚持"四个面向"，加快实现高水平科技自立自强，以国家战略需求为导向，积聚力量进行原创性引领性科技攻关，坚决打赢关键核心技术攻坚战，力争实现我国整体科技水平从跟跑向并行、领跑的战略型转变，在重要领域成为领跑者，在新兴前沿交叉领域成为开拓者，创造更多竞争优势。牢固树立人才引领发展的战略地位，加快建设世界重要人才中心和创新高地，着力形成人才国际竞争的比较优势。

二是推动协调成为发展的内生特点。我国幅员辽阔、人口众多，各地区自然资源禀赋差别之大在世界上是少有的，统筹区域发展从来都是一个重大问题，这也是推动中国经济高质量发展必须破解的难题。但同时也要看到，促进推动区域协调发展其实蕴含着高质量发展的巨大潜能。党的二十大报告强调，要深入实施区域协调发展战略、区域重大战略、主体功能区战略、新型城镇化战略，优化重大生产力布局，构建优势互补、高质量发展的区域经济布局和国土空间体系。通过促进区域协调发展，不断缩小城乡之间、地区之间、经济社会之间等发展的不平衡、不协调，将会释放区域经济发展的巨大活力，形成推动全局高质量发展的新的动力源。

三是推动绿色成为发展的普遍形态。党的二十大报告指出，尊重自然、顺应自然、保护自然，是全面建设社会主义现代化国家的内在要求。这些年来，我们坚决贯彻习近平生态文明思想，"绿水青山就是金山银山"的理念已经深入人心，我国生态环境保护发生历史性、转折性、全局性变化。绿色是高质量发展的底色，既满足人民日益增长的优美生态环境需要，也能够积聚新的发展动能。中国式现代化必须站在人与自然和谐共生的高度来谋划发展，坚持走生产发展、生活富裕、生态良好的文明发展之路，协同推进生态优先、节约集约、绿色低碳发展，也是经济发展提质增效的重要潜力所在。

四是推动开放成为发展的必由之路。开放是人类文明进步的重要动力，也是世界繁荣发展的必由之路。尽管当前经济全球化遭遇逆流，但基本趋势不可阻挡。党的二十大报告强调，中国坚持对外开放的基本国策，坚定奉行互利共赢的开放战略，坚持经济全球化正确方向。习近平总书记在第五届中国国际进口博览会开幕式上的致辞中表示，中国将推动各国各方共享中国大市场机遇，加快建设强大国内市场；将推动各国各方共享制度型开放机遇，稳步扩大规则、规制、管理、标准等制度型开放；将推动各国各方共享深化国际合作机遇，全面深入参与世界贸易组织改革谈判，推动贸易和投资自由化便利化，促进国际宏观经济政策协调，共同培育全球发展新动能。通过增强国内国际两个市场两种资源联动效应，既可以锻造我国高质量市场主体，也可以促进经济实现质升量增,而且中国高水平的对外开放,既为自身繁荣,也为世界发展提供新的机遇。

五是推动共享成为发展的根本目的。党的二十大报告强调,中国式现代化的本质要求之一是实现全体人民共同富裕。中国式现代化前进道路上,坚持以人民为中心的发展思想,不断实现发展为了人民、发展依靠人民、发展成果由人民共享,让现代化建设成果更多、更公平地惠及全体人民。这是激发全体人民团结奋斗、凝心聚力开创未来的不竭动力。当前,人民群众在教育、医疗、养老、住房、食品药品安全、收入分配、基本公共服务等方面还存在许多短板弱项,这也是我国高质量发展必须解决的现实问题。而问题就是发展空间。我们必须紧紧抓住人民最关心、最直接、最现实的利益问题,坚持尽力而为、量力而行,坚持在发展中保障和改善民生,正确处理效率和公平的关系,努力增进民生福祉,提高人民生活品质,推动全体人民共同富裕取得更为明显的实质性进展,不断实现人民对美好生活的向往。

六是有效统筹发展和安全。国家现代化离不开国家安全体系和能力现代化。党的二十大报告强调,国家安全是民族复兴的根基,社会稳定是国家强盛的前提。我国现代化发展正面临国际环境和国内条件发生深刻而复杂变化的新形势,我们必须增强忧患意识,坚持底线思维,做到居安思危、未雨绸缪,坚持统筹发展和安全,坚持发展和安全并重,确保粮食、能源资源、重要产业链供应链安全,提升战略性资源供应保障能力,维护金融稳定和安全。这既要以高质量发展提升国家安全实力,又要深入推进国家安全思路、体制、手段创新,营造有利于经济社会发展的安全环境,努力实现高质量发展和高水平安全的良性互动。

三、坚持以推动高质量发展为主题,推进扩大内需战略与深化供给侧结构性改革

党的二十大报告强调,未来五年是全面建设社会主义现代化国家

开局起步的关键时期，其主要目标任务之一，就是经济高质量发展取得新突破，构建新发展格局和建设现代化经济体系取得重大进展。这既是保持我国采取一系列积极有效、应变适变的经济政策连续性的客观需要，也是着眼当前又兼顾长远的战略性考量，更是为实现两步走战略目标夯实和巩固既有经济基础、市场基础、制度基础的历史性过程。

其着力点也是发力点就是"加快构建新发展格局，着力推动高质量发展"，其重要抓手就是报告强调的要"把实施扩大内需战略同深化供给侧结构性改革有机结合起来"。

坚持实施扩大内需的战略，进一步扩大有效需求。党的二十大报告强调，要着力扩大内需，增强消费对经济发展的基础性作用和投资对优化供给结构的关键作用。2020年以来，我国面临需求收缩、供给冲击、预期转弱三重压力。但我国14亿多人口的超大规模市场仍长期存在，消费需求和投资需求潜力巨大，我们必须充分挖掘超大规模国内市场给我国经济发展带来的显著规模经济优势、创新发展优势和抗冲击能力优势，加快培育完整的内需体系，增强国内大循环内生动力和可靠性，提升国际循环质量和水平。

继续深化供给侧结构性改革，提高供求的适配性。近年来我国经济运行的主要矛盾从总需求不足转为供给结构不适应需求结构的变化。矛盾的主要方面转到供给侧。通过持续深化供给侧结构性改革，我国供给体系质量和效益明显提升，但从不断满足人民群众对美好生活的向往看，还是要坚持深化供给侧结构性改革这条主线，不断推动新产业、新技术、新产品、新业态发展，推动有效需求与有效供给高水平动态平衡，以新供给创造新需求，形成经济发展的不竭动力。

稳定宏观经济大盘，保持政策连续增强市场预期。近些年受全球公共卫生事件冲击和国内外经济环境复杂变化影响，我国经济下行压力加大。国家推出一系列稳经济一揽子措施，充分发挥宏观政策调控作用，结合逆周期调节和跨周期调节，但从长远来看，必须平衡好总量性、结构性、周期性经济波动影响，切实加强财政政策和货币政策协调配合，健全宏观经济治理体系，积极发挥国家发展规划的战略导向作用，既要守住不发生系统性风险底线，又要增强宏观政策的前瞻性、科学性、连续性，适度创新宏观政策工具，着力稳定市场主体预期。

坚定不移地坚持和完善社会主义基本经济制度。党的二十大报告强调，坚持社会主义市场经济改革方向，坚持高水平对外开放。这就需要坚持和完善社会主义基本经济制度。社会主义市场经济是我们党的伟大创举，是不断增强社会主义现代化动力和活力的制度保障，需要始终不渝坚持下去。要继续坚持"两个毫不动摇"，充分激发各类市场主体的积极性、创造性，同时要依法规范和引导资本健康发展；要加快构建全国统一大市场，深化要素市场化改革，完善公平竞争制度、加强产权和知识产权保护，着力畅通经济循环；促进有效市场和有为政府有机结合，着力解决市场体系不完善、政府干预过多和监管不到位的问题。

加快建设现代化产业体系，完善现代化经济体系。党的十九大报告就提出，建设现代化经济体系是跨越关口的迫切要求和我国发展的战略目标，要着力加快建设实体经济、科技创新、现代金融、人力资源协同发展的产业体系。党的二十大报告强调，要加快建设现代化经济体系，着力提高全要素生产率，着力提升产业链供应链韧性和安全水平，着力推进城乡融合和区域协调发展，推动经济实现质的有效提升和量的合理增长。实现"三个着力"根本还是要建设现代化产业体系，把发展经济的着力点放在实体经济上，加快推进数字经济背景下的新型工业化，以新一代科技革命和产业变革推进制造强国、质量强国、航天强国、交通强国、网络强国、数字中国建设。

毛泽东与中国式现代化

丁茂战[①]

习近平总书记在党的二十大报告中指出:"从现在起,中国共产党的中心任务就是团结带领全国各族人民全面建设社会主义现代化强国、实现第二个百年奋斗目标,以中国式现代化全面推进中华民族伟大复兴。"在新进中央委员会委员、候补委员和省部级主要领导干部学习贯彻习近平新时代中国特色社会主义思想和党的二十大精神研讨班开班式上,习近平总书记指出:"中国式现代化是我们党领导人民在长期探索和实践中经历千辛万苦、付出巨大代价取得的重大成果。""我们党一开始就保持着清醒的头脑,并没有像一些发展中国家那样亦步亦趋地跟在西方国家后面简单模仿,而是强调从中国实际出发,走自己的现代化道路。"毫无疑问,建设中国式现代化、推进中华民族伟大复兴是近代以来中国人民为之奋斗的理想,更是中国共产党人前赴后继的伟大事业。在建设中国式现代化、推进中华民族伟大复兴历史进程中,以毛泽东为代表的那个时代的中国共产党人做出了开创性的历史贡献,是中国式现代化当之无愧的奠基人。毛泽东作为党的第一代领导核心,在这一历史进程中发挥了关键作用。

[①] 丁茂战,东南大学中国特色社会主义发展研究院首席专家,中国行政体制改革研究会《行政改革内参》主编。

一、带领党和人民缔造了新中国，为实现现代化创造了根本社会条件

中华民族曾经创造了绵延五千多年的灿烂文明，拥有长期居于世界文明之巅的辉煌历史。但是这个古老而伟大的民族，一度遭受外国列强侵略，在西方现代化浪潮中一落千丈，国家蒙辱、人民蒙难、文明蒙尘，中华民族遭受了前所未有的劫难，几乎陷入亡国灭种的悲惨境地！

中国人民在屈辱和痛苦中反思奋起，无数仁人志士奔走呐喊，为了中华民族的复兴进行了可歌可泣的伟大斗争。如何才能摆脱悲惨、洗刷屈辱、实现复兴，中国的有识之士、中华民族的先进分子深刻认识到，现代化、追赶现代化、超越现代化是通向复兴的不二选择。在通向复兴的波澜壮阔的中国现代化进程中，中国共产党是被历史和人民选择的领导力量，毛泽东是中国共产党人中的杰出代表！

毛泽东等中国共产党的缔造者们登上政治舞台的时候，中华民族正处在帝国主义、封建主义的黑暗统治之下，国家四分五裂，民族备受凌辱，军阀混战不已，人民在苦难中挣扎。推翻压在中国人民头上的"三座大山"，实现民族独立、人民解放和国家统一，就成为建设现代化、推进中华民族伟大复兴的首要任务摆到以毛泽东同志为代表的中国共产党人面前。

辛亥革命结束了封建王朝统治，打开了中国通向建设现代化、推进中华民族伟大复兴的大门。同时，中国社会也面临着道路选择：社会主义还是资本主义，即按照社会主义理想还是资本主义目标开启建设现代化、推进中华民族复兴历程征程。中国民主革命的先行者孙中山选择了资本主义道路。但历史和现实都已告诉我们，孙中山无力改变中国半封建半殖民地的社会面貌，中山先生本人也最终陷入痛苦之中。1921年7月，毛泽东亲自参与缔造的中国共产党成立了。从此，社会主义被共产党作为推动中国进入现代社会的基本路径，以毛泽东

为代表的中国共产党人开始了波澜壮阔地推动中国迈向现代社会的探索和实践。

1927年4月12日,蒋介石在上海发动了"四一二"反革命政变。这是大革命从高潮走向失败的转折点。据不完全统计,从1927年3月到1928年上半年,被杀害的共产党员和革命群众达到31万多人。[①] 大革命失败以后,面对严峻的生存环境,我们党深刻认识到掌握自己军队、进行武装斗争的极端重要性。1927年8月1日,在以周恩来为书记的中共中央前敌委员会领导下,贺龙、叶挺、朱德、刘伯承等率领党所掌握和影响的军队2万余人,在南昌打响了武装反抗国民党反动派的第一枪。南昌起义标志着中国共产党独立领导革命战争、创建人民军队和武装夺取政权的开端。1929年9月9日,以毛泽东为书记的中共湖南省前敌委员会领导工农革命军第一师发动秋收起义。29日,起义军到达江西永兴三湾村进行改编,这是建设无产阶级领导的人民军队的开端。

1929年10月,我们党开始了创建农村革命根据地的斗争。1928年4月,朱德、陈毅率领的南昌起义保留下来的部队和湘南起义农军到达井冈山,与毛泽东领导的部队会师,成立中国工农红军第四军(简称"红四军")。1929年1月14日,红四军进军赣南开辟根据地并发展成为中央革命根据地(中央苏区)。1931年11月,中华苏维埃共和国临时中央政府成立,毛泽东当选为主席。中华苏维埃共和国是中国历史上第一个全国性的工农民主政权,是中国共产党在局部地区执政的重要实践。

1933年9月,蒋介石集中50万兵力进攻中央革命根据地。[②] 红军和革命根据地在第五次反"围剿"中遭受重大损失。10月中旬,中央

---

① 中共中央党史和文献研究院.中国共产党一百年大事记[M].北京:人民出版社,2021:13.

② 中共中央党史和文献研究院.中国共产党一百年大事记[M].北京:人民出版社,2021:24.

红军主力进行战略转移，开始长征。1935年1月，中央政治局在贵州遵义召开扩大会议，集中解决当时具有决定意义的军事和组织问题。遵义会议是党的历史上一个生死攸关的转折点。会议事实上确立了毛泽东在党中央和红军的领导地位，开始确立了以毛泽东为主要代表的马克思主义正确路线在党中央的领导地位，开始形成以毛泽东同志为核心的党的第一代中央领导集体，开启了党独立自主解决中国革命实际问题的新阶段。

1935年10月，在以毛泽东为主要代表的中国共产党的正确领导下，中央红军主力抵达陕北吴起镇，长征胜利结束。毛泽东和党中央进入陕北后，我们党敏锐把握了日本侵华后国内主要矛盾的变化，确定并推动了抗日民族统一战线的发展，推动实现国共第二次合作，中国工农红军接受改编并开赴抗日前线，有力配合了国民党军队的正面战场，中国人民最终赢得了抗日战争的伟大胜利，同时也成功推动了中国共产党和中国革命力量的发展壮大。到抗日战争结束时，人民军队发展到约132万人，民兵发展到260余万人，中国共产党领导的抗日民主根据地已有19块，面积达到近100万平方千米，人口近1亿。

抗日战争胜利后，蒋介石反动集团自恃有由美国支持的强大军事力量，再次把"剿共"即消灭共产党摆上主要议程。1945年6月26日，国民党撕毁停战协定和政协协议，以22万人悍然进攻中原解放区。其后，国民党军队向其他解放区展开大规模进攻。全面内战由此爆发。1946年7月20日，中共中央发布《以自卫战争粉碎蒋介石的进攻》党内指示。11月21日，中共中央在延安召开会议，决定用"打倒蒋介石"作为最后解决国内问题的方针。面对蒋介石及其国民党反动军队的进攻，毛泽东同志显示了卓越领袖才能，亲自指挥"三大战役"，最终赢得了中国革命战争的彻底胜利。

经过二十八年浴血奋斗，在以毛泽东为杰出代表中国共产党领导下，中华人民共和国成立了。新中国的成立，"彻底结束了旧中国半殖民地半封建社会的历史，彻底结束了极少数剥削者统治广大劳动人民的历史，彻底结束了旧中国一盘散沙的局面，彻底废除了列强强加给中国的不平等条约和帝国主义在中国的一切特权，实现了中国从几千年封建专制政治向人民民主的伟大飞跃"①。中华人民共和国的成立，为实现中国式现代化、推进中华民族复兴事业创造了根本社会条件。

新民主主义革命之所以能够在这样短的时间里取得胜利，是因为毛泽东同志的卓越领导发挥了关键作用。正如邓小平同志曾经指出的："没有毛主席，至少我们中国人民还要在黑暗中探索更长的时间。"② 毛泽东同志运用马克思列宁主义，深刻分析中国社会形态和各阶级的经济地位及其政治态度，明确了中国革命的性质、对象、任务、动力，提出了通过新民主主义革命走向社会主义的两步走的战略，制定了无产阶级领导的，人民大众的，反对帝国主义、封建主义和官僚资本主义的新民主主义革命总路线，开辟了建立农村根据地、农村包围城市、武装夺取政权的革命道路。毛泽东同志和他的战友们，缔造了一个用马克思列宁主义革命理论和革命风格武装起来的无产阶级政党，一个在党的绝对领导下为人民的解放事业英勇奋战的人民军队，一个团结全民族绝大多数人共同奋斗的统一战线。

二、带领党和人民构建了社会主义国家治理基本框架，为实现中国式现代化奠定了根本政治前提和制度基础

制度更带有根本性。制度现代化既是中国现代化的根本和保证，也是中国式现代化的重要内容。新中国成立伊始，我们面临着特殊的国情条件。首先，建党以来我国总体上是在马克思主义思想指导下、

---

① 中国共产党第十九届中央委员会第六次全体会议公报［M］.北京：人民出版社，2021：5.

② 江泽民.在毛泽东同志诞辰一百周年纪念大会上的讲话［M］.北京：人民出版社，1993：10.

第一章　中国式现代化进程中的高质量发展

按照社会主义理想来开展各项事业的,28年来党的建设、军队发展、根据地的执政,已经铺就了中国特色民族解放道路、形成了强大的路径依赖。其次,搬不走、挪不开的5000多年的历史文化,世界上最大的人口规模,与西方现代化形成鲜明对照的极其落后的农业生产力条件,自鸦片战争以来近百年战乱留下的破烂不堪的山河大地。最后,苏联社会主义建设巨大成就的深刻影响,社会主义苏联对新中国建设的引导和支持,国际共产主义阵营重要崭新力量的使命担当。这些特殊国情决定了,中国国家现代化的治理制度一定是中国特色的。

新中国成立前后,以毛泽东同志为代表的中国共产党人,坚持把马克思列宁主义基本理论与中国国情实际相结合,开启了党和国家治理制度探索和建设的大幕。1948年4月30日,中共中央发出召开新的政治协商会议的号召,启动筹建民主联合政府工作。9月20日,中共中央作出关于健全党委制的决定。同年,中央决定在全党各级组织中建立请示报告制度,加强党的集中统一领导。9月26日,华北人民政府正式成立。11月1日,中央军委决定统一全军组织及部队番号。11月1日,中国人民银行成立,发行人民币。1949年3月5—13日,中共七届二中全会在西柏坡召开,全会对新中国国家治理制度建设作了系统谋划。9月21—30日,中国人民政治协商会议第一届全体会议在北平举行。会议通过起临时宪法作用的《中国人民政治协商会议共同纲领》(简称《共同纲领》)以及相关组织法等文件。这标志着中国共产党领导的多党合作和政治协商制度正式确立。10月1日,中华人民共和国中央人民政府成立。10月21日,中央人民政府政务院成立。10月25日,中央人民政府海关总署成立。11月9日,中央及各级党的纪律检查委员会成立。特别是中华人民共和国第一部宪法的制定,结束了以《共同纲领》暂代国家宪法的过渡状态。国家治理有了根本大法,这也为后续规范国家和社会各个方面治理制度提供了根本依据。经历了新民主主义革命、社会主义革命和社会主义改造,到党的八大,我们党基本建立起了与中国实际相结合、现代化的国家治理框架,为中国社会主义事业和中国式现代化事业提供了基本制度保障，也为我国国家治理现代化打下坚实基础。

关于党的建设和党的领导。从中国共产党孕育诞生到毛泽东同志逝世，党的建设和领导体制在经历曲折的探索实践中逐步发展成型。我们始终坚持马克思主义建党治党原则，坚持把全心全意为人民服务作为自己唯一宗旨，坚持中国共产党的中国工人阶级先锋队性质，坚持领导我们事业的核心力量是中国共产党，坚持中国共产党领导的多党合作制度，坚持民主集中制度的领导决策体制，构建了从全国党的代表大会到中央全会、从中央政治局会议到中央政治局常委会和中央书记处会议的决策机制，逐步建立和完善了党内纪检和监察制度，从而构建了系统科学的、具有中国特色的政党治理制度，为中国新民主主义革命和社会主义建设取得巨大成就发挥了根本性的制度保障作用，为中国特色社会主义事业和新时代中国国家治理现代化的发展和完善提供了基础和前提。

关于军队建设和领导制度。中国军队建设和管理制度不同于西方资本主义国家，也不同于苏联，是在马克思主义基本原理指导下、紧密联系中国革命和建设实践相结合中形成的，是经历了长期艰巨环境历练逐步完善、行之有效的治理制度。建党初期，我们没有自己的军队。人民军队是在蒋介石反动集团反革命政变的血雨腥风中诞生的。人民军队诞生之初，我们党还没有取得政权。在这种特定背景下，党和军队建设、党的领导和军队治理制度是统筹谋划、一体推进的。在残酷的战争环境中，经过新中国成立后的实践检验，特别是在毛泽东同志亲自推动下，人民军队治理体制逐步发展和完善。比如，党对军队的绝对领导制度，支部建在连上制度，军队实行军政"两长制"等。这些制度的确立，从根本上保证了人民军队的性质，也为捍卫党的领导这一根本制度和国家长治久安提供了前提和基础。

关于国家和政府治理。我国的国家和政府治理制度是从"苏区"和根据地实践开始，特别是毛泽东同志亲自领导的以瑞金为中心的中

第一章 中国式现代化进程中的高质量发展

央根据地、以延安为中心的陕北根据地政府实践，到党的七届二中全会的系统谋划和新中国诞生初期对整个国家治理制度的构建和实践探索，逐步形成、发展和完善。在以毛泽东同志为代表的中国共产党人领导下建立的国家和政府治理制度，同样坚持了马克思主义基本理论，坚持同中国实际和中国历史文化相结合，是迈向现代化的中国特色的国家和政府治理制度。比如，中国共产党党内治理体制，作为根本制度的全国人民代表大会制度，党、人大、政府、政协、纪律检查的以党的领导为核心的治理框架，中国共产党领导的多党合作政治协商制度，民族区域自治制度，省、县、乡纵向治理制度，街道社区和村级组织自治制度等。改革开放以来，我们虽然对既有国家和政府治理制度进行了改革和完善，但主体和基础部分依然是以毛泽东同志为核心的党的第一代中央领导集体领导下制定起来的。

关于经济治理制度。我国的经济治理制度，与我们党的性质、社会主义和共产主义理想密切相关，是坚持马克思主义基本原理的，是与中国国情紧密联系在一起的，是与加快中国现代化进程的强烈愿望密不可分的。党的七届二中全会公报就提出："使中国有可能稳步地由农业国转变为工业国，由新民主主义国家转变为社会主义国家。"无论从解放区的实践看还是新中国成立初期发挥的作用看，我们党领导建立起来的经济体制在当时是正确的，实践证明也是成功的，这也是改革开放后建立和完善起来的中国特色社会主义市场经济体制的基础和前提。比如，坚持公有制的基础和主导地位，要充分发挥集中力量办大事的优势。从解放区的实践到社会主义过渡时期，我们党积极注重从实际出发稳步推进土改，建立公有制为基础的农村土地制度，稳步推进对个体手工业和资本主义工商业的社会主义调整和改造，积极推进从根据地到全国的财政、金融和物价的统一，建立国民经济计划制度。计划体制在解放区和建国初期党、军队和国家事业发展条件下，适当集权是正确的。并且，今天的中国特色社会主义市场经济体制也是既要发挥市场的决定性作用，也要更好发挥政府作用，中国特色社会主义市场经济体制也是与资本主义市场经济体制有根本区别的。

三、带领党和人民赢得抗美援朝战争伟大胜利，为推进中国式现代化提供了和平环境

中国共产党诞生尤其是第二次世界大战结束、新中国成立以后，新中国与美国的关系一直是中国现代化进程中最大的对外因素。中国人民解放战争时期，美国是蒋介石反动军队的最大倚仗。朝鲜战争实质则是新中国与美国的一场大决战。从中苏关系破裂到改革开放初期，中美关系走向缓和则是大国博弈、联手抗击苏联的需要，在这个过程中，美国从未放弃对我国的"和平演变"。目前，美国实施对华全面战略围堵，实质上是美国反华反共战略在新时代的延续。在中美战略博弈历史进程中，抗美援朝战争具有重大而深远的意义，对推进中国式现代化和中华民族伟大复兴事业发挥了关键作用。

新中国成立之初，我们并不具备全心全意从事现代化建设的国际和平环境。中美在朝鲜的这场战争某种程度上是国内解放战争的延续。中国抗日战争结束后，蒋介石反动军队挑起内战、发起对解放区的进攻，依靠的是美国对国民党反动政府的支持，目的是彻底消灭共产党和解放军，建立资产阶级独裁政府，这也是战后北约和华约两大阵营战略对抗的重要组成部分，是美国西化、分化乃至消灭国际共产主义的全球战略的重要步骤。建国初期，经历了近半个世纪战乱的中华大地可谓"遍体鳞伤"、百废待兴，蒋介石准备反攻大陆，大陆的国民党反动派的残余力量等待清除，毛泽东和中国共产党人面临的挑战与战争年代相比有过之而无不及。此时消灭新生的共和国，无疑是以美国为首的帝国主义最佳和最后时机。美国侵略朝鲜只是以美国为首的北约总体战略的一个部分，他们已经入驻中国台湾，也在南亚布局。美国成为中国共产党领导中华民族伟大复兴进程面对的最大外部因素。不与美国直接较量一下，不让美国认识一下新中国，中国就不可能拥

有真正的和平发展环境，中国现代化将无从谈起。中美决战是躲不过去的，并且战火已经烧到东北。为了新中国的长远利益，不如变被动为主动，正可谓"打得一拳开，免得百拳来"。

1950年10月27日，即中国人民志愿军渡过鸭绿江的第8天，毛泽东同志在中南海与民主党派人士周士钊谈到朝鲜战争时说："我们急切需要和平建设，如果要我写出和平建设的理由，可以写有百条千条，但这百条千条的理由不能抵住六个大字，就是'不能置之不理'。现在美帝的侵略矛头直指我国的东北，假如它真的把朝鲜搞垮了，纵不过鸭绿江，我们的东北也时常在它的威胁中过日子，要进行和平建设也有困难。所以，我们对朝鲜问题，如果置之不理，美帝必然得寸进尺，走日本侵略中国的老路，甚至比日本搞得更凶。它要把三把尖刀插在我们的身上，从朝鲜一把刀插在我国的头上，以台湾一把刀插在我们的腰上，把越南一把刀插在我们的脚上。天下有变，它就从三个方面向我们进攻，那我们就被动了。我们抗美援朝就是不许它的如意算盘得逞。"[①]1950年10月2—5日，中共中央连续召开会议，认真讨论朝鲜半岛局势和中国出兵问题。毛泽东在中央政治局扩大会上说："出兵朝鲜是必要的，打烂了，等于解放战争晚胜利几年。如果美军摆在鸭绿江岸和台湾，它要发动侵略战争，随时都可以找到借口。"[②]

1950年10月5日，毛泽东和党中央作出了"抗美援朝、保家卫国"重大战略决策。10月8日，中央军委主席毛泽东签署命令，发布组成中国人民志愿军，任命彭德怀为司令员兼政治委员。10月19日，中国人民志愿军进入朝鲜战场。1950年10月25日，东线志愿军打响了抗美援朝战争第一仗，揭开了第一次战役的序幕。1953年7月27日，朝鲜、中国、美国签署了《朝鲜军事停战的协定》。抗美援朝战争以中朝军队和人民取得胜利而宣告结束。在这场战争中，中国人民志愿军

---

① 中共中央文献研究室.毛泽东年谱（一九四九—一九七六）：第一卷［M］.北京：中央文献出版社，2013：230.

② 彭德怀.彭德怀自述［M］.北京：人民出版社，1981：258.

毙、伤、俘"联合国军"71万余人。美军消耗各种作战物资7 300余万吨，战争经费达到400亿美元。①

抗美援朝战争是人类战争史上劣势装备战胜优势装备最典型的战争范例，打破了美军不可战胜的神话。"它雄辩地证明：西方侵略者几百年来只要在东方一个海岸上架起几尊大炮就可霸占一个国家的时代是一去不复返了。"②这场战争，我们面对的是以美国为首的由16个国家军队组成的所谓"联合国军"。1950年，美国的国内生产总值占整个资本主义世界的2/3，黄金储备占70%，工农业生产总值为15 078亿美元，钢产量为8 770万吨。美国为了赢得这场战争胜利，可以说是动用美国全部战争力量，美国陆军的1/3、空军的1/5和海军的近半数都参加了这场战争，美国甚至把整个国民经济转入战时轨道，以大量的军事装备和物资投入战争。朝鲜战争的惨烈场景至今历历在目，中国人民志愿军主要还是依靠步兵力量，甚至缺衣少食，他们战斗在异国他乡的冰天雪地，用肉体之躯守护着任由美国狂轰滥炸的阵地。这场战争成了美国历史上第一次没有胜利班师的战争。正如克拉克后来所说："在执行我政府的训令中，我获得了一项不值得羡慕的荣誉，那就是我成了历史上签订没有胜利的停战条约的第一位美国陆军司令官。"③1951年5月15日，时任美国参谋长联席会议主席奥马尔·纳尔逊·布莱德雷（Omar Nelson Bradley）在出席国会听证会时说，这是"一场在错误的时间、错误的地点和错误的敌人展开的错误的战争"④。

正是这场战争打破了美国主义不可战胜的神话，击垮了美国主义的嚣张气焰。后来，美帝国主义又侵略越南，企图消灭越南共产党，

---

① 军事科学院历史研究部.抗美援朝战争史：第三卷[M].北京：军事科学出版社，2000：461.

② 中共中央文献研究室.建国以来重要文献选编：第4册[M].北京：中央文献出版社，1993：379.

③ 军事科学院历史研究部.抗美援朝战争史：第三卷[M].北京：军事科学出版社，2000：462.

④ 参见https://m.gd.huatu.com/tiku/2629995.html.

并且企图把越南作为跳板威胁我国。1964年6月24日，毛泽东在会见越南人民军总参谋长文进勇一行时明确提出："如果美国冒险打到越南北方（北纬17为界），中国军队就以志愿军的形式开过去。""还有一个怕不怕美国的问题，你越怕，它越欺负，你越不怕，它就越不敢任意欺负。"[①] 不可一世的美帝国主义自始至终没敢跨越毛泽东给他们划下的这条"红线"。

抗美援朝战争的伟大胜利，是中国人民站起来后屹立于世界东方的宣言书，是中华民族建设现代化、推进伟大复兴事业的重要里程碑。抗美援朝战争的胜利，为中国军队赢得了不可战胜的正义之师、威武之师的形象，由此确立了新中国的大国地位，重构了世界权力板块，动摇了美苏两极世界的格局，获得了全球特别是第三世界国家的尊重，为日后大国博弈乃至中美建交奠定了基础，为中国的改革开放创造了更多的有利条件，为中国现代化事业争取了更大战略回旋空间。为了服务战争，我们党全面布局并加强国防和武器装备建设，其间获得了苏联大力支持，以军工为代表工业发展获得强劲动力，基础工业尤其是重工业得到迅速发展。尤为重要的是，自此以美国为代表的一切反华力量都不敢肆无忌惮挑战中国的国家安全，为我国此后70余年的现代化建设赢得和平良好的周边环境和国际环境奠定了坚实的基础。

四、带领党和人民开展全面、大规模的社会主义建设，开启了中国现代化的历史进程

新中国成立以后，以毛泽东同志为核心的党中央领导全国人民，在迅速医治战争创伤、恢复国民经济的基础上，拉开了中国现代化建设的序幕。

[①] 中共中央文献研究室.毛泽东年谱（一九四九——九七六）：第五卷[M].北京：中央文献出版社，2013：367.

开启工业化特别是重工业化进程。现代化的关键是工业化。建国初期，面对一穷二白的落后面貌和中西方的巨大差距，党中央按照毛泽东同志的提议，着手工业化建设。我们党提出了逐步实现国家的社会主义工业化，并逐步实现国家对农业、手工业和资本主义工商业的社会主义改造的过渡时期总路线。中国社会主义工业化特别是重工业建设，从1952年就着手。1953年1月，开始实行第一个五年计划。单"一五"期间，全国就同时开展了一万多个工矿建设单位的施工，苏联援建的156个项目中有68个全部或部分建成投产，我国的社会经济结构和国民经济面貌发生了重大变化。

四个现代化目标的提出。1954年9月，第一届全国人民代表大会第一次会议召开。毛泽东在会议开幕式上指出，"准备在几个五年计划之内，将我们现在这样一个经济上、文化上落后的国家，建设成为一个工业化的具有高度现代文化程度的伟大的国家"[①]。周恩来在这次会议上所作的《政府工作报告》中指出，"如果我们不建设起强大的现代化的工业、现代化的农业、现代化的交通运输业和现代化的国防，我们就不能摆脱落后和贫困，我们的革命就不能达到目的。""没有现代化的技术，就没有现代化的工业。"[②]1956年1月，中共中央召开关于知识分子问题会议。周恩来在会上作的《关于知识分子问题的报告》发出了"向现代科学进军"的口号，会后制定出了12年科技发展远景规划。中国许多尖端科技项目的集体攻关就是从这时候起步的。

现代化"两步走"战略的提出和实施。在1964年年底到1965年年初召开的第三届全国人大一次会议上，周恩来在《政府工作报告》中提出，"要在不太长的历史时期内，把我国建设成为一个具有现代农业、现代工业、现代国防和现代科学技术的社会主义强国，赶上和超过世界先进水平"。为了实现"四个现代化"，党中央提出发展国民经

[①] 中共中央文献研究室.毛泽东年谱（一九四九——一九七六）：第二卷[M].北京：中央文献出版社，2013：283.

[②] 参见 https://baike.baidu.com/item/1954年国务院政府工作报告/23323196?fr=aladdin

济的两步设想：第一步，在1980年以前，建成一个独立的比较完整的工业体系和国民经济体系；第二步，在21世纪内，全面实现农业、工业、国防和科学技术的现代化，使中国经济走在世界的前列。1975年1月，第四届全国人大一次会议重申了实现"四个现代化"的战略目标和两步设想。

社会主义革命和建设时期，我国的现代化建设迈出重要步伐。我国建立起独立的比较完整的工业体系和国民经济体系，从1952年到1978年，我国GDP年均实际增长6.04%、名义增长6.72%。1949—1978年，主要工业品产量实现历史性大跨越，原煤由0.32亿吨增长到6.18亿吨，翻了19倍；原油由12亿吨增长到10 405万吨，翻了867倍；天然气由0.07亿立方米增长到137.3亿立方米，翻了1 961倍；发电量由43亿千瓦时增长到2 566亿千瓦时，翻了60倍；生铁由25万吨增长到3 479万吨，翻了139倍；粗钢由16万吨增长到3 178万吨，翻了199倍；能源产量由2 374万吨标准煤增长到62 270万吨标准煤，翻了26倍。农业生产条件显著改变，教育、科学、文化、卫生、体育事业有很大发展。"两弹一星"等国防尖端科技不断取得突破，国防工业从无到有逐步发展起来。人民解放军逐渐发展壮大，由单一的陆军发展成为包括海军、空军和其他技术兵种在内的合成军队，为巩固新生人民政权、确立中国大国地位、维护中华民族尊严提供了坚强后盾。

毛泽东同志为中国式现代化、中华民族伟大复兴事业作出了彪炳史册的贡献。党的十九届六中全会通过的《中共中央关于党的百年奋斗重大成就和历史经验的决议》指出，"从新中国成立到改革开放前夕，党领导人民完成社会主义革命，消灭一切剥削制度，实现了中华民族有史以来最为广泛而深刻的社会变革，实现了一穷二白、人口众多的东方大国大步迈进社会主义社会的伟大飞跃"。党在社会主义革命和建设时期现代化理论成果和发展成就，为在新的历史时期开创中国式现代化道路提供了宝贵经验、理论准备、物质基础。在这一伟大历史进程中，"我们不应该把一切功劳归于革命的领袖们，但也不应该低估领袖们的重要作用。在党的许多杰出领袖中,毛泽东同志居于首要地位。"[1]"毛泽东同志为中国新民主主义革命的胜利、社会主义革命的成功、社会主义建设的全面展开,为实现中华民族独立和振兴、中国人民解放和幸福,作出了彪炳史册的贡献。"[2]

纪念毛泽东同志诞生130周年,我们就是要缅怀以毛泽东同志为核心的党的第一代中央领导集体开创我国社会主义现代化的丰功伟绩,我们就是要认真总结以毛泽东同志为核心的党的第一代中央领导集体开创我国社会主义现代化的实践经验,继续他们未竟的事业,紧密团结在以习近平同志为核心的党中央周围,增强"四个意识"、坚定"四个自信"、做到"两个维护"、捍卫"两个确立",按照党的二十大的战略布局,以中国式现代化全面推进中华民族伟大复兴。

---

[1] 中共中央文献研究室.十一届三中全会以来重要文献选读(上册)[M].北京:人民出版社,1987:299.

[2] 习近平.在纪念毛泽东同志诞辰120周年座谈会上的讲话[M].北京:人民出版社,2013:8.

中国新供给经济学的理论创新和政策主张

贾 康[①]

2013年以来,面对中国经济潜在增长率下降的挑战,以及结构调整面临的瓶颈制约,中国的"新供给经济学"研究群体提出了从供给侧发力应对现实挑战、破解瓶颈制约的一整套认识和建议。十年倏忽而过。在时间与实践的检验中,可认为新供给经济学的理论创新,值得再述其破与立的要点。十年间这个创新路径上有不少新成果陆续形成,但最概括地总结,十年前已有的梳理和表述仍然可以援引:"新供给"新在哪里?一是新在其"破",即对经济学理论迄今已取得的基本成果基于反思的扬弃与突破;二是新在其"立",即结合中国的现实需要与国际经验启示提出的理论创新进展并形成体系化的思路设计与政策主张。

一、"新供给"研究中的"破"

(一)破偏颇

破偏颇指明主流经济学理论认知框架的不对称性。古典经济学、新古典经济学和凯恩斯主义经济学虽然各自强调不同的角度,都有很大的贡献,但是共同的失误又的确不容回避,即他们都在理论框架里

[①] 贾康,著名经济学家,华夏新供给经济学研究院创始院长。本文系贾康先生在2023秋季莫干山会议(第十七届新莫干山会议)的发言稿。

假设了供给环境，然后主要强调的只是需求侧的深入分析和在这方面形成的政策主张，这些都存在着假设市场出清的结构平衡为自然过程而忽视供给侧分析的问题。最近几十年有莫大影响的"华盛顿共识"，理论框架上是以"完全竞争"作为对经济规律认知的假设条件，但是联系实际的时候，并没有有效地矫正还原，实际上拒绝了在供给侧做深入分析，存在明显不足。在美国前几十年的经济实践里，在应对滞胀的需要和压力之下应运而生的供给学派是颇有建树的，其政策创新贡献在实际生活里产生了非常明显的正面效应，但其理论系统性应该还有明显不足，他们的主张还是长于在"华盛顿共识"框架之下、在分散市场主体层面怎样能够激发供给的潜力和活力，但却弱于结构分析、制度供给分析和"政府主体作为"分析方面的深化认识——因为美国不像中国这样的经济体有不能回避的如何解决"转轨问题"与"结构问题"的客观需要，也就自然而然地难以提升对供给侧的重视程度。相比于指标量值可通约、较易于建模的需求侧，供给侧的指标不可通约、千变万化，问题更复杂、更具长期特征和"慢变量"特点，更要求结构分析与结构性对策的水准，更不易建模，但这并不应成为经济学理论可长期容忍其认知框架不对称的理由。

（二）破脱节

破脱节直率批评经济学主流教科书和代表性实践之间存在的"言行不一"问题。美国等发达市场经济在应对危机的实践中，关键性的、足以影响全局的操作，首推他们跳出主流经济学教科书来实行的一系列区别对待的结构对策和供给手段的操作，这些在他们自己的教科书里面也找不出清楚依据，但在运行中却往往得到了特别的倚重与强调。比如，美国在应对金融危机中真正解决问题的一些关键点上，是"区别对待"的政府注资。美国一开始在斟酌对雷曼兄弟公司"救还是不救"之后，任由这家150多年的老店垮台；而有了这样的一个处理后又总结经验，再后来对从"两房"、花旗一直到实体经济层面的通用公司,就分别施以援手,而以注资通用形成全局运行的拐点。大量公共资金对特定主体的选择式注入,是一种典型的政府区别对待的供给操作,并且给予经济社会全局以决定性的影响。然而,如此重要的实践,迄今还基本处于与其经典学术文献、主流教科书相脱离的状态。

(三)破滞后

破滞后直陈政府产业政策等供给侧问题在已有经济学研究中的薄弱和滞后。比如,在经济发展中"看得见摸得着"的那些"产业政策"方面,尽管美国被人们推崇的经济学文献和理论界的代表人物均对此很少提及,但其实美国的实践却可圈可点,从20世纪80年代《亚科卡自传》所强调的重振美国之道的关键是"产业政策",到克林顿主政时期的信息高速公路,到奥巴马国情咨文中所提到的从油页岩革命到3D打印机,到制造业重回美国,到区别化新移民和新兴经济等一系列的亮点和重点、应总结的正反两方面经验,都不是对应于教科书的认知范式,而是很明显地对应于现实重大问题的导向——以从供给侧发力为特色。不客气地说,本应经世致用的经济学理论研究,在这一领域,其实是被实践远远抛在后面的"不够格"状态。

二、"新供给"研究中的"立"

(一)立框架

经济学基本框架需要强化供给侧的分析和认知。人类社会不断发展的主要支撑因素,从长期考察可认为是有效供给对于需求的回应和引导,供给能力响应体系及其机制在不同阶段上的决定性特征形成了人类社会不同发展时代的划分。需求在这方面的原生意义,当然是不可忽视的——人有需求才有动力、才要去追求各种各样的可用资源——但是在经济学角度上,对于有效供给对需求引导方面的作用过去却认识不足。我们从供给能力创新在不同阶段特征上的决定性视角，强调不同发展时代的划分和供给能力的"阶跃"，以及与"供给能力形成"相关的制度供给问题，具有基础理论层面的普适性，也特别契合于在中国和类似的发展中国家怎样完成"转轨"和实现可持续发展方面的突出问题。在现实生活中，关键是在处理"生产产品满足消费"的需求侧问题的同时，解决"生产什么"和"如何生产"的供给侧回应、引领并创造需求的问题——尤其是"制度供给怎样优化"这一"纲举目张"的问题。

（二）立原理

正视现实而加强经济基本理论支点的有效性和针对性。比如"非完全竞争"应作为深入研究的前提确立起来，因为这是资源配置的真实环境，牵涉大量的供给侧问题。过去经济学所假设的"完全竞争"环境，虽带有大量理论方面的启示，但它毕竟可称为一种1.0版的模型。现在讨论问题，应放在"非完全竞争"这样一个可以更好反映资源配置真实环境、涵盖种种垄断竞争等问题的基点上，来升级、扩展模型和洞悉现实。需求分析主要处理总量问题，指标是均质、单一、可通约的，但供给分析要复杂得多，处理结构问题、制度构造问题等，指标是非单一、不可通约的、更多牵涉到政府—市场核心问题这种基本关系，必然在模型扩展上带来明显的挑战和非比寻常的难度，但这却是经济学创新与发展中绕不过去的重大问题。更多的中长期问题和"慢变量"问题，也必然成为供给侧研究要处理好的难题。过去经济学研究中可以用一句话打发掉的"'一般均衡'或'反周期'调控中可自然解决结构问题"，我们认为有必要升级为在非完全竞争支点上的一系列非完全自然演变过程而需加入供给侧能动因素做深入开掘的大文章。

（三）立契合

市场、政府、非营利组织应各有作为并力求合作，这也是优化资源配置的客观要求。在明确认同市场总体对资源配置的决定性作用的前提下，我们还需要有的放矢地来讨论不同的主体——即市场和政府，还有"第三部门"（非政府组织、志愿者、公益团体等），它们在优化资源配置方面可以和应该如何分工、合作、互动（简称"契合"）。在不同的阶段和不同的领域，分工、合作、互动的选择与特点又必有不同。由分工、失灵到替代，再由替代走向强调"公私合作伙伴关系"（PPP）式的合作，反映着人类社会多样化主体关系随经济发展、文明提升而具有的新特征、新趋势。

（四）立体系

制度供给应该充分地引入供给分析，从而形成有机联系的一个认知体系。即物和人这两个视角，在供给侧应该打通，各种要素的供给问题和制度供给问题应该内洽于一个体系，发展经济学、制度经济学、转轨经济学、行为经济学等概念下的研究成果，需要加以整合熔于一炉。在中国要解决充满挑战的现代化达标历史任务，必须借此强调以推动制度和机制创新为切入点、以结构优化为侧重点的供给侧的发力与超常规的"追赶—赶超"长期过程。

当然，以上这些并不意味着我们就可以忽视需求方面的认识——"需求管理"的认识在已有的经济学理论成果中已经相对充分，我们希望在供给这方面更丰富地、更有针对性地提高认识框架的对称性。这样的认识落到中国经济学人所处的现实中间，必然合乎逻辑地特别强调要"以改革为核心"，从供给侧入手推动新一轮"全面改革"时代的制度变革创新。这是有效化解矛盾累积和"滞胀""中等收入陷阱""塔西佗陷阱"和"福利陷阱"式的风险、实现中国迫切需要的方式转变与可持续健康发展而直通"中国梦"的"关键一招"和"最大红利所在"。我们的研究意图和可能贡献，是希望促使所有可调动的正能量，把重心凝聚到中国迫在眉睫的"新一轮改革如何实质性推进"这一问题上，以求通过全面改革和理性的供给管理，跑赢危机因素的积累，破解中长期经济增长、结构调整瓶颈，从而使现代化"中国梦"的实现路径可以越走越宽、越顺。

三、新供给经济学的政策主张

新供给经济学研究群体的基本政策主张，是以改革统领全局之下的"八双"和面对"两个一百年"历史任务的"五并重"。

"八双"的基本要点如下。

第一，"双创"——走创新型国家之路和大力鼓励创业。

第二，"双化"——推进新型城镇化和促进产业优化。

第三，"双减"——加快实施以结构性减税为重点的税费改革和大幅度地减少行政审批。

第四，"双扩"——对外开放格局和新的国际竞争局面之下，扩大中国对亚非拉的开放融合，以及适度扩大在增长方面基于质量和结构效益的投资规模（对于消费的提振当然是比较重要的，已经有了不少研究成果和重视程度的明显提高，但是对于投资这方面的进一步认识，我们认为也需要强调，所以放在"双扩"概念之下来体现）。

第五，"双转"——尽快实施我国人口政策中城镇体制内"一胎化"管制的转变，和积极促进国有资产收益和存量向社保与公共服务领域的转置。

第六，"双进"——在国有、非国有经济发挥各自优势协调发展方面，应该是共同进步，需要摒弃那种非此即彼、截然互斥的思维，在"混合所有制"的重要概念之下，完善以"共赢"为特征的社会主义市场经济基本经济制度的现代化实现形式。

第七，"双到位"——促使政府、市场发挥各自应有作用，双到位地良性互动、互补和合作。这方面的分析认识，需扩展到中国势必要发展起来的第三部门，即志愿者组织、公益慈善界的非政府组织、非营利组织，这些概念之下的一些越来越活跃的群体，应该在社会主体的互动中间发挥他们的潜力。

第八,"双配套"——尽快实施新一轮"价、税、财"配套改革,积极地、实质性地推进金融配套改革。

其中,"双创"是发展的灵魂和先行者;"双化"是发展的动力与升级过程的催化剂;"双减"则代表着侧重于提升供给效率、优化供给结构以更好适应和引导需求结构变化的制度基础;"双扩"是力求扩大供给方面在国际、国内的市场空间;"双转"是不失时机、与时俱进地在人口政策和国有资产配置体系两大现实问题上顺应供给结构与机制的优化需要,以支持打开新局面;"双进"是明确市场供给主体在股份制现代企业制度安排演进中的合理资本金构成与功能互补和共赢效应;"双到位"是要在政府与市场这一核心问题上明确相关各方的合理定位;"双配套"是对基础品价格形成机制和财税、金融两大宏观经济政策体系,再加上行政体制,以大决心、大智慧推进新一轮势在必行的制度变革与机制升级。

"五并重"的基本内容是:第一,"五年规划"与"四十年规划"并重,研究制订基于全球视野的国家中长期发展战略;第二,"法治经济"与"文化经济"并重,注重逐步打造国家"软实力";第三,"海上丝绸之路"和"陆上丝绸之路"并重,有效应对全球政治经济格局演变;第四,柔性参与 TPP 与独立开展经济合作区谈判并重,主动参与国际贸易和投资规则的制订;第五,高调推动国际货币体系改革与低调推进人民币国际化并重。该思路设计的视野,是把中国顺应世界潮流而寻求民族复兴的时间轴设为百年、空间轴设为全球,来认识和把握综合性的大格局、大战略问题。

由破而立,由理论而实际,在分析中就特别需要注重供给侧与需求侧的结合,政府、市场与第三部门互动等全方位的深入考察,力求客观、中肯、视野开阔、思想开放。"新供给经济学"绝不是为了创新而创新,而是面对挑战有感而发,为不负时代而做出理应追求的创新。中国自 20 世纪 90 年代以来宏观调控中"反周期"的政策实践,有巨大的进步和颇多成绩,但延续了主流经济学教科书和仿效发达国家的需求管理为主的思路，随着近年的矛盾积累与凸显，已日益表现了其局限性。今后随着中国经济潜在增长率下台阶、经济下行中资源环境制约和收入分配等人际因素制约，政府已把可接受的运行状态的"区间"收窄。再倚重于复制式推出"四万亿2.0版"已不切实际，力求高水平"供给管理"的有效运用势在必行。党的十八届五中全会明确提出了"释放新需求，创造新供给"的要求，其后，领导层更宣示了对于推进"供给侧结构性改革"和提升"供给体系质量与效率"前所未有的高度重视，表述为推动中国现代化的"主线"，直至形成有效制度供给这一中国现代化的"关键一招"和以创新驱动、结构优化解除供给抑制释放增长潜能的系统工程。我们应站在前人肩膀上，以严谨的学术精神，秉持理论密切联系并服务实际的创新原则，更好地追求经济学经世济民的作用，更好地注重从供给侧发力配合协调"反周期"，在实践中优化结构，破解瓶颈，服务全局，把握未来。

第二章

经济高质量发展的重难点

全面实施新《反垄断法》
加快建设全国统一大市场

王一鸣[①]

营造公平竞争的法治环境,是加快建设全国统一大市场的重要前提和基础。2022年6月24日,十三届全国人大常委会第三十五次会议表决通过关于修改《中华人民共和国反垄断法》(简称《反垄断法》)的决定,并自8月1日起施行,为新时代强化反垄断、推进全国统一大市场建设奠定法治基础。《反垄断法》修订一年来,有关部门加大实施力度,清理、废止和纠正一批妨碍统一市场建设和公平竞争的政策规定,加强重点领域执法行动,取得积极成效。2022年各地区各部门审查增量政策措施16.37万件,清理各类存量政策措施45.2万件,废止修订2.04万件。围绕"激发经营主体活力、畅通国内大循环"开展滥用行政权力排除、限制竞争执法专项行动,聚焦市场反映集中的公用事业、政府采购、招投标等8个领域,办结78件行政性垄断案件,及时纠正指定交易、妨碍商品要素自由流通等不当市场干预行为,对维护公平竞争的市场秩序、降低社会交易成本、释放市场活力和内生动力、促进国民经济循环发挥了重要作用。

[①] 王一鸣,中国国际经济交流中心副理事长,国务院发展研究中心原副主任。

一、新《反垄断法》为建设全国统一大市场提供法治保障

2022年4月10日,《中共中央国务院关于加快建设全国统一大市场的意见》(以下简称《意见》)发布,从全局和战略高度明确了我国加快建设全国统一大市场的指导思想、工作原则、主要目标和重点任务,指明了今后一个时期建设全国统一大市场的主要方向和具体路径。新《反垄断法》充分体现《意见》的总体要求,结合我国经济社会发展新形势,丰富完善反垄断的规则制度,为加快建设全国统一大市场奠定法治基础。

党的十八大以来,我国坚持社会主义市场经济改革方向,从广度和深度上推进市场化改革,不断完善产权保护、市场准入、公平竞争、社会信用等制度,深化商品和服务价格改革,推动土地、资本、劳动力、技术、数据等要素市场化改革,发挥市场配置资源的决定性作用,着力破除地方保护和区域壁垒,促进商品和要素资源在更大范围顺畅流动。《意见》出台后,全国统一大市场加快推进,重点任务实施路径进一步明确,推动破除地方保护主义,纠治不当市场干预行为,对提高资源配置效率,进一步释放发挥我国超大规模市场潜力发挥了重要作用。

同时也要看到,全国统一大市场建设仍面临各地区规则制度不统一、地区间要素资源流动不畅、地方保护和区域壁垒等问题。新《反垄断法》全面贯彻《意见》精神,坚持目标导向和问题导向相结合,从法律层面确立"竞争政策基础地位",明确"国家建立健全公平竞争审查制度",强调"行政机关和法律、法规授权的具有公共事务职能的组织不得滥用行政权力,排除、限制竞争",并强化反垄断执法的相关条款,形成事前、事中、事后的全链条规则制度,以法治手段破除地方保护和区域壁垒,维护公平竞争的市场秩序,为加快建设全国统一大市场提供法治保障。

二、强化竞争政策基础地位是建设全国统一大市场的重要基础条件

公平竞争是市场经济的本质要求。新《反垄断法》明确"国家坚持市场化、法治化原则,强化竞争政策基础地位,制定和实施与社会主义市场经济相适应的竞争规则,完善宏观调控,健全统一、开放、竞争、有序的市场体系"。以法律保障竞争政策的基础地位,就是要使其能够对各类经济政策统筹协调,增强其在经济治理体系中的基础功能。

竞争政策的目标是保护市场竞争行为免受损害,这种损害既可能来自经营主体的垄断行为和不正当竞争行为,也可能来自行政权力对市场运行的不当干预。竞争政策兼具规制经营主体、规范行政权力、协调经济政策等多项职能。因此,世界各市场经济体都将竞争政策确定为经济治理体系的基础。

强化竞争政策的基础地位,就要充分发挥市场配置资源的决定性作用。垄断行为扭曲市场配置资源的机制,扰乱公平竞争的市场秩序,抑制企业家精神和创新活力。竞争政策通过促进公平竞争、激励创新和优胜劣汰功能,倒逼经营主体提高产品和服务质量,提升产业价值链,提高全要素生产率,激励企业通过技术优势取得市场优势,保障市场机制有效发挥作用。

强化竞争政策的基础地位,是建设全国统一大市场的重要基础条件。竞争政策的规制范围覆盖政府和经营主体,覆盖事前、事中、事后的全过程,目的就是要清除市场准入的各类限制,破除地方保护和区域壁垒,推动商品和要素资源自由流动,实现国内国际双循环畅通无阻,为建设全国统一大市场创造基础条件。

三、公平竞争审查制度是建设全国统一大市场的重要基础制度

公平竞争审查制度是建设全国统一大市场的重要基础制度。新

《反垄断法》明确,"国家建立健全公平竞争审查制度。行政机关和法律、法规授权的具有管理公共事务职能的组织在制定涉及市场主体经济活动的规定时,应当进行公平竞争审查"。建立健全公平竞争审查制度,筑牢公平竞争这一市场经济的法治基石,有利于营造公平竞争的市场环境,保障各类经营主体在全国统一大市场中同台竞技、公平竞争。

2016年6月发布的《国务院关于在市场体系建设中建立公平竞争审查制度的意见》,第一次明确提出建立公平竞争审查制度的框架性意见,但其约束力仍然不足。对于各级行政部门来说,制定政策是行政权力的重要体现。政策制定部门往往不愿意主动进行或接受审查。这就要增强公平竞争审查的法治保障。新《反垄断法》将公平竞争审查制度正式入法,为公平竞争审查制度法治化创造条件,这将有效推动建立健全公平竞争审查体制机制,增强制度约束力和权威性,有利于营造市场化法治化国际化的营商环境。

四、加强重点领域执法是建设全国统一大市场的重要途径

依照新《反垄断法》,加强重点领域反垄断监管执法,维护公平竞争的市场秩序,是推进全国统一大市场建设的重要途径。

一是要清理妨碍市场准入的障碍。建设全国统一大市场,要求保障各类经营主体无论规模大小、所有制性质,均应公平获得市场准入和参与市场竞争的机会。新《反垄断法》第四十条规定,行政机关不得滥用行政权力妨碍其他经营者的市场准入,第四十三条规定,行政机关不得滥用行政权力排斥、限制、强制或者变相强制外地经营者在本地投资或者设立分支机构。因此,要加快清理废除妨碍依法平等准入的规定和做法,清除影响市场公平准入的显性和隐性障碍,促进经营主体跨地区投资和经营,加强区域间市场联系和经济一体化,加快建设全国统一大市场。

二是要破除地方保护和区域壁垒。地方保护和区域壁垒限制商品和要素资源自由流动，影响规模经济和范围经济效应，抑制企业技术创新和产品迭代，背离统一大市场建设方向。新《反垄断法》第三十九条规定，行政机关不得滥用行政权力限定或变相限定经营、购买、使用指定的商品，第四十一条明确规定了妨碍商品在地区间自由流通的具体情形。因此，要依法清除地方保护和区域壁垒的各种规定和做法，清理各种显性和隐性壁垒，畅通国民经济循环，推进全国统一大市场建设。

三是要清理招投标领域违法行为。招投标领域设定歧视性资质要求、评审标准或者不依法发布信息等，严重损害公平竞争的市场秩序。新《反垄断法》第四十二条规定，行政机关不得滥用行政权力排斥或者限制经营者参加招投标。因此，要依法清理招投标领域违反统一市场建设的规定和做法，惩处违法限定投标人所在地、所有制形式、组织形式，或者设定其他不合理的条件以排斥、限制经营者参与招投标活动的行为，确保对各类经营主体一视同仁、平等对待。

需要指出的是，随着大数据、物联网、人工智能等新一代信息技术的迅猛发展和广泛渗透，正在摧毁各种市场壁垒和藩篱，对于建设全国统一大市场具有革命性意义。因此，要充分发挥数字技术在破除地方保护和区域壁垒方面的积极作用，加快建立数字化、智能化监管体系，全面提升市场监管效能，推动全国统一大市场建设迈出更大步伐。

新时代我国利用外资现状、挑战与建议

李 娣[①]

外资是中国改革开放后经济社会快速发展的重要因素,对我国产业升级、技术进步、经济增长、财税收入、扩大社会就业等发挥了重要作用。随着我国对外开放水平的不断提升,外商投资呈现规模从小到大、行业领域从单一到多元、投资区域从沿海到内地的特点和趋势[②]。经过几十年的发展,外商企业已成为我国建设制造业强国和构建双循环新发展格局的重要主体,是我国现代产业体系的重要组成部分,更是经济社会高质量发展和建设现代化强国不可忽视的强大力量。

一、我国吸收和利用外资现状

新时代十年,我国积极营造更加公平透明便利、更有吸引力的投资环境,优化区域开放布局,利用外资进入高速发展时期。截至2022年年底,我国累计设立外商投资企业112.6万家,累计实际使用外商直接投资(FDI)2.8万亿美元。我国吸收和利用外资呈现阶段新特征。

[①] 李娣,中国国际经济交流中心经济部研究员、博士后,研究领域:宏观经济、产业经济、营商环境、财政理论与政策。

[②] 国家统计局. 我国对外经贸开启新征程 全面开放构建新格局[Z/OL].(2019-09-02). http://cn.chinagate.cn/news/2019-09/02/content_75163166.htm.

（一）利用外资规模持续稳定

2012—2022 年，我国实际使用外资规模从 1 210.7 亿美元增长到 1 891 亿美元，2022 年较 2012 年增长了 56.2%，占全球外商直接投资流量的比重从 8.2% 增长到 14.6%，连续 11 年位居世界第二。新设企业数由 24 934 家增长到 38 497 家，增长了 1.5 倍（见表 2-1、表 2-2）。2021 年，外资企业贡献了全国 17.6% 的城镇单位就业、17.2% 的税收、32.9% 的进出口，在增强国内国际经济联动效应，提升我国经济实力、科技实力、综合国力和人民生活水平方面发挥了重要作用，今后也必将成为我国构建新发展格局的重要"生力军"。

表 2-1 2000—2022 年中国实际利用外资全球占比情况

年份	全球 FDI 金额（亿美元）	全球 FDI 同比（%）	我国实际利用外资 同比（%）	我国实际利用外资 占全球比重（%）
2000	13 566.9	25.8	1.0	3.0
2001	7 731.3	−43.0	15.1	6.1
2002	5 903.1	−23.6	12.5	8.9
2003	5 496.3	−6.9	1.5	9.7
2004	6 984.8	27.1	13.3	8.7
2005	9 532.2	36.5	19.4	7.6
2006	14 152.5	48.5	0.4	5.1
2007	19 054.7	34.6	14.9	4.4
2008	14 862.3	−22.0	29.7	7.3
2009	12 378.3	−16.7	−13.1	7.6
2010	13 909.4	12.4	22.0	8.2
2011	16 104.0	15.8	8.1	7.7
2012	14 687.5	−8.8	−2.4	8.2
2013	14 590.4	−0.7	2.4	8.5
2014	14 025.2	−3.9	3.6	9.2
2015	20 636.4	47.1	5.5	6.6
2016	20 454.2	−0.9	−1.4	6.5

续表

年份	全球FDI 金额（亿美元）	全球FDI 同比（%）	我国实际利用外资 同比（%）	我国实际利用外资 占全球比重（%）
2017	16 326.4	−20.2	2.0	8.3
2018	14 482.8	−11.3	1.5	9.5
2019	14 806.3	2.2	2.1	9.5
2020	9 631.4	−35.0	5.7	15.5
2021	15 823.1	64.3	21.2	11.4
2022	12 947.4	−12.4	—	14.6

表2-2 截至2022年我国新设企业及外商直接投资情况

年份	新设企业数	增速（%）	实际使用外资金额（亿美元）	增速（%）
总计	1 087 860	—	26 207.7	—
1979—1982	920	—	17.69	—
1983	638	—	9.16	—
1984	2 166	239.5	14.19	54.9
1985	3 073	41.9	19.56	37.8
1986	1 498	−51.3	22.44	14.7
1987	2 233	49.1	23.14	3.1
1988	5 945	166.2	31.9	37.9
1989	5 779	−2.8	33.9	6.3
1990	7 273	25.9	34.9	2.9
1991	12 978	78.4	43.7	25.2
1992	48 764	275.7	110.1	151.9
1993	83 437	71.1	275.2	150.0
1994	47 549	−43.0	337.7	22.7
1995	37 011	−22.2	375.2	11.1
1996	24 558	−33.6	417.3	11.2
1997	21 001	−14.5	452.6	8.5
1998	19 799	−5.7	454.6	0.4
1999	16 918	−14.6	403.2	−11.3

续表

年份	新设企业数	增速（%）	实际使用外资金额（亿美元）	增速（%）
2000	22 347	32.1	407.2	1.0
2001	26 140	17.0	468.8	15.1
2002	34 171	30.7	527.4	12.5
2003	41 081	20.2	535.1	1.5
2004	43 664	6.3	606.3	13.3
2005	44 019	0.8	724.1	19.4
2006	41 496	−5.7	727.2	0.4
2007	37 892	−8.7	835.2	14.9
2008	27 537	−27.3	1 083.1	29.7
2009	23 442	−14.9	940.7	−13.1
2010	27 420	17.0	1 147.3	22.0
2011	27 717	1.1	1 239.9	8.1
2012	24 934	−10.0	1 210.7	−2.4
2013	22 819	−8.5	1 239.9	2.4
2014	23 794	4.3	1 285	3.6
2015	26 584	11.7	1 355.8	5.5
2016	27 908	5.0	1 337.1	−1.4
2017	35 662	27.8	1 363.2	2.0
2018	60 560	69.8	1 383.1	1.5
2019	40 910	−32.4	1 412.2	2.1
2020	38 578	−5.7	1 493.4	5.7
2021	47 647	23.5	1 809.6	21.2
2022	38 497	19.2	1 891	8

数据来源：商务部外资统计。

（二）外商投资产业结构持续优化

为适应我国经济高质量发展需要，外商投资产业结构持续优化，高技术产业成为重要的增长点，带动吸收外资的质量进一步提升。

2012—2022年，我国第一、第二、第三产业新设外商投资企业数量占比从 3.1%、37.8%、59.2% 分别调整为 0.9%、11.8%、87.1%，第一、第二、第三产业实际使用外资金额占比从 1.5%、43.3%、55.2% 调整为 0.3%、30.2%、69.6%（见表 2-3、表 2-4）。2022 年，高技术产业实际使用外资 638 亿美元，增长了 30.9%，占我国实际使用外资比重从 2012 年的 14.4% 上升至 2022 年的 36.1%。2012 年，外商投资的行业主要集中在制造业（占 40.4%）、房地产业（占 20%）、金融业（占 9.5%）、批发和零售业（占 7.82%）、租赁和商务服务业（占 6.8%）等行业。到 2021 年，投资行业主要集中在制造业（占 18.6%），租赁和商务服务业（占 18.3%），房地产业（占 13%）、科学研究和技术服务业（占 12.6%），信息传输、软件和信息技术服务业（占 11.1%），批发和零售业（占 9.2%）、金融业（占 9.5%）等行业（见表 2-5）。租赁和商务服务业，科学研究和技术服务业，信息传输、软件和信息技术服务业等，占比呈现明显上升趋势。

表 2-3　2012—2021 年我国外商投资各产业构成

年份	第一产业 新设企业数（家）	第一产业 实际利用外资金额（亿美元）	第二产业 新设企业数（家）	第二产业 实际利用外资金额（亿美元）	第三产业 新设企业数（家）	第三产业 实际利用外资金额（亿美元）
2012	763	18.1	9 419	524.6	14 752	668.0
2013	629	15.8	7 039	495.7	15 253	727.7
2014	589	13.0	5 649	439.2	17 495	832.6
2015	471	11.1	4 981	435.9	20 888	908.7
2016	449	16.5	4 618	402.1	22 741	917.8
2017	579	7.9	6 017	409.5	29 047	945.6
2018	639	7.1	7 935	482.7	51 986	893.3
2019	424	4.4	6 262	422.3	34 224	985.5
2020	405	4.2	4 607	365.5	33 566	1 123.7
2021	430	5.4	5 613	423.4	41 604	1 380.8

数据来源：商务部，2022 年中国投资统计。

表 2-4　2012—2021 年我国外商投资各产业占全国比重

年份	第一产业 新设企业数占比（%）	第一产业 实际利用外资金额占比（%）	第二产业 新设企业数占比（%）	第二产业 实际利用外资金额占比（%）	第三产业 新设企业数占比（%）	第三产业 实际利用外资金额占比（%）
2012	3.1	1.5	37.8	43.3	59.2	55.2
2013	2.8	1.3	30.8	40.0	66.8	58.7
2014	2.5	1.0	23.7	34.2	73.5	64.8
2015	1.8	0.8	18.7	32.2	78.6	67.0
2016	1.6	1.2	16.5	30.1	81.5	68.6
2017	1.6	0.6	16.9	30.0	81.5	69.4
2018	1.1	0.5	13.1	34.9	85.8	64.6
2019	1.0	0.3	15.3	29.9	83.7	69.8
2020	1.0	0.3	11.9	24.5	87.0	75.2
2021	0.9	0.3	11.8	30.2	87.1	69.6

数据来源：商务部，2022 年中国投资统计。

伴随改革开放进程不断推进，我国经济社会快速发展，国内产业结构、人口结构、资源要素结构等也在不断调整变化，我国利用外资的整体结构发生了较大变化，服务业利用外资的比重急剧上升，改变了长期以来制造业利用外资的主导地位，制造业利用外资从前期的规模快速扩张向质量效率转变。2012—2022 年，除了 2020 年、2022 年我国工业增加值年增长率为 2.46% 和 3.76% 外，其他年份为 4.87%—8.36%，远高于同期其他国家制造业增加值增长水平，中国仍然是全球最具吸引力的制造业投资目的地。我国制造业利用外资规模从 2012 年的 488.66 亿美元下降至 2022 年的 481.25 亿美元（见表 2-5）。但外商投资工业企业利润总额从 2012 年的 12 688 亿元增长到 2022 年的 20 039.6 亿元，保持缓慢增长；其占全国规模以上工业企业利润总额比重稳定在 22.6%—26.5%，制造业外商投资效益稳定。其中，2017—2021 年，我国高技术制造业实际使用外资金额从 98.9 亿美元增至

120.6 亿美元，占制造业实际使用外资金额的比重从 29.5% 提升到 35.8%，提高了 6.3 个百分点。

表 2-5 我国制造业利用外资金额情况

年份	外商直接投资金额（亿美元）	制造业实际使用外资金额（亿美元）	制造业外商投资占实际利用外资比重（%）
2012	1 210.7	488.66	40.4
2013	1 239.1	455.55	36.8
2014	1 285	399.39	31.1
2015	1 355.8	395.43	29.2
2016	1 337.1	354.92	26.5
2017	1 363.2	335.06	24.6
2018	1 383.1	411.74	29.8
2019	1 412.2	353.70	25.0
2020	1 493.4	309.97	20.8
2021	1 809.6	337.3	18.6
2022	1 891	481.25	25.4

数据来源：商务部历年外商投资统计。

（三）东中西部引资增长总体稳定

一是鼓励产业向中西部梯度转移。2017 年以来，连续五年修订《外商投资产业指导目录》《中西部地区外商投资优势产业目录》及出台《鼓励外商投资产业目录》[1]，鼓励外商投资及提升中西部地区对外资的吸引力。中部、西部地区实际使用外商直接投资额总体保持稳定增长，中部、西部地区的引资潜力进一步释放。2022 年，中部、西部地区实际使用外资分别增长 21.9% 和 14.1%，山西、河南、广西、湖南和陕西分别增长 229.6%、119.8%、49.1%、41.3% 和 33.6%。二是高技术产业利用外资加速在东部地区集聚。2012—2021 年，东部地区始终是外商投资的重点区域，实际利用外商投资金额占比从 76.41%

---

[1] 唐仁敏. 推进新时代西部大开发形成新格局 [J]. 中国经贸导刊，2021（4）.

增长到84.4%，新设外资企业数及利用外资金额向东部地区集聚趋势愈加明显。东部地区外商投资新兴产业占比不断提高，主要分布在电子信息、高端装备制造、生物医药和现代服务业。2022年，上海实际使用外资金额239.56亿美元，其中，租赁和商务服务业、科学研究和技术服务业、信息传输软件和信息技术服务业，实际使用外资金额分别为60.23亿美元、58.31亿美元和50.54亿美元，这三大行业实际利用外资金额占上海比重的70.6%[1]。

（四）投资来源地保持多元化

当前，我国外商投资来源地已遍及全球200多个国家和地区[2]，主要投资来源地对华投资保持稳定。从洲别来看（见表2-6），2012—2022年，我国利用外资金额77.6%—86.5%来自亚洲地区，其次是拉丁美洲、欧洲；近几年，除非洲外，欧洲、北美洲、大洋洲来华投资占比下滑明显。从具体国别/地区来看（见表2-7），2012年，我国实际投入外资金额排名前三位的是中国香港、英属维尔京群岛和新加坡，占比分别为58.7%、7%和5.1%。2022年，我国实际投入外资金额排名前二位的是中国香港、新加坡，占比分别为72.6%、5.3%。自2012年以来，日本、韩国、新加坡等亚洲地区主要投资来源国，及德国、荷兰、法国等欧洲地区的主要投资来源国，投资占比有起伏变化，但总体保持稳定，中国台湾、美国、英属维尔京群岛等投资占比呈现逐年下滑趋势。

---

[1] 参见上海统计局官网，https://tjj.sh.gov.cn/sjxx/20230131/c676f46404584e46879a8c1f7fe851ef.html.

[2] 中国政府网.对外经贸开启新征程 全面开放构建新格局——新中国成立70周年经济社会发展成就系列报告之二十二［Z/OL］.（2019-12-31）.http://www.gov.cn/shuju/2019-08/27/content_5424966.htm.

表 2-6　2012—2022 年全球各大洲来华投资金额占我国实际利用外资额比重（%）

年份	亚洲	非洲	欧洲	北美洲	拉丁美洲	大洋洲
2012	77.6	1.2	5.6	3.4	9.1	2.0
2013	80.5	1.2	5.9	3.5	7.0	2.0
2014	82.5	0.9	5.6	2.7	6.5	1.6
2015	82.5	0.5	5.5	2.4	7.2	1.9
2016	78.4	0.9	7.5	2.5	9.7	1.0
2017	83.3	0.5	6.7	3.3	4.9	1.2
2018	79.3	0.5	8.3	3.8	6.7	1.4
2019	84.6	0.3	5.8	2.5	5.5	1.2
2020	85.9	0.5	5.2	1.9	5.6	0.9
2021	88.6	0.6	4.1	1.6	4.5	0.6
2022	86.5	0.2	6.3	1.5	4.8	—

数据来源：国家统计局、wind。

表 2-7　2012—2022 年主要国家/地区来华投资金额占实际利用外资额比重（%）

年份	日本	韩国	新加坡	中国香港	中国台湾	德国	荷兰	英国	美国	英属维尔京群岛
2012	3.9	2.5	5.1	58.7	2.5	0.7	3.8	2.9	2.3	7.0
2013	5.5	2.2	5.3	62.4	1.8	0.5	3.1	2.0	2.4	5.2
2014	6.6	2.7	5.6	68.0	1.7	0.4	3.4	2.3	2.0	5.2
2015	6.0	2.6	6.1	68.4	1.2	0.3	3.5	2.4	1.7	5.9
2016	3.6	3.3	4.9	64.7	1.6	0.6	2.7	2.0	1.9	5.3
2017	2.5	3.2	5.5	72.1	1.4	0.4	2.4	1.7	2.0	3.0
2018	2.5	3.8	4.8	66.6	1.0	1.1	2.5	1.9	2.0	3.5
2019	2.5	2.8	3.6	69.7	1.1	3.3	2.0	1.9	2.0	3.6
2020	2.8	3.5	3.9	73.3	0.7	1.8	3.8	2.0	1.6	3.6
2021	2.7	4.0	5.5	75.9	0.5	0.6	2.5	1.9	1.4	3.0
2022	2.3	2.5	5.3	72.6	0.3	0.7	1.9	1.6	1.2	—

数据来源：国家统计局、wind。

二、当前我国吸引和利用外资面临的形势和挑战

今年以来，我国新设外资企业数量快速增长，利用外资法人数基本稳定，但利用外资和外资企业进出口规模呈现下滑，且下滑幅度扩大。据商务部统计，2023年1—10月，全国实际使用外资金额为9 870.1亿元人民币，同比下降9.4%。其中，制造业实际使用外资金额为2 834.4亿元人民币，仅增长1.9%；服务业实际使用外资金额为6 721.0亿元人民币，下降15.9%。外资企业货物进出口为104 833亿元人民币，同比下降9.2%，占全部进出口比重从2012年的49%下降至29.6%。当前，我国利用外资面临内外部环境变化压力，外资企业诉求也呈现出一些阶段性特征。

（一）外部环境变化影响外资企业投资意愿

俄乌地缘政治冲突、通货膨胀加剧、对经济衰退的担忧和金融市场的动荡等，给世界各地的全球投资者带来了不确定性，叠加世界经济增长乏力，国际市场需求疲软，外资企业投资趋于谨慎。为应对预期经济衰退带来的经济挑战，全球各国都采取了有利于投资的措施，但不足以抵消各国近年来引入或收紧影响战略性行业外国直接投资的国家安全法规，对全球外国直接投资造成持续扩大的影响。2022年，拥有外国直接投资审查或筛选制度的国家占全球外国直接投资流量国家的71%，占外国直接投资存量国家的68%，而2021年分别为66%和70%。此外，2022年，全球投资者出于监管或政治考虑撤回的价值超过5 000万美元的并购交易数量增加了1/3，价值增加了69%。2022年，全球外商直接投资为12 947.4亿美元，同比下降了12.4%。2023年以来，全球经济环境没有变化，全球外商直接投资依然面临下降压力。

（二）三年疫情长尾效应显现

疫情期间跨国公司来华实地考察减少，影响了企业对华认知度。

前期外商投资洽谈多以线上方式开展，外商在达成合作意向、投资签约等效率有所降低。疫情三年我国出入境外国旅客远低于疫情前水平，2023年上半年，全国移民管理机构共查验出入境人员1.68亿人次，是2019年同期的48.8%，查验交通运输工具983.1万架（艘、列、辆）次，是2019年同期的53.8%，尚未恢复至疫情前水平，国际经贸往来仍有待恢复。疫情期间各国各类防疫措施对全球产业链供应链形成冲击，很多外资在生产中心布局上作出调整，部分头部企业实行"中国＋N"的投资决策，导致国内吸引外资规模下滑。

（三）引资传统比较优势弱化

中美贸易摩擦、全球公共安全事件、要素成本上升等多重因素叠加影响，尤其是随着我国发展水平提升，国内能耗、土地、技术工人等要素约束趋紧，人力、土地成本等比较优势有所减弱，劳动密集型制造业对外资吸引力下降，同时，部分项目要素保障难度加大，项目难以及时落地。推动了家具、家电、鞋帽箱包、服装和轮胎，以及部分电子信息等劳动密集型产业加速向东南亚、印度、墨西哥等国家转移，拉动这些国家FDI流量占比稳定增长，我国制造业利用外资规模出现快速下降趋势。

（四）投资自由化便利化仍待提升

市场准入、投资便利化、公平竞争仍是外企关注的重点。企业反映，希望在增值电信、人体干细胞和基因治疗、转基因品种选育等领域进一步放宽准入限制。外资企业的外籍人员进出境、人才落户、工作居住证、国际教育、医疗、社会保障、个税抵扣等方面存在诉求。在标准制订、政府采购、招投标等方面还面临一定障碍。

（五）营商环境亟待进一步优化

政府管理方式粗放，遇到问题时解决方式简单粗暴，动辄诉诸

"一刀切"和运动式的管理手段，导致企业发展面临较多不可预期的政策及管理环境。部分利好、惠企政策宣传不够，企业难以精准、及时、有效获知。外商投资准入负面清单尚未具体落实，部分法律法规与外商投资准入开放相抵触，还需进一步清理和完善。部分产业甚至完全放开了投资限制，但是在执行过程中仍存在偏差。舆论环境对外资外企不友好。每逢国内外重大事件，网络舆论中不乏"抵制某国"等鼓吹对立的声音，以及揣测外资企业危及国家安全等不实言论。国家鼓励外资的大环境和地方收紧管理、舆论的负面导向使得外资企业深感困惑。

（六）知识产权保护力度仍需加强

我国图形检索能力较低，专利法律信息不完备，专利权评价报告、专利诉讼等知识产权公共服务信息供给不足，影响了企业知识产权风控效率。第三方机构服务能力及水平低，基层知识产权保护机构相对匮乏、人才队伍建设滞后。外企认为，中国对知识产权保护不足，起诉知识产权侵权行为后，获得司法保护的效果不佳。《中华人民共和国专利法》（简称《专利法》）在 2020 年修订后，配套的《专利法》实施细则至今尚未出台，影响部分条款的执行。

三、主要建议

在利用外资进入质量并重的新阶段。应注重扬优势、挖潜力、趋利避害，促进外资稳存量、扩增量、提质量。以构建新发展格局和推动经济高质量发展为主线，以高水平开放为动力，全方位持续优化外资营商环境，建设高标准的市场化、法治化、国际化营商环境，塑造引资竞争新优势，更好发挥外资在促进我国经济高质量发展、更好融入全球产业链供应链的积极作用。

（一）合理引导市场预期

利用好各类重要场合、重大开放纪念日，不断释放中国进一步扩大开放的信号。要通过发出中国声音，用好国际媒体，持续呼吁中美产业优势互补态势短期内不可改变，中美两国合则两利，互利共赢将长期有利于中美两国经济发展。进一步合理缩减外资准入负面清单，扩大市场准入，全面落实最新版外商投资准入负面清单。推动国际产业投资合作系列活动持续开展，着力完善外资企业和地方沟通交流平台。针对新技术革命带来的新问题，在政府干预过程中，尤其是新规则出台，要尊重技术研发与市场发展规律，广泛听取内外资企业意见，对企业影响较大的政策措施，尤其是限制性政策措施，要提前酝酿，明确政策草拟到出台的流程和时间进度，多方权衡，重大政策要充分展示，多方面考虑作出决策的结果，避免文件出台的突然性，文件实施给企业一段适应期和缓冲期。

（二）优化公平竞争市场环境

确保外资企业平等获取各类生产要素、享受产业政策、参与规则标准制定，消除在重大项目招投标、政府采购、产业补贴等方面的歧视性待遇。加快推进政府采购、招投标等领域营商环境改革，破除所有制歧视、地方保护等影响市场主体公平竞争的不合理限制和隐性壁垒。加强对招标人通过资格预审和招标文件，提出注册地、所有制性质、市场占有率等不合理限制，影响市场公平竞争行为的监督监管，研究出台监管细则，强化制度监管。要打造公平高效行政执法体系。提高争端解决机制国际化水平，鼓励自贸区设立国际商事法庭，引进国际仲裁机构、聘请多国法律专家，完善商事纠纷解决的国际化保障机制，畅通外资企业投诉渠道和反馈机制。及时清理废除妨碍公平竞争的各种地方性政策法规，在行政执法各环节注重透明、规范、合法、公正。

(三)促进外资在国内市场有序流动

我国超大规模市场是吸引跨国投资的独特优势,应充分释放其潜力。要加强区域一体化政策协调。破除地方保护主义和区域市场分割,发挥各地要素禀赋所长,实现区域联动、优势互补、扬长避短,促进各区域利用外资差异化、特色化、平衡化发展。进一步清理营商环境改革中存在的难点、痛点,及时向全国推广北京、上海等地营商环境改革经验,加强各省、地市营商环境改革经验总结与宣讲,持续关注企业从研发到售后全生命周期中营商环境改革诉求,逐步形成相对统一的营商环境标准体系,推进全国各地营商环境无差异化。要建立东部与中西部地区在技术、人才、资金、产业等方面的对接合作机制,填补要素鸿沟,为外资向中西部流动创造制度环境。要完善全国统一考评体系,改进统计方法,减少各地招商引资恶性竞争。

(四)积极营造开放创新环境

要以更优惠的财税政策和知识产权激励,引导外资扩大技术进口、增加研发投入、设立全球或区域性研发中心,研发数字化、智能化、绿色化的前沿技术,鼓励外资参与我国重大科技项目和前沿技术研发。要积极对接国际高标准经贸规则,推进知识产权保护,为吸引高端制造业和服务业的全球人才、先进技术提供保障。要顺应新技术革命和数字经济发展新趋势,全面提升知识产权治理水平,推动数字知识产权保护立法,鼓励自贸区设立国际知识产权法庭,完善知识产权国际化争端解决机制。要加快互联网开放及数据、人员、资金、信息等要素跨境流动自由便利化改革,为跨国公司聚合全球人才、技术及研发服务提供便利。

(五)提高全球高端人才吸引力

人才是推动利用外资高质量发展的根本和基础,应放在重中之重的位置。一是面向新技术、新产业、新业态的需求，创新高等教育和职业教育人才培养体系。加大数字化、专业化、职业化、国际化人才培养力度，加强高校、科研院所、企业协作形成"产、教、学、研、用"体系，通过设立企校联合培养专项等模式不断完善人才培养培训体系。二是完善吸引海外留学人才回国创业机制。近年来，海外留学人员归国带回大量先进技术，成为推动自主创新的重要力量，在薪酬待遇、个税减让、科研基金等方面实施更有吸引力的激励措施。三是完善全球高端人才引进机制。我国日益改善的宜居、宜业环境和收入水平有条件吸引全球高端人才，应拓展外国高端人才来华创业就业通道，完善在出入境、学术交流、医疗保障、子女教育、配偶工作等方面的配套政策，增强其归属感和获得感，为引进和留住人才提供政策保障。

中小企业如何实现数字化转型

朱 玉[①]

2023年7月19日，发布《中共中央 国务院关于促进民营经济发展壮大的意见》（下文简称《意见》）。在着力推动民营经济实现高质量发展方面，《意见》提出，加快推动数字化转型和技术改造。具体而言，鼓励民营企业开展数字化共性技术研发，参与数据中心、工业互联网等新型基础设施投资建设和应用创新。支持中小企业数字化转型，推动低成本、模块化智能制造设备和系统的推广应用。引导民营企业积极推进标准化建设，提升产品质量水平。支持民营企业加大生产工艺、设备、技术的绿色低碳改造力度，加快发展柔性制造，提升应急扩产转产能力，提升产业链韧性。

中小企业是经济社会发展的生力军，是稳增长、惠民生、保就业、防风险、促改革的中坚力量，"专精特新"中小企业是中小企业中的佼佼者。随着5G、工业互联网、大数据等新一代信息技术快速发展，数字化已成为引领中小企业向"专精特新"迈进的有效手段。推动中小企业数字化转型，乃势之所趋、时之所迫。

一、数字化转型帮助中小企业提质增效

企业数字化转型是时代发展的必然趋势。加速中小企业数字化转

[①] 朱玉，中国中小企业协会专职副会长，工学博士，中国人民大学特邀研究员，民政部社会组织管理局社会组织专家咨询委员会委员，公安部、科技部、民政部重大专项评审专家。

型，不仅能使中小企业在数字技术的赋能下把各生产要素、生产环节数字化，推动技术、业务、人才、资本等资源配置优化，引领组织流程、生产方式重组变革从而提升企业运营效率、降低成本，还能让中小企业紧跟数字经济时代大势，不断将产品、技术和商业模式推陈出新，为中小企业的发展注入新的动能。

首先，数字技术应用助推中小企业管理运营降本增效。数字化作为一种工具或手段，能够带来中小企业运营效率提升和成本降低。一是组织管理数字化提升协调效率。中小企业利用大数据、人工智能等新兴技术，可以搭建高效敏捷的管理体系，降低经营风险，最大化减少内部不确定性。二是组织流程数字化提高运营效率。通过大数据、云计算、人工智能等数字技术的深度嵌入，可以升级生产流程、提高供应链灵活性。三是数字化提升中小企业危机处理水平。四是数字化平台促进资源的跨边界流通，实现资源共享与整合。在数字化时代，中小企业通过数字化平台与各类要素资源有效链接，以数据流驱动技术流、资金流、人才流、信息流，有助于打通企业价值链上下游数据通道，实现跨部门、跨企业、跨行业的资源优化配置，从而降低搜索成本和促进供需的精准匹配。

其次，数字化转型驱动中小企业创造新的价值。中小企业把互联网、大数据、云计算、人工智能等新兴技术与生产制造相融合，可以提高产品和服务质量。从需求侧来看，数字化将用户与中小企业之间的信息壁垒打破，让生产者与用户互动更紧密，同时可以重塑用户消费需求。在大数据时代，中小企业可以利用平台和大数据分析技术对用户的需求进行主动探索，识别和探索新的市场需求，产生内生性市场机会。从供给侧来看，数字化提升了中小企业价值创造的动态能力。一方面，数字化转型帮助中小企业进行动态能力转化，激活能力的潜在价值；另一方面，中小企业可以借助数字化对能力进行更新、产生新的能力，如数字网络能力、数字业务能力、信息整合能力、数字创新能力等。

再次，数字化转型培育中小企业创新动能。数字化可以从生产端和消费端两条路径的变革来实现中小企业创新动能提升。在生产端，数字化生产工具对大规模、标准化、重复性制造环节的生产替代使企业生产速度与质量大幅提升。数字技术通过创新资源整合与动力变革，大幅破解产业链创新瓶颈，促进企业核心研发能力进而破除产业价值链"低端锁定"陷阱。在消费端，数字化重塑了消费场景，市场变得精细化和特色化。与之对应，中小企业的营销模式更加精准化，使小规模个性化到大规模定制化成为可能，有效消除了市场交易在时间和空间上错位引致的信息不对称现象。

最后，数字化赋能产业链与生态系统拉动中小企业发展。数字技术在生产领域的应用改变了各产业的空间范围，打破了传统产业边界，从而形成共生的数字生态系统。数字生态系统能够使嵌入其中的中小企业有机会捕捉到大量异质性知识和互补性资源，搜索更多新知识要素和组合机会，从而开展超越现有知识基础的探索式创新活动。数字生态系统中积累了海量数据，中小企业可依托数据处理技术实现业务流程优化和完善，提高运营效率，同时对当前竞争环境和市场需求进行预测，提供符合客户偏好的新产品或服务。

需要强调的是，数字化转型有助于推动中小企业"专精特新"发展。一是数字技术推动生产资源要素实现平台化汇聚，为中小企业聚焦细分领域并融入协作配套网络提供有利外部条件，提升其专业化水平。二是通过应用大数据、云计算、人工智能、区块链、物联网等数字技术，中小企业可逐步实现业务流程自动化、生产制造精细化和管理决策智能化，推动中小企业提质、增效、降本和降耗。三是应用工业 App 等数字工具有助于中小企业实现专有知识数字化管理，制定差异化竞争战略，提供特色化产品服务，打造自身品牌和影响力。四是有助于中小企业聚焦核心技术环节实现突破，基于数据实现产品迭代和产品研制，推动中小企业在产品技术、组织变革、商业模式等方面实现创新发展。

二、中小企业数字化转型的挑战

从全球视角看，高成本制约中小企业数字化转型升级意愿、技术水平难以满足中小企业数字化转型升级需求、人才储备不足是中小企业数字化转型升级瓶颈。中小企业数字化转型普遍面临的主要挑战和困难包括以下几个方面：一是技术投入成本高。数字化转型需要投入大量资金进行信息化技术的研发、采购和实施，对于中小企业来说，这是一个很大的负担，缺乏足够的资金支持。二是专业人员缺乏、业务人员数字化素养不足。数字化转型需要专业人才进行技术实施和管理，但是中小企业往往缺乏具备数字化技术和管理经验的人才，招聘和培训成本也很高。三是应用场景和收益不确定。数字化转型需要根据企业的实际情况选择合适的应用场景和技术，但是在实践过程中，应用场景和效益不确定，这也增加了企业的风险和不确定性。四是数字化和信息安全问题。在数字化转型过程中，企业面临的网络攻击和数据泄露等安全风险也越来越大，需要投入更多资源保障数据安全，同时还需要加强员工的安全意识和管理。五是组织变革和文化转型。数字化转型需要企业进行组织架构、流程、文化等方面的改变，这需要企业进行管理和文化转型，对企业领导层和员工带来了挑战。

上述问题在我国的中小企业的数字化转型实践中，具体表现为"不愿转、不会转、不敢转"。中小企业在数字化转型方面存在不愿转的心理，主要是因为数字化转型需要企业领导层做出投入和决策，可能需要对传统的经营模式进行改变，这对企业经营带来了不确定性和风险，企业领导层可能担心影响到企业的利润和市场地位。

"不愿转"的具体原因是：一是领导层缺乏数字化转型意识。中小企业的领导层缺乏对数字化转型的认识和理解，往往认为传统的经营模式已经能够满足市场需求，不认为数字化转型是必要的。二是担心数字化转型成本高昂。数字化转型需要企业投入大量的资金和人力资源，中小企业往往认为这种投入难以承受，影响企业的经济效益。

三是经营环境不利。中小企业面临的市场竞争激烈,资金和人才等资源相对有限,这使中小企业很难在数字化转型方面取得明显的优势和收益。

中小企业在数字化转型方面存在不会转的问题,主要是因为数字化转型需要企业具备相关技术和管理经验,但是很多中小企业缺乏这方面的人才,无法理解和应用新技术,也无法有效地组织和管理数字化转型项目。

"不会转"的具体原因是:一是存在较高的技术壁垒。中小企业缺乏技术储备和相关人才,不熟悉数字化技术和应用,这使它们在数字化转型方面处于不利的位置。二是缺乏数字化转型的规划和执行能力。中小企业在数字化转型方面往往缺乏统一规划和执行能力,没有制定具体的数字化转型计划和目标,也没有有效的组织和管理能力来实现数字化转型。三是缺乏数字化转型的支持和帮助。数字化转型需要投入大量的资源和精力,包括技术、资金、人力和管理等方面,但中小企业往往缺乏这方面的支持和帮助,无法有效地实现数字化转型。四是缺乏数字化转型的人才。数字化转型需要企业具备相关技术和管理经验。中小企业往往缺乏这方面的人才,无法理解和应用新技术,也无法有效地组织和管理数字化转型项目。

中小企业在数字化转型方面存在不敢转的困难,主要是因为数字化转型需要企业领导层和员工面对不确定性和风险,需要承担一定的经济和管理风险,这需要企业领导层和员工具备创新精神和敢于尝试的态度,但是很多企业可能面临内部和外部的阻力和压力,难以进行数字化转型。

"不敢转"的具体原因是:一是传统数字化转型周期长、成本高、见效慢。现有信息化数字化产品与中小企业需求的适配度不高。传统的数字化转型技术方案,建设实施周期长、成本高、见效慢,并且价值呈现不显著、不清晰,与中小企业的需求不匹配,影响了中小企业进行数字化的信心和意愿。二是忧虑数字化转型带来的不确定性。数字化转型需要企业改变经营模式，可能会对原有的管理和业务流程产生影响，带来不确定性和风险，中小企业往往缺乏足够的信心和勇气来面对这些挑战。三是担心数字化转型带来信息安全风险。担心数据泄露、网络攻击和信息安全等问题，对数字化转型的安全性感到担忧，不敢进行数字化转型。例如认为数字化转型只是技术升级和硬件设备更新，忽略了数字化转型对管理和流程的改进和提升，从而不敢尝试数字化转型。

三、破解中小企业数字化转型难题的意见建议

中小企业数字化转型，可在"节流"与"开源"两方面发力。在数字化转型浪潮中，中小企业应将有限的资金聚焦在成本高昂但价值增值潜力最大的主要"痛点"上，先进行核心业务的数字化转型，在亟须解决的关键问题上寻求突破，避免盲目追求"全而深"。对于非核心业务，可以采取外包方式，减少资源投入。在政策制定上，可着重减轻中小企业转型压力，合理高效实施阶段性补贴与税收减免政策。要进一步构建服务中小企业的融资体系，拓宽融资渠道，探索对数字化转型中小企业持续健康贷款的金融长效机制，让更多推进数字化转型的中小企业从普惠金融中受益。一是通过服务补贴、税收减免、设立专项贷款等方式，为中小企业开展技术改造提供资金支持，加快企业上云上平台；二是通过政府主导积极推进建立权威、透明的制造业企业征信体系，利用信息手段充分收集中小企业信用信息，加强征信体系与金融机构信息数据互通共享，降低中小企业征信融资难度；三是鼓励银行、基金协会等金融机构，面向中小企业构建多元化、梯度化金融产品线，丰富中小企业可选、可用的金融产品种类。

中小企业数字化转型，需要外聘、租用和内部培养解决数字人才缺口。一方面，中小企业可以实施渐进性人才引进策略。首先重点引进能够在价值链关键环节数字化转型中发挥重要作用的高端复合型人

才；其次可根据企业内部数字化需求灵活"外包"外部数字化人才；最后要充分挖掘内部员工潜能，提高员工数字化素养。另一方面，中小企业可以通过与高校和科研机构合作培养的模式解决数字人才短缺问题。

中小企业数字化转型，需要借力中介服务平台，对标行业标杆企业。一方面，通过主管部门引导行业协会、制造业龙头企业、工业互联网平台企业等主体，搭建面向中小企业供需对接公共服务平台，整合产业链供应链上下游供需信息，帮助中小企业广泛对接优质客户，降低中小企业营销成本和难度。另一方面，基于公共服务平台等载体，鼓励行业龙头企业和数字化转型服务商开放提供采购、交易、订单跟踪、财务管理等专业化、轻量化的业务 App，提高中小企业销售管理能力，增强中小企业应对供应链波动的韧性。同时政府部门可以支持打造一批优质的中小企业数字化转型服务商，鼓励数字服务平台为中小企业数字化转型提供成本低廉、实用性强的数字工具与服务。继续鼓励支持"专精特新"中小企业的发展，推广在数字化转型上有成功经验和方案的示范案例，增强中小企业数字化转型意愿。引导数字化转型走在前列的大型企业向中小企业提供数字化转型服务支持。

中小企业数字化转型，需要嵌入数字生态，增强价值链韧性。数字化转型是一项复杂的系统任务，中小企业依靠单打独斗很难取得成功，必须加快完善数字产业和数字生态，依靠生态力量带动中小企业数字化转型。政府部门要鼓励支持领头企业立足自身优势，通过平台开放和数字资源共享等多种渠道与上下游中小企业开展合作，推动创新链和产业链数字化的深度嵌入，提升数字化协同效率，形成比较完整的数字产业体系来带动中小企业数字化转型。在数字化研发创新上，政府部门应帮助中小企业打通产学研合作壁垒，加强数字技术联合开发与应用，提高中小企业在产业链、创新链和价值链上的嵌入度和韧性。平台企业的出现使中小企业以产业集群的身份完成数字化转型成为可能，通过产业集群分摊成本，这一转型模式使中小企业得以"搭便车"，降低了其资金压力和转型风险，提升了转型效率。同时，数字化技术还发挥着产业生态黏合剂的作用，使整条产业链高效协同，并刺激了大中小企业之间的融通创新。

外部环境充满不确定性，对中小企业而言，唯有自我持续创新是可以确定的。持续创新是一种定力，足以帮助企业穿透迷雾，穿越周期。一旦走出低迷期，企业的创新力、成长力也将随之晋级。总之，就是要聚焦实业，专注主业，苦练内功，深耕细作，切实加强先进的自主核心技术的研发，坚持数字化转型"先进入、早受益、再迭代"，坚定走"专精特新"发展道路，"以专注铸造专长，以配套强产业，以创新赢市场"。相信通过政策支持层面和中小企业自身发展"双向奔赴"，"牵引智能化升级""驱动网络化协同""加速链群化集聚""助力服务化延伸""支撑绿色化发展"，共创顶天立地的大企业"千帆竞发"、铺天盖地的中小企业"万马奔腾"的融通发展格局，广大中小企业一定能够巧借外力、转型升级，打通堵点痛点，实现降本增效提质飞跃，沿着优质中小企业梯度培育"路线图"，在更好推动产业基础高级化、产业链现代化的同时，助力实体经济加快实现高质量发展。

农业转移人口就业问题

张抗私[①]

  传统城镇化的发展使中国城镇数量增多和城镇人口规模扩大的同时，也导致了中国城市空间无序扩张、土地利用效率低下以及农村转移人口无法真正享有城镇化发展成果等诸多现实问题。为此，党的十八大明确提出"走集约、智能、绿色、低碳的新型城镇化道路"，随后，习近平总书记在主持召开中央城镇化工作会议时系统地阐述了新型城镇化理念，全面回答了新型城镇化是什么、新型城镇化为了谁、新型城镇化怎么干等重大命题，形成了以促进人的城镇化为核心、以提高质量为导向的新型城镇化战略。再后来，为了积极响应党中央深入推进新型城镇化建设的号召，由国家发展和改革委员会等11个部门联合公布了第一批国家新型城镇化综合试点地区名单，并在2015年、2016年连续扩大新型城镇化试点地区范围，目前综合试点地区范围包含27个省份及新疆生产建设兵团的多个城市（区、县、镇），以期通过新型城镇化试点地区总结形成一套科学合理、因地制宜的建设方案，确保各种类型的城市都能够在科学规范的指导下开展新型城镇化建设。党的二十大报告中再次强调了"要深入实施新型城镇化战略，推进以人为核心的新型城镇化，加快农业转移人口市民化"，彰显出新发展阶段下中国新型城镇化的战略高度，推动新型城镇化建设对中国经济社

[①] 张抗私，东北财经大学教授、博士生导师。本文系国家社科基金重大项目"就业优先、稳定和扩大就业的推进机制及政策研究"（21ZDA099）阶段性研究成果。

会的发展具有不同以往的重大意义。

空间结构是生产要素在空间范围内的分布和组合形态，是社会和经济存在和发展的空间形式。随着世界范围内城市化进程的推进，大城市由集聚走向分散，城市空间结构由单中心向多中心演变已经成为发达国家城市化发展的重要趋势。导致多中心化发展趋势的原因是集聚经济的向心力和拥挤效应的离心力之间的动态博弈（Fujita and Thisse，1997）。中国城镇化起步较晚，城镇化的发展与发达国家还有相当大的差距。但是，中国农村人口数量庞大，大量的农村人口涌入城市推动着城市规模的扩大，城市空间结构的多中心化特征逐渐开始显现。传统的单中心空间结构使得经济活动高度集中在区域核心城市，当汇集的经济活动超过了城市承载力，集聚的外部经济效应开始被拥挤效应所削弱，导致交通拥堵、环境污染、能源紧缺以及住房紧张等"城市病"问题的出现（王垚等，2017）。为了有效应对由单中心空间结构引起的城市病问题，部分城市通过开发新区和建设新型卫星城市等方式搭建多中心空间结构。在多中心空间结构下，生产要素的空间配置进一步被优化，区域内部各城市之间分工与合作能够发挥出"1+1>2"的聚合效应，从而推动区域经济高质量发展。然而，部分学者指出，过去较长一段时期内，中国的区域均衡发展政策引致部分地区过分追求人口和经济"均匀分布"，导致目前中国出现"大城市发展不足而中小城市过多"的失衡状态（潘士远等，2018）。如此一来，在区域中心城市尚未达到最优规模时，塑造区域多中心空间结构反而削弱了集聚经济。由此看来，多中心空间结构更像是一把"双刃剑"，其对经济社会发展的具体影响需要进一步验证。

截至2021年，中国常住人口城镇化率达到64.72%，根据诺瑟姆曲线可知，当前中国仍处于城镇化快速发展阶段，将来会有更多的农业转移人口进入城市，如何保障大量的农业转移人口市民化成为未来中国推进城镇化建设需要重点考虑的一个现实问题。有研究指出，实现城镇就业稳定是促进农业转移人口市民化的关键环节。因此，我们不禁提出疑问：在超越单一城市的地理范围内，多中心式的区域空间结构会对农业转移人口就业产生怎样的影响？相比于传统的城市内部集聚经济，多中心空间结构将通过哪些途径影响农业转移人口就业？如何顺应新型城镇化发展趋势并充分利用多中心空间结构的正向溢出，以帮助农业转移人口实现城镇就业稳定，更好地促进农业转移人口市民化，值得我们深入探讨。

一、文献综述

城镇化是指人口不断向城镇聚集并推动城镇规模的不断扩大和发展，进而引起的一系列经济和社会方面的变化过程（魏后凯，2005；陆大道和陈明星，2015；Karayalcin and Ulubaşoğlu，2020）。城镇化是现代化的必由之路，也是激发中国巨大的内需潜力和发展动能的关键所在。现代的城镇化最初是由农业转向工业的经济发展过程推动的，而在后工业社会，工业化即成为城镇化发展的动力（辜胜阻和朱农，1993）。随着工业化进程的不断发展，中国经济的高速增长推动了城镇化的高速发展（陈明星等，2010）。然而，中国传统城镇化遵循"贪大图快""重物轻人"的发展思路，对于人口的重视程度不足，损害了农民的利益，导致农民边缘化、农村空心化、农业粗放化，农业转移人口市民化迟滞，农民权益得不到保障等问题的出现，严重制约了城镇化的可持续发展（魏后凯，2016；张卫国等，2015）。这表明单纯追求"数字增长"的城镇化发展模式已无法适应中国国情。因此，党的十八大提出，要坚持走中国特色新型工业化、信息化、城镇化、农业现代化道路，并就深入推进新型城镇化建设作出了一系列重大决策部署，为新型城镇化建设的平稳发展提供了制度保障。所谓新型城镇化应包含就业方式的城镇化、生活方式的城镇化、公共服务的城镇化、社会治理的城镇化和居住区域的城镇化，以及人居环境的优美化（宋连胜和金月华，2016）。其核心内涵要求重点关注"迁移或流动人口的市民化和社会融合"，寻求

"人民的福利和幸福最大化"的"人的城镇化"（任远，2014）。新型城镇化的发展能够推动产业集聚和社会融合，进而为农业转移人口提供大量的就业机会和创业机会，拓宽其增收渠道（张明斗和毛培榕，2018）。经济效益的实现使得城镇化的发展更加吸引农业转移人口的流入，进而加快新型城镇化的发展进程（李慧燕，2022）。近期，国家发展改革委发布《"十四五"新型城镇化实施方案》，明确指出"十四五"时期推进新型城镇化要以推动城镇化高质量发展为主题，以转变城市发展方式为主线，以体制机制改革创新为根本动力，以满足人民日益增长的美好生活需要为根本目的，深入推进以人为核心的新型城镇化战略。

党的十八大以来，中国新型城镇化建设扎实推进，水平和质量稳步提升，人民群众的幸福感、获得感和满足感不断增强。但是，快速城镇化推进过程中所产生的问题依旧存在，具体表现为：经济增长和产业支撑与高速城镇化的发展进程不相适应（陆大道和陈明星，2015）；城乡二元结构虽有所松动，但加剧城市主体空间摩擦的风险尚未排除（陈进华，2017）；人口城镇化滞后于土地城镇化、城镇空间分布导致资源配置不合理（张卫国等，2015）；大中小城市的城镇化发展进程不同步，使得中小城市的聚集效应尚未充分发挥，超大型城市的拥挤效应就已初步凸显（沈立等，2018）；大城市病和过度城镇化也是中国城镇化发展长期存在的问题（Gu et al.，2012；杨上广和王春兰，2008；Bertinelli and Black，2004）。除此之外，中国现阶段还面临着"半城镇化"和"半工半耕"的发展局面，农民工户籍身份的转换没有实现，妨碍了经济发展方式向消费拉动型转变（胡秋阳，2012；陆大道和陈明星，2015；夏柱智和贺雪峰，2017）。因此，新型城镇化发展的当务之急是破解城乡二元结构，促进城乡公共服务均等化，加快实现农业转移人口市民化。

与本文相关的文献主要归纳为两个方面。一方面文献是有关城市空间结构的研究。城市空间结构作为影响城镇化发展速度与质量的一项重要因素（李兰冰等，2020），在城镇化的过程中，城市空间所带来的福利效应对人口迁移和推动城镇化的发展起到决定作用（段巍等，2020）。因此，本文将对城市空间进行深入分析，根据中心城市的职能和经济、人口规模的不同可以分为单中心空间结构和多中心空间结构两种模式。现有的相关研究多是从两种不同模式的角度展开的。城市空间结构布局的优化调整，能够综合提高城市建设整体的经济、社会和环境效益，从而更加高效地推动新型城镇化建设（王峤等，2021）。相反地，城镇化能够通过产业转移和人口流动改变经济、社会和文化要素的空间配置，实现产业和人口集聚，从而影响甚至是改变城市的空间结构。针对中国城镇化背景下城市发展的空间模式的选择，政府也从顶层设计的战略高度进行了谋篇布局。《"十四五"新型城镇化实施方案》提出完善以城市群为主体形态、大中小城市和小城镇协调发展的城镇化格局。对于城市发展的空间结构，中心城市和城市群正在成为承载发展要素的主要空间形态，应继续支持城市化地区要素的高效空间集聚，坚持走紧凑的空间发展模式（刘修岩等，2017）。

在城镇发展的初期，为促进其发展进程，利用"集聚"效应将有利于城镇化发展的要素集聚于一点，从而形成"中心"（Anas and Small, 1998）。即在区域内集聚厂商，从而降低往返于各厂商之间的运输成本，从而有利于厂商的发展，进而提高区域内的经济发展效率（Mills and Verma, 1986）。随着工业化进程的推动和经济的不断发展，城镇中心发展要素的不断聚集，中心区域的持续发展，在城镇内逐步形成单中心的城市空间结构。因此，有学者认为单中心的空间结构有利于提高城市经济效率（刘修岩等，2017）。在较高经济效益的吸引下，更多的厂商逐利前往城镇中心寻求发展，而厂商的不断迁入会持续吸引劳动力前往城镇中心就业。这意味着，在推动经济发展的同时，城镇中心地区的吸引力不断提升（Moomaw and Shatter, 1996），即城镇中心地区的就业岗位和需求以及人口数量不断增加（陈良文和杨开忠，2008）。随着城镇化的发展，会吸引大量的农业转移人口向城市中心地区聚集，如中国人口城镇化率自1978年的17.9%提高至2022年的64.7%（李慧燕，2022）。进而，特大型城市的数量和规模因运输成本的降低和城市总人口规模的增加所产生的聚集效应，而不断增加和扩大（Tabuchi，1998；Anas and Xiong，2003）。然而，对于单中心的城市空间结构模式而言，其承载能力有限，随着生产要素在地理空间上的不断集聚和不断靠拢，农业转移人口和市民激增、超过其区域承载能力的上限时，集聚经济效应便会逐渐消失，取而代之的是拥挤效应的逐步显现，进而阻碍经济和城镇化的发展（Phelps and Ozawa，2003）。当城市的经济发展受其影响时，经济波动导致的市场不确定性也会给单中心空间结构的城市带来"蛙跳式"蔓延的发展问题（刘修岩等，2016）。除此之外，相应的企业生产成本会逐渐增加，促使企业逐渐向城市边缘寻找发展空间，进而导致就业中心的分裂和多中心城市形态的形成（郑思齐和孙聪，2011）。

随着工业化和城市化进程的不断发展，城市内部空间的发展逐渐受到影响。单中心城市空间结构的逐步发展使城市的空间和规模不断延伸、扩大，并能够推动城市中心和边缘地区联动发展，推动中心城市与郊区逐渐在地域上融为一体，使得大都市区内逐步形成多个次中心（陈恒和李文硕，2017）。而城市内部次中心的不断诞生，促进着城市内部空间结构由单中心空间结构逐步演化成多中心空间结构（王峤等，2021）。因此，有学者认为由单中心向多中心转变是后工业时代城市内部空间发展的重要特征和趋势（代明等，2014）。但不论是单中心城市空间结构还是多中心结构，都会对城市的发展产生影响，学术界对于不同空间结构的影响展开了相关研究。基于人口和经济的集聚是城市空间结构形态存在的重要体现（王玮，2009）。因此，本文将主要从经济效用和社会效益两个方面分别进行阐述，以期探索更适合中国国情、有利于推动中国新型城镇化发展的城市空间结构模式。

第一，经济发展程度是最直观的城镇化发展的衡量指标，保障和提高经济效益是探索城镇化发展道路的一项重要标准（Miquel-Àngel and Ivan，2013）。有学者认为，在城镇发展到一定规模前，集聚效应有利于城市绩效的增长（Henderson，2003），即对中小城市而言，单中心城市空间结构所引起的集聚效应可以促进经济效率的提升，更有利于推动城镇化发展。但也有学者认为，单中心的空间结构在城镇发展后期对经济效率可能会产生负效应，阻碍城镇的经济发展（刘修岩等，2017），即拥挤效应的逐步显现所引起的发展负效应对经济发展的影响逐渐扩大，从而对城镇化的发展起到负面影响。对此，学术界开始了对于拥挤效应的研究。有学者通过交通网证实了可以在不损失集聚经济效益、保持城市经济发展效率的前提下，利用多中心城市网络来替代巨型单中心的城市空间结构（Johansson and Quigley，2004）。同时，还能改善由单中心空间结构所引发的拥挤效应，通过不断优化城市的空间结构布局，加快人力资本的聚集，进而提升城镇化发展效率和城市竞争力（于斌斌和申晨，2020；王峤等，2021；Liu and Liu，2020）。经过进一步的论证，城市规模对经济绩效存在调节作用，并提出规模越大的城市，多中心的城市空间结构越有利于经济的发展（沈立等，2018）。

第二，从社会效益出发来衡量城市空间结构对城镇化发展的影响。有学者认为，城市区的人口或就业密度从城市空间结构的角度，同样可以作为衡量城镇化发展的一项重要标准（刘修岩等，2019；Garcia and Muniz，2013；Horton and Reynolds，1971；Tombolini，2015；Zhang et al.，2020；王玮，2009）。城市人口密度作为城市的一个重要经济和社会特征，有学者提出人口密度会随着与城市中心距离的提升而下降（McDonald，1989）。因此，当单中心城市空间结构发展到一定规模时，都市区的不断扩张使城市边缘及周边地区与城市中心的距离不断提升，对人口的吸引力不断下降，进而将会对就业分布和空间形态产生影响（谷一桢等，2009）。有学者认为就业中心是由于早期的人口聚集而形成的，并证明了人口聚集和就业中心更适合多中心空间结构模式（Small and Song，1994）。就业分布是反映城市空间结构集聚经济效应本质的要素，城市空间结构的特征往往由城市的就业次中心来决定，即多中心结构下的各就业中心（孙铁山等，2012）。经实证检验论证，不论是对市民还是农业转移人口而言，多中心空间结构模式较单中心空间结构模式能够吸引更多的人口。但针对城市就业空间分布这一研究方向，中国目前仍存在一定的学术空缺，因此，本文将会以城市空间结构对就业的影响为话题进行实证分析，以期对新型城镇化的城市空间结构发展提出参考性建议，从而推动城市就业的发展。

另一方面的文献是关于农业转移人口就业的研究。农业转移人口进入并落户于城市，享受基本的公共服务是中国城镇化的核心（蔡昉，2013）。而城镇化是经济发展的动力，随着经济的发展，以农业为基础的农村经济将不断进行经济转型，即从农业中释放劳动力（Bertinelli and Black，2004；Henderson，2003）。中国自改革开放以来，大量的农村劳动力从农村转移到城镇和经济较发达的地区务工就业（杨满心，2009）。与此同时，城市结构所引起的集聚效应也不断地吸引劳动力向城市中心集聚，从而不断推动农业人口的转移，使得农业转移人口向城镇区域不断集聚（杨上广和王春兰，2008）。2012年中央经济工作会议明确提出"要构建科学合理的城市格局，要有序地推进农业转移人口市民化"。根据国家统计局发布的《2021年国民经济和社会发展统计公报》，至2021年末全国常住人口城镇化率增长至64.72%，但户籍城镇化率仍较低，即农业转移人口的市民化进程远达不到预期（陈云松和张翼，2015），因此，人口市民化进程仍需不断推进（郑云，2019）。党的二十大报告中再次强调"要推进以人为核心的新型城镇化，加快农业转移人口市民化"。即便在国家政策的指导作用下，中国仍存在农业转移人口的市民化进程相对滞后的现象。一部分学者已经意识到，农业转移人口市民化进程中可能会遇到的一些坎坷，如户籍歧视、工资歧视、就业隔离、体制限制所致的身份认同感低、就业待遇不公平等（孙婧芳，2017；陈云松和张翼，2015；王春光，2006；冯虹和叶迎，2009）。具体表现为农业转移人口虽然进了城，但是不具备真正的城市居民身份，则不享受城市居民的待遇，而这种现象即为低质量的城市化，此模式已经成为中国扩大内需和长期经济增长的制约因素（国务院发展研究中心课题组等，2010）。农业转移人口在城市中无法获得市民的归属感，甚至会在就业进入、劳动收入等方面受到歧视，从而导致劳动力转移呈现"候鸟式迁移"的特征，使劳动力的流动具有不确定性。因此，对农业转移人口而言，市民化将会使其真正意义上融入城镇中，进而实现以人为核心的新型城镇化建设。

世界城市发展经验表明，规模不断扩大且整合的劳动力市场是大城市存在和发展的内在动力（丁成日，2004）。城市就业人口作为劳动力，是城市经济得以发展的最重要的资源（王玮，2009）。作为新型城镇化的建设者，农业转移人口向市民身份转换，并能较好地融入城市的一个非常重要且较为直接的途径就是就业（张卫国等，2015；李兰冰等，2020；刘宝香，2017）。学术界内认为，农业转移人口在城镇就业的影响因素有很多：工资收入、工作时间长短、社会保障体系被认为是衡量农业转移人口就业质量的重要因素（孙世会，2022）；对于城镇就业的问题而言，户籍准入、住房、医疗、子女就学等要素都是需要重视的（刘青琳，2019；刘宝香，2017；郑思齐等，2007）；就业环境、劳动关系、社会态度也会影响农业转移人口就业的意愿（郝福锦和陶莉，2021）。对于上述罗列的影响农业转移人口就业的相关因素，亦有主次之分。有的学者认为工资收入作为家庭生计的重要影响因素，是决定农业转移人口是否进行市民化的核心因素（孙世会，2021）。根据"迁移规律"的定义，其中经济因素会是人口迁移的最重要关键因素（孙世会，2022）。除此之外，提升农业转移人口的就业质量也有利于推进农业转移人口的市民化进程，是推进新型城镇化的基础（向丽，2017；孙世会，2021）。有学者发现，落户城市的户籍变动也有利于提升农业转移人口的就业质量，同时能够在一定程度上避免流动人口回流（张吉鹏等，2020）。消除劳动力城乡流动的制度性限制，会促进大量的农业转移人口在城市定居、落户，成为城镇常住人口（许岩和杨竹荣，2022）。社会保障等非货币福利也是提升就业质量的重要因素（孙世会，2022），使农业转移人口在社会上与市民获得相同的待遇、政治上有相同的权利（李爱民等，2022），能够正常享受教育、医疗等基本公共服务（陈柏峰，2022）。农业转移人口对城市的归属感与认同感作为市民化工作的关键，被认为是实现市民化的本质与核心（李萍和叶亦滢，2021）。随着国有企业等改革，户籍的限制逐渐放宽，农业转移人口的就业环境不断得到改善，更加公平、规范和统一的劳动力市场逐步建立和完善（孙婧芳，2017）。这些都将会吸引农业转移人口前往城镇就业，当其通过城镇就业获得相应的经济效益，同时享有市民的系列待遇时，其城镇归属感将会不断增强，进而不断推动农业转移人口市民化的发展进程。就业状况是判断经济是否运行良好的重要标准，与居民福祉息息相关（郭长林，2018），可见，就业作为农业转移人口市民化的一项重要内容，对城镇化经济发展和城镇化的发展进程也有着十分重要的影响。

综上所述，国内外学者针对城市空间结构、农业转移人口就业的相关研究已经较为系统和全面，然而对于新型城镇化背景下的城市空间结构对农业转移人口的就业效应研究尚不充分，鲜有学者研究分析多中心空间结构对农业转移人口就业的影响机制。因此，本文将重点研究多中心结构对农业转移人口就业的影响及其作用机制，即在利于城镇发展的因素集聚效应的影响下，农业转移人口的就业会随着城镇化的发展不断集聚于城镇中心。农业转移人口通过就业可以获得经济效益，其社会地位和基本权利得到满足，由此可以持续吸引农业转移人口在城镇就业，进而吸引农业转移人口定居城镇，成为真正意义上的市民，推动农业转移人口市民化，为更好地服务于新型城镇化建设提供一些理论参考。

二、新型城镇化

改革开放后，中国经历了世界历史上规模最大、效果最好的城市化进程，取得了令人瞩目的成就。到2020年年底，中国63.9%的常住人口实现城市化，城市成为人口和高质量发展的重要承载。"十四五"期间，中国进入了一个新的发展阶段，新型城镇化建设也走上了新征程。自党的十八大以来，中国对于新型城镇化的发展相继出台多项政策，具体如表2-8所示。

表2-8 新型城镇化相关政策梳理（2012—2022年）

发表时间	相关政策	主要内容
2012年11月	党的十八大报告	坚持走中国特色新型工业化、信息化、城镇化、农业现代化道路，使城镇化和农业现代化相互协调，同步发展
2012年12月	中央经济工作会议	城镇化是中国现代化建设的历史任务，要构建科学合理的城市格局，要有序推进农业转移人口市民化
2014年3月	《国家新型城镇化规划（2014—2020）》	以体制机制创新为保障，通过改革释放城镇化发展潜力，追求以人为本、四化同步、规划优化、生态文明、文化传承的中国特色新型城镇化
2014年12月	《国家新型城镇化综合试点方案》	要求试点地区在推进新型城镇化的实践中，在统筹城乡发展的体制机制方面，在构建新型城镇化和创新型城市的标准体系方面，进行改革探索
2016年3月	《国民经济和社会发展第十三个五年规划纲要》	坚持以人的城镇化为核心、以城市群为主体形态、以城市综合承载能力为支撑、以体制机制创新为保障，加快新型城镇化步伐，提高社会主义新农村建设水平
2019年3月	《2019年新型城镇化建设重点任务》	加快实施以促进人的城镇化为核心、提高质量为导向的新型城镇化战略，突出抓好在城镇就业的农业转移人口落户工作，推动1亿非户籍人口在城市落户目标取得决定性进展
2020年4月	《2020年新型城镇化建设和城乡融合发展重点任务》	要求加快实施以促进人的城镇化为核心、提高质量为导向的新型城镇化战略……就提高农业转移人口市民化质量、优化城镇化空间格局等方面提出了28项重点任务
2020年6月	《关于加快开展县城城镇化补短板强弱项工作的通知》	县城是中国推进工业化城镇化的重要空间、城镇体系的重要一环、城乡融合发展的关键纽带……县城应加强对经济发展和农业转移人口就近城镇化的支撑作用
2020年8月	《县城新型城镇化建设专项企业债券发行指引》	为加快推进县城城镇化补短板强弱项工作……适应农民日益增加的到县城就业安家需求

续表

发表时间	相关政策	主要内容
2021年4月	《2021年新型城镇化和城乡融合发展重点任务》	深入实施以人为核心的新型城镇化战略，促进农业转移人口有序有效融入城市……推进以县城为重要载体的城镇化建设
2022年3月	《2022年新型城镇化和城乡融合发展重点任务》	深入推进以人为核心的新型城镇化战略，提高新型城镇化建设质量。坚持把推进农业转移人口市民化作为新型城镇化首要任务
2022年4月	《国家新型城镇化规划（2021—2035）》	推进以县城为重要载体的城镇化建设，建设协调发展的城镇化空间格局，支持农民就地城镇化……加快县域内转移人口、扩大就业的速度
2022年5月	《关于推进以县城为重要载体的城镇化建设的意见》	坚持以人为核心推进新型城镇化，尊重县城发展规律……提升县城发展质量，更好满足农民到县城就业安家需求和县城居民生产生活需要，对推进新型城镇化提供支撑
2022年7月	《"十四五"新型城镇化实施方案》	以推动城镇化高质量发展为主题……深入推进以人为核心的新型城镇化战略，持续促进农业转移人口市民化，完善以城市群为主体形态、大中小城市和小城镇协调发展的城镇化格局
2022年10月	党的二十大报告	深入实施新型城镇化战略……推进以人为核心的新型城镇化，加快农业转移人口市民化

近十年新型城镇化的发展取得众多成效，新型城镇化对于经济增长、内需扩大和共同富裕至关重要、影响深远。

（一）新型城镇化是推动经济高质量发展、实现社会主义现代化的必由之路

新型城镇化使大量的农业转移人口涌入城镇，城镇人口规模持续扩大，带来了人口和经济活动的多样性。具有不同文化传统、生活习俗、教育背景和职业特征的人口在地理空间上的集聚，有利于促进文化传播和面对面交流，进而激发创新活力、传播创新成果、提高资源

配置效率和劳动生产率，对于进一步挖掘增长潜力、促进可持续发展、提高发展质量、实现社会主义现代化具有关键的作用。另外，世界各国的发展经验同样表明，城镇化是经济社会发展的结果，是实现现代化的必由之路。由图 2-1、图 2-2 可知，从国际、时间两个维度的数据比较不难发现，城镇化率与人均国民总收入之间存在正相关关系，二者互为因果，相互促进。

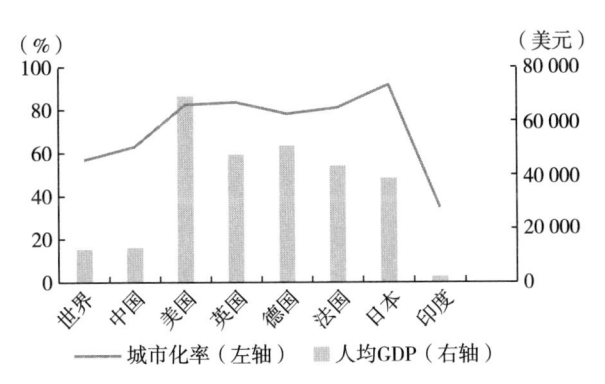

图 2-1　世界及部分国家的城市化率和人均 GDP

数据来源：根据世界银行数据整理所得。

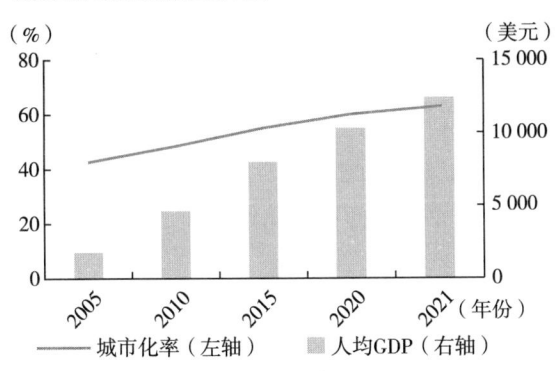

图 2-2　2005—2021 年中国城市化率和人均 GDP

数据来源：根据世界银行数据整理所得。

（二）新型城镇化是激发内需潜力、构建新发展格局的重要抓手

当前和今后一个时期，国内外形势依旧错综复杂，全球经济发展仍然面临着较大的不确定性。为此，习近平总书记强调："加快形成以

国内大循环为主体、国内国际双循环相互促进的新发展格局，是根据中国发展阶段、环境、条件变化作出的战略决策，是事关全局的系统性深层次变革。"在构建新发展格局的大背景下，推进新型城镇化建设，一方面使大量农村转移人口涌入城镇，带来消费需求的急剧增加，同时还产生巨大的基础设施、公共服务设施以及住房等投资需求，通过扩大内需促进形成强大国内市场。另一方面还有利于提升要素资源配置效率，激发发展新动能，推动构建新发展格局。

（三）新型城镇化是促进全民共同富裕、解决新时代中国主要矛盾的重要途径

当前中国不平衡发展主要体现在区域发展不平衡和城乡收入差距过大。针对区域发展不平衡的问题，新型城镇化坚持以城市群为基本形态，遵循一体化原则，对东部城市群进行优化和提升，发展壮大中部城市群，培育和发展西部城市群，有利于促进区域协调发展，缩小区域发展差距，形成协调、高效的区域发展格局。而关于城乡收入差距，新型城镇化致力于促进城乡融合发展，坚持共享发展理念，把城乡融合发展作为突破口，坚持农业现代化与新型城镇化协同发展，加大乡村基础设施建设和公共服务设施投入，有助于破解城乡二元结构，促进城乡公共服务均等化，缩小城乡居民收入差距，走出一条以工促农、以城带乡、工农互惠的城乡共同富裕的道路。

三、理论分析与研究假说

本文的理论分析基于多中心空间结构对农业人口就业的影响以及可能的影响机制展开。

（一）多中心空间结构与农业转移人口就业

通过相关文献的总结与分析，本文发现多中心空间结构与农业转

移人口就业之间存在着因果关系，且集聚经济在城市空间结构影响劳动群体就业的过程中发挥着重要作用。究其原因，归根结底在于城市作为经济活动的主要空间载体，集中了大量的企业和劳动力，而企业和劳动力在空间上的临近性会产生集聚经济。同时，集聚经济的出现会吸引更多的企业和劳动力迁入，有利于扩大城市空间内部的经济活动规模，进而衍生出多样化的经济活动组合形态和空间格局，最终形成不同的空间结构。既如此，城市空间结构的演变必然会影响集聚经济的溢出，并使经济发展和社会就业对此产生反应。土地竞租理论曾指出，随着城市空间范围内人口规模不断增加，土地价格、生产生活成本不断上升，在集聚经济和集聚不经济的共同作用下城市内部的空间结构发生改变，由单中心向多中心或更分散化的空间结构转变，经济活动和人口的次中心随之出现。从发达国家城市发展历程来看，单中心向多中心空间结构演变是城市化发展新趋势。这是因为多中心空间结构的形成可以减少经济活动过度集中引发的集聚不经济现象，同时，城市空间内部若存在多个经济活动中心，位于次中心的厂商既可以避免中心地区的高额生产经营成本又可以享用集聚经济带来的收益。

然而，也有不少学者持有相反的意见。《1984年世界银行发展报告》就指出："过于担心城市增长的负作用，往往会使决策者忽略经济活动集聚和城市化带来的积极效益，结果使许多政府不惜一切代价地去重新规划经济活动的空间分布，其经济社会效益往往不佳。"目前，中国部分城市出现了交通拥堵、住房紧张、环境污染、资源不足等"城市病"问题，不少学者把"城市病"问题的出现简单归因于城市的发展与扩张，导致人口过度集中，主张应该大力推动城市空间结构多中心化。这种观点在一定程度上是片面的，对中国城市发展现状没有全局清晰的认识。从世界范围来看，美国的纽约、日本的东京和英国的伦敦，其人口密度均居于世界前列，但是并没有出现严重的"城市病"。相反的是，这些地方享受到了集聚带来的经济效益，成为世界上发展最快的地区之一。相比之下，中国城市的人口集聚程度是远远不够的，应该继续鼓励人口自由流动和集聚。之所以出现"城市病"，是因为城市治理水平的落后，无法适应城市经济活动和人口的快速集聚（陆铭等，2012）。此时，若盲目地推动城市空间结构的多中心化，不仅无法有效破解"城市病"的发展难题，而且还会损失经济活动和人口集聚所带来的集聚经济效应，不利于经济社会的发展。由奥肯定律可知，经济发展效率的损失将会对劳动力的就业产生不利影响。基于上述分析，本文提出如下假设：多中心空间结构不利于农业转移人口就业（假设1）。

（二）多中心空间结构对农业转移人口就业的影响机制

从上文的分析不难看出，集聚经济是解释城市空间结构对农业转移人口就业影响机制的重要切入点。集聚经济包括马歇尔提出的专业化集聚——认为行业内企业的集聚能够带来专业化的分工体系、专业化劳动力市场共享和社会资本的增加；雅各布斯提出的多样化集聚——认为不同行业厂商的集聚有助于企业获得不同专业背景的劳动力、产业集群的外部性以及跨行业的知识溢出。总之，集聚经济影响着企业所需的投入品、劳动力、知识和信息的流向与可获得性（Glaeser and Kerr，2009），影响着企业规模扩大和新企业的进入，最终会影响到劳动力群体的就业。

专业化集聚对农业转移人口就业的影响有以下几点。第一，专业化的分工体系能够通过扩大企业规模和促进新企业的进入实现就业岗位的增加。马歇尔认为企业规模的扩大是内部经济与外部经济共同作用的结果。企业内部专业化分工的目标是提高效率，结果是新职能部门的形成，从而使得企业内部资源配置的有效性和合理性提高，单位成本可以带来更大的产出，进而推动企业规模的扩大，吸纳劳动力就业数量也随之增加。企业外部专业化分工形成了不同类型和经营业务的企业，企业在主营业务领域深耕，形成企业的核心竞争力，同样有利于企业规模的扩大。同时，这种专业化、网络化的生产体系还能够降低企业间交易成本和新企业资本进入壁垒，分摊新企业生产的成本与风险，推动技术的应用，鼓励新企业的进入（Long and Zhang，2012）。第二，专业化劳动力市场的共享在一定程度上能够弥补农业转移人口在获取就业信息方面的劣势，同时，还方便企业根据自己发展的需要，从劳动力市场中雇用所需的技能型人才，如此便提高了企业与专业劳动力之间的匹配效率。第三，专业化集聚通过提高农业转移人口的社会资本促进其就业。社会资本理论认为社会资本资源嵌入相互联系的个体、家庭或其他社会单元的社会网络中，因此可以通过社会关系网络去获取。企业和劳动力的空间集聚方便不同企业和员工之间开展正式或非正式的交流与合作，推动行业资源的重新整合与分配，有利于构建高效率、精细化的社会关系网络，进而提高企业的社会资本。从企业层面来看，社会关系网络的存在能加快企业产品创新和管理创新经验在行业内的传播，助力企业更好地适应外部市场环境的变化，刺激企业关键资源的成长与积累，最终扩大企业的市场规模，为农业转移人口提供更多的就业岗位。从个人层面来看，一般认为，社会关系网络有利于扩大就业信息，消除劳动力市场的信息不对称，降低岗位搜寻成本，使农业转移人口更快地匹配到合适的就业岗位。

多样化集聚对农业转移人口就业的影响有以下几点。第一，行业间企业集聚的外部性。相较于农村，城市拥有更加完善的公共基础设施，产品市场需求旺盛，劳动力资源丰富，因此吸引大量的企业定址，有利于劳动力市场的稳定。例如，由于外来冲击的影响，使得某一行业内企业对于劳动力的需求减少，就会导致该行业内大量劳动者失业，给整个城市的就业带来巨大压力。倘若城市内配备多样化的产业集群，这样该行业释放出来的剩余劳动力便有机会选择到其他行业就业，从而避免整个城市内劳动力供给同需求的相对错配，降低失业人员数量，实现劳动力市场的平稳运行。第二，多样化集聚推动着企业群集聚，从而形成基于投入—产出关系的企业产销网络。对于产品生产方而言，产销网络的形成有助于企业掌握和了解"什么样的产品是有市场的""什么样的新产品是市场急需的"等一系列重要信息，有利于提高其生产效率。对于产品投入方而言，产销网络的形成为其提供了潜在的多样化投入品市场，通过从当地市场购买上游投入品，能够降低企业交易成本，从而积累社会资本。社会资本的扩大既能够通过增加投资设置更多的就业岗位，也可以用作农业转移人口就业培训的资金投入，从而促进农业转移人口就业。第三，行业间知识溢出。行业间企业的空间集聚促使一群拥有不同教育背景和技能经验的员工集合在一起，他们彼此之间相互竞争，同时相互交流合作，无疑会加快知识信息在行业间的流动，有利于农业转移人口掌握更多的知识和技能，从而拓宽其就业领域。不仅如此，行业间知识溢出是新思想和新技术的重要来源，进而激发人们的创业，促发新企业的诞生，从而提供更多的就业岗位，扩大农业转移人口就业数量（邱立成等，2021）。基于上述分析，本文提出如下假设：多中心空间结构通过专业化集聚和多样化集聚对农业转移人口就业产生影响（假设2）。

四、实证分析

本文的实证分析包括数据来源、变量定义与说明、模型设定以及实证结果与分析，共计四部分。

（一）数据来源

首先，本文所使用的农业转移人口数据来源于2017年、2018年的中国流动人口动态监测调查数据（CMDS）。该数据是国家卫生健康委开展的全国性流动人口抽样调查数据，调查范围涵盖31个省（区、市）和新疆生产建设兵团，采用分层、多阶段、与规模成比例的PPS抽样方法，对在本地居住一个月及以上，非本区（县、市）户口的15周岁及以上流动人口进行调查，调查内容主要包括流动人口流动范围和趋向、就业和社会保障、收支和居住情况、基本公共卫生服务、婚育和计划生育服务管理、子女流动和教育、心理文化等。由于数据覆盖面广、时效性强、科学权威，故被广泛用于学术研究。其次，本文所使用的省份层面的宏观数据源于2018年、2019年的《中国城市统计年鉴》《中国区域经济统计年鉴》。在数据处理过程中，由于海南省、西藏自治区、青海省、新疆维吾尔自治区所辖地级市数量较少，利用位序规模法则测度多中心空间结构指数时会造成偏误；另外，北京、上海、天津、重庆是直辖市，故研究过程中剔除了这8个省（区、市）。通过受访者所属省份名称与个体微观数据进行匹配，剔除省份名称不匹配、超过退休年龄和数据缺失样本，最终得到有效样本数据共157 913个。

（二）变量定义与说明

1. 被解释变量——农业转移人口的就业状态

本文的被解释变量农业转移人口就业状态（empoyed）是一个关于农业转移人口就业状态的0-1二元变量，如果农业转移人口处于有工作的状态，则赋值为1；若失业，则赋值为0。

2. 解释变量——多中心空间结构指数

本文采用城市位序规模法则测度省份层面的多中心空间结构水平，具体测度公式如式（1）所示：

$$\mathrm{Ln}R_c = \mathrm{Ln}A - \rho \mathrm{Ln}P_c \quad (1)$$

其中，R_c是城市c按照GDP总量从大到小在全省范围内的排序，P_c是城市c的GDP总量，A是常数，ρ是反映省份空间结构分布特征的多中心指数。当$\rho<1$时，表明该省的中心城市经济发展水平较其他城市领先幅度较大，整体空间形态趋于"一城独大"的单中心结构；当$\rho>1$时，表明省内排名前几位的城市经济发展水平相近，整体空间形态趋于"均衡发展"的多中心结构。值得说明的是，在本文的研究期间，中国各省份并没有出现撤市划区等行政变更现象，保证了同一城市在前后年份的经济数据的可比性。因此，利用GDP衡量城市规模位序是合理的。

3. 控制变量

借鉴高春亮和李善同（2019）、潘丽群等（2020）的研究，本文控制了个人和家庭层面、流动因素层面和省份层面的特征变量。个人和家庭层面的控制变量包括性别、年龄、婚姻状况、受教育年限、健康状况、家庭规模。流动因素层面的控制变量包括流动范围和流动时间。参考张海峰等（2019）、王伟同等（2019）、孙伟增等（2019）的研究方法，省份层面的控制变量选择政府规模、环境质量、基础设施水平、医疗资源和劳动力需求，具体的变量定义与说明如表2-9所示。

表2-9 变量定义与说明

类别	指标	变量	变量说明
被解释变量	农业转移人口就业状态	empolyed	就业=1，失业=0
解释变量	多中心空间结构指数	polycentric	采用城市位序规模法则测算
控制变量	性别	gender	男性=1，女性=0
	年龄	age	调查年份减去出生年份
	婚姻状况	marriage	已婚=1，未婚=0
	受教育年限	edu	未上过学=0，小学=6，初中=9，高中及中专=12，大专=15，大学本科=16，研究生=19
	健康状况	health	健康=1，不健康=0
	家庭规模	fscale	本地长期同住家庭成员个数
	流动范围	frange	省际流动=1，省内流动=0
	流动年限	fyear	调查年份减去本次流动年份
	政府规模	gscale	一般预算支出占GDP的比重（%）
	环境质量	lnequality	年均PM2.5指数的对数值
	基础设施水平	lninfra	省份实有道路面积的对数值
	医疗资源	medical	每千人中的卫生机构人员数
	劳动力需求	lnlabor	第二、第三产业就业总人数的对数值

（三）模型设定

由于本文所选择的被解释变量农业转移人口的就业状态是二元离散变量，因此采用 Probit 模型进行回归估计更加合适。这样既满足了被解释变量为离散变量的要求，又方便引入工具变量解决由核心解释变量多中心空间结构与被解释变量之间可能存在双向因果、遗漏变量等情况引起的内生性问题。该模型的表达式为：

$$Prob\,(empolyed_{ij}=1) = \alpha + \beta_1 polycentric_j + \beta_2 control_{ij} + u_j + v_t + e_{it} \quad (2)$$

其中，$empolyed_{ij}$ 表示居住在省份 j 的农业转移人口 i 的就业状态，$polycentric_j$ 表示省份 j 的多中心空间结构指数，$control_{ij}$ 表示个人和家庭层面、流动因素层面和省份层面的控制变量，具体包括性别、年龄、婚姻状态、受教育年限、家庭规模、健康状况、流动范围、流动年限、政府规模、环境质量、基础设施水平、医疗资源、劳动力需求，u_j 表示省份固定效应，v_t 表示年份固定效应，e_{it} 为随机误差项。

（四）实证结果与分析

实证结果与分析包括变量的描述性统计、基准回归结果分析、稳健性检验分析、异质性检验分析和机制检验分析五部分内容。

1. 描述性统计

表 2-10 是对本文所涉及变量的描述性统计。根据表 2-10 中内容可知，97.5% 的农业转移人口是处于有工作状态的，整体农业转移人口就业状态比较理想。农业转移人口的性别比例存在一定的差异，男性比例高于女性 16.8%。农业转移人口平均年龄为 36 岁，89.2% 的农业转移人口处于已婚状态，初高中学历占比较高。整体农业转移人口的家庭规模为 3.328，说明中国农业转移的流动呈现家庭化流动趋势，流动范围主要以省内流动为主，平均流动年限约为 7.8 年。

表 2-10 变量的描述性统计

变量	样本量	平均值	标准误	最小值	最大值
empolyed	157 913	0.975	0.157	0	1.000
polycentric	157 913	1.314	0.268	0.886	2.134
gender	157 913	0.584	0.493	0	1.000
age	157 913	35.936	8.937	15.000	60.000
marriage	157 913	0.892	0.310	0	1.000
edu	157 913	9.775	2.978	0	19.000
health	157 913	0.988	0.107	0	1.000
fscale	157 913	3.328	1.110	2.000	11.000
frange	157 913	0.428	0.495	0	1.000
fyear	157 913	7.783	5.857	1.000	59.000
gscale	157 913	21.544	7.837	12.360	45.750
lnequality	157 913	3.524	0.261	2.996	3.989
lninfra	157 913	10.335	0.669	8.787	11.445
medical	157 913	8.658	0.894	7.000	11.000
lnlabor	157 913	7.693	0.699	5.404	8.670

2.基准回归结果分析

表 2-11 中报告的是农业转移人口就业概率的 Probit 估计结果，报告的数字是边际效应。其中，表 2-11 模型（1）是仅把核心解释变量多中心空间结构指数代入回归模型中，并控制省份和年份固定效应，回归结果显示：多中心空间结构的回归系数显著为负。模型（2）则进一步把个人和家庭层面、流动因素层面的控制变量加入回归模型中，结果发现，多中心空间结构对农业转移人口就业的负面影响仍然存在。模型（3）是把个人和家庭层面、流动因素层面和省份层面的控制变量同时加入回归模型中，但不控制省份和年份固定效应，回归结果显示：仅是多中心空间结构的回归系数的大小发生了较大的波动，但依旧显著为负。模型（4）是在模型（3）的基础上同时加入了省份和年份固定效应，回归系数没有发生实质性的变动。考虑到加入控制

变量能够缓解模型存在的内生性问题，同时为了避免省份、年份层面的一些混淆因素导致模型回归结果产生偏误。本文以模型（4）的回归结果为准，分析城市空间结构对农业转移人口就业的具体影响。回归结果表明，多中心空间结构对农业转移人口就业概率有显著的负向影响。平均来说，空间结构的多中心化水平每增加1个百分点，农业转移人口就业的概率则下降0.042个百分点。这主要是因为目前中国经济发展尚且处在集聚经济加速阶段，还没有达到集聚水平的最优规模，此时特别强调经济活动高度聚集的单中心空间结构更有利于促进中国区域经济发展，进而创造出更多的就业岗位，以满足新型城镇化进程中不断流入城镇的农业转移人口就业的需要。相反地，分散均衡的多中心空间结构会牺牲集聚经济效应而对农业转移人口就业造成负面影响。

控制变量的回归结果为我们理解其他影响农业转移人口就业的重要因素提供了有价值的信息。从个人和家庭层面来说，相较于男性，女性农业转移人口在劳动力市场上表现出更大的竞争优势。年龄的估计系数显著为负，表明随着年龄的增加，劳动者获得就业机会的难度也在增加，这与我们的经验直觉相一致。婚姻状况是影响农业转移人口就业的一个很重要的因素。处于已婚状态的劳动者对于就业岗位的需求更大，所以他们获得就业机会的概率也就更高。和大多数文献所证实的一样，接受更高层次的教育能够改善就业者在劳动市场的表现，并在人力资本的积累上形成比较优势。健康状况的回归系数显著为正，意味着劳动者身体健康有利于其获得就业机会，这符合我们的预期。另外，家庭规模的回归系数显著为负，表明家庭规模越大，劳动者获得就业机会的概率越低。从流动因素层面来说，流动范围的回归系数显著为正，表明劳动者的流动范围越大，获得就业机会的概率越高。这主要是因为劳动者的流动范围越大，意味着其所面临的劳动力市场越大，就业形式和就业岗位更加多元化，找到合适工作的概率自然会增加。从宏观层面来说，空气质量和医疗卫生条件是影响农业转移人口就业的重要因素，农业转移人口更倾向于流动到空气质量好和医疗卫生条件优越的地区就业。

表2-11 基准回归结果

变量	（1）	（2）	（3）	（4）
polycentric	-0.060*** (0.017)	-0.059*** (0.017)	-0.0055*** (0.002)	-0.042** (0.018)
gender	—	-0.003*** (0.0008)	-0.0036*** (0.0008)	-0.003*** (0.001)
age	—	-0.0003*** (0.00006)	-0.0003*** (0.00006)	-0.0003*** (0.00005)
marriage	—	0.028*** (0.002)	0.029*** (0.002)	0.028*** (0.0015)
edu	—	0.002*** (0.0001)	0.002*** (0.0001)	0.002*** (0.0002)
health	—	0.019*** (0.003)	0.021*** (0.003)	0.019*** (0.003)
fscale	—	-0.003*** (0.0004)	-0.001*** (0.0004)	-0.003*** (0.0004)
frange	—	0.006*** (0.0009)	0.006*** (0.0008)	0.006*** (0.0009)
fyear	—	-0.0004*** (0.00007)	-0.0005*** (0.00007)	-0.0004*** (0.00007)
gscale	—	—	0.00006 (0.00009)	0.001 (0.0008)
lnequality	—	—	0.010*** (0.002)	-0.034*** (0.012)
lninfra	—	—	-0.215*** (0.031)	0.019 (0.019)
medical	—	—	-0.00008 (0.0005)	0.005** (0.002)
lnlabor	—	—	0.024*** (0.001)	0.015 (0.029)
省份固定效应	YES	YES	NO	YES

续表

变量	（1）	（2）	（3）	（4）
年份固定效应	YES	YES	NO	YES
Pseudo R^2	0.055	0.079	0.056	0.076
样本量	157 913	157 913	157 913	157 913

注：***p<0.01，**p<0.05，*p<0.1，括号中数据为稳健标准误，所有模型均包含省份固定效应和时间固定效应。下同。

3. 稳健性检验分析

表2-12的基准回归结果为我们认识多中心空间结构和农业转移人口就业之间的关系提供了初步证明，但还需要稳健性检验。本文将从三个方面对基准回归结果是否稳健进行检验，具体包括替换被解释变量、替换回归模型以及寻找工具变量等方式。第一，替换解释变量。利用1减首位度作为多中心空间结构指数的替代指标进行回归估计，其中，首位度是用省内GDP排名第一位的首位城市的GDP与全省GDP的比值进行测度。回归结果如表2-12列（1）所示，多中心空间结构指数的回归系数依旧在5%的水平上显著为负，与基准回归结果相一致，说明替换被解释变量并不会对基准回归结果产生影响，结果稳健。第二，替换回归模型。由于农业转移人口就业的概率分布函数中的连接函数可能并不是标准正态的累积分布函数，而是逻辑分布的累积分布函数。此时若选择Probit模型则会导致回归结果偏误。因此，本文进一步选择Logit模型进行稳健性检验。回归结果如表2-12列（2）所示，我们发现即便是更换回归模型，多中心空间结构的回归系数依旧显著为负，进一步证明了基准回归结果的稳健性。第三，多中心空间结构与农业转移人口就业之间可能存在较强的内生性问题，从而造成估计系数非一致且有偏。其原因在于，一方面，随着农业转移人口不断地涌入城市，实现非农就业，城市内部中心人口规模扩大，进而形成多中心空间结构，即可能存在潜在的反向因果关系；另一方面，影响农业转移人口就业的因素很多，尽管我们努力增加控制变量，

但仍然可能存在遗漏变量的问题。因此，本文试图寻找合适的工具变量以排除内生性造成的估计系数偏误问题。

自然条件是影响区域空间形态的重要因素，其中邻近水源是影响人口分布的重要自然因素（Bosker & Buringh，2010）。因此，在研究多中心空间结构时，我们选择河流密度作为工具变量，以控制自然因素对区域空间形态的影响。考虑到研究样本是混合截面数据，需要选择一个随时间变化的外生变量来控制时间因素。鉴于已有文献表明，当人民币贬值时，出口会增加，从而扩大生产规模（Tang and Zhang，2012）。在这个过程中，大城市凭借集聚经济和向心力可以迅速汇聚大量生产要素，从而经济体量扩张速度高于中小城市，这也导致区域空间形态发生改变（李威等，2017）。因此，本文使用河流密度与汇率的比值作为多中心空间结构的工具变量。具体的回归结果如表2-12列（3）所示，多中心空间结构的估计系数依旧显著为负，表明模型存在的内生性问题并没有对多中心空间结构与农业转移人口就业之间存在的负相关关系造成实质性影响。

表2-12 稳健性检验

变量	（1）	（2）	（3）
polycentric	−0.040**	−0.039**	−0.171***
	（0.017）	（0.018）	（0.054）
控制变量	已控制	已控制	已控制
省份固定效应	YES	YES	YES
年份固定效应	YES	YES	YES
Pseudo R^2	0.079	0.080	—
F 检验	—	—	0.000
Wald 检验			0.002
样本量	157 913	157 913	157 913

注：列（1）和列（2）报告的是解释变量的边际效应；由于在ivprobit命令下，Stata无法直接报告估计变量对被解释变量的边际效应，故列（3）汇报的是ivprobit极大似然估计的估计系数。

4.异质性检验分析

本文将从以下三个方面进行异质性检验,具体回归结果如表2-13所示。

表2-13 异质性检验

变量	(1)小于等于12	(2)大于12	(3)东部地区	(4)中西部地区	(5)大城市	(6)中小城市
polycentric	−0.035* (0.020)	−0.075 (0.048)	0.239** (0.121)	−0.089*** (0.027)	−0.025 (0.023)	−0.051* (0.030)
控制变量	已控制	已控制	已控制	已控制	已控制	已控制
省份固定效应	YES	YES	YES	YES	YES	YES
年份固定效应	YES	YES	YES	YES	YES	YES
Pseudo R^2	0.073	0.080	0.074	0.074	0.078	0.090
样本量	139 449	18 464	70 310	87 603	100 190	57 723

第一,基于不同受教育年限的异质性检验。前文的回归结果是将不同受教育年限的样本放在一起进行回归,得到的是多中心空间结构对所有农业转移人口就业影响的一个平均效应,并没有考虑不同受教育年限的异质性效应。然而,多中心空间结构对不同受教育年限的农业转移人口就业的影响可能并不相同。因此,参照陆铭等(2012)年的做法,我们将全部劳动力人口按照个人受教育年限,分为受教育年限小于等于12年和大于12年两组,分别进行回归,以考察多中心空间结构对农业转移人口就业影响的异质性。回归结果如表2-13的列(1)和列(2)所示,我们发现对于受教育年限小于等于12年的农业转移人口而言,空间结构的多中心化水平的上升会显著降低其就业的概率。但是,对于受教育年限大于12年的农业转移人口而言,多中心空间结构对其就业的影响并不显著。这从侧面证实了较长的受教育年限对于农业转移人口就业具有促进作用。

第二,基于不同地区的异质性检验。由于中国地区经济活动集聚水平的不同,空间结构也呈现了显著的地区差异,不同地区的经济空间结构对农业转移人口就业的影响也可能是不同的。因此本文将样本划分为东部地区和中西部地区，以检验不同区域的多中心空间结构对农业转移人口就业影响是否存在空间异质性。回归结果如表2-13的列（3）和列（4）所示，我们发现对于东部地区的农业转移人口而言，多中心空间结构对于其就业具有显著的正向影响；然而，对于中西部地区的农业转移人口而言，多中心空间结构对于其就业却存在显著的负向影响。其背后的原因是，改革开放以来，中国经济活动空间格局在市场机制和全球化力量的共同影响下发生了显著变化，由于区域发展具有路径依赖特性，中国经济活动的空间分布渐进塑造形成一个以东部地区为导向的核心—边缘结构。同时，东部地区因区位、制度等多重优势而吸引大量外资企业入驻，进一步强化其区域内经济活动集聚水平，从而奠定了经济活动高度集聚于东部地区的基本格局。在传统的单中心空间结构下，东部地区经济活动快速集聚，超过了城市治理水平的提升速度，导致部分城市生产要素集聚出现"拥挤效应"，具体表现为劳动力市场上供给大于需求，造成劳动者就业竞争激烈。而农业转移人口由于人力资本禀赋不足，本就在劳动力市场上处于弱势地位，这种激烈的竞争必然会增加其就业的难度。此时，多中心空间结构能够有效缓解由于经济活动过度集聚导致的"拥挤效应"，从而促进农业转移人口就业。

第三，基于不同城市规模的异质性检验。多中心空间结构对农业转移人口就业的影响不仅存在区域差异，还有可能存在城市规模差异。因此，在本文中，我们将样本按照城市经济规模的大小划分为大城市和中小城市两组，并对两组进行分别的检验。为了确定大城市和中小城市的划分标准，我们将各省份的城市按照其经济规模的大小排名，并将位列前三位的定义为大城市，其余的定义为中小城市（陈旭和邱斌，2021）。回归结果如表2-13的列（5）和列（6）所示。我们发现，大城市多中心空间结构的回归系数为负，但没有通过显著性检验；中小城市多中心空间结构的回归系数没有发生变化，仍然显著为负。这表明多中心空间结构对农业转移人口就业的影响存在城市规模异质性。对该回归结果的解释是，大城市作为人们生产生活的核心区域，汇集的生产要素和各类经济活动规模庞大。若区域的多中心化水平较低，"一城独大"的空间格局容易导致中心城市生产要素和经济活动的集聚水平过高，超过城市承载力，随之出现市场拥挤和集聚不经济现象。而多中心空间结构的形成能够适当地把生产要素和经济活动在空间上分散均衡化，从而缓解大城市的拥挤效应并提升要素配置效率。然而，就城市发展现状而言，目前中国大城市尚未达到最优规模，部分大城市面临拥挤效应主要是因为城市基础设施建设落后，无法适应生产要素的快速流入（王俊和李佐，2014）。对中小城市而言，其尚且处在集聚经济发展阶段，经济活动持续集聚于区域中心城市能够更好地发挥其辐射带动效应，促进区域整体经济发展水平的提高，进而带来工作岗位的扩容和农业转移人口就业水平的提高。此时，若盲目地推动区域多中心空间结构的形成，将会导致区域内经济格局过于分散和均衡，城市之间缺乏合作联系的层次结构，难以形成聚合效应，进而抑制其经济发展。同样地，其农业转移人口的就业会因为集聚经济的不足而受到不利影响。

（五）机制检验分析

上述实证研究表明，多中心空间结构对农业转移人口就业存在负向影响，本部分将进一步识别和验证多中心空间结构在降低农业转移人口就业概率过程中的潜在影响机制。具体而言，结合前文的理论分析，我们将从专业化集聚和多样化集聚两方面切入，以检验该影响机制是否适用于中国的发展现状。本文参考 Duranton and Puga（2001）、张萃（2018）的研究，对于专业化集聚（Spe）和多样化集聚（Div）的测度方法如下。

$$Spe = 1/\max_{m}(C_{jmt}/C_{jt}) \quad (3)$$

$$Div = 1 / \left[1 - \sum_{m} \left(\frac{C_{jmt}}{C_{jt}} \right)^2 \right] \quad (4)$$

其中，C_{jmt} 表示 t 时期行业 m 在省份 j 的总就业人数，C_{jt} 表示 t 时期省份 j 所有行业 m 加总的总就业人数。

具体的回归结果如表 2-14 所示。在明确多中心空间结构对农业转移人口就业具有负面影响的基础上，进一步将多中心空间结构对产业专业化集聚和多样化集聚进行回归，我们发现专业化集聚和多样化集聚的估计系数均显著为负，表明多中心空间结构降低了行业内以及行业间企业在地理空间上的集聚水平，不利于集聚经济效应的溢出。而关于产业集聚的就业促进效应被众多研究所证实，Henderson（1986）认为产业聚集有利于促进经济增长，进而带动就业量的增加。Dauth（2013）利用德国数据开展研究，发现产业集聚引发的 MAR 外部性和 Jacobs 外部性能够显著促进就业的增加，并且具有明显的行业异质性。庄德林等（2017）研究发现生产性服务业集聚对区域内制造业就业和生产性服务业就业均具有促进作用；而制造业集聚仅能促进区域内制造业就业增长。因此，多中心空间结构通过减弱产业专业化集聚和多样化集聚水平，进而对农业转移人口就业产生不利影响。

表 2-14　影响机制分析

变量	employed	Spe	Div
Polycentric	−0.081*** （0.024）	−0.142** （0.003）	−0.023*** （0.000 7）
Control	YES	YES	YES
省份固定效应	YES	YES	YES
年份固定效应	YES	YES	YES
R^2	0.022	0.991	0.991
样本量	157 913	157 913	157 913

五、基本观点和相关建议

本文基于上述实证分析得出基本结论和相关建议如下。

（一）基本观点

本文使用 2017 年和 2018 年的流动人口动态监测调查数据（CMDS），2018 年和 2019 年的《中国区域经济统计年鉴》数据，从理论和实证两个维度系统考察了多中心空间结构对农业转移人口就业的影响。回归结果如下。

1. 企业的空间分散不利于农业转移人口就业

平均来说，空间结构的多中心化水平每增加 1 个百分点，农业转移人口就业的概率则下降 0.042 个百分点。无论是替换解释变量、替换回归模型还是采用工具变量的估计方法，多中心空间结构和农业转移人口就业之间的负相关关系依旧稳健。

2. 受教育水平的提高可以促进农业转移人口就业

从受教育年限来看，多中心空间结构对于受教育年限小于 12 年的农业转移人口就业存在显著的负向影响，而对于受教育年限大于 12 年的农业转移人口就业的影响并不显著。上述结论表明农业转移人口受教育水平的提高可以增加其就业概率。

3. 东部地区是吸纳农业转移人口就业的主导力量

从地理位置来看，多中心空间结构对于东部地区的农业转移人口就业具有显著的正向影响，然而，对于中西部地区的农业转移人口就业却存在显著的负向影响。这表明东部地区经济活动集聚程度较高，超过了城市承载力。因此，企业的空间分散更有利于农业转移人口就业。

4. 大城市就业机会多，显著促进了农业转移人口就业

从城市规模来看，多中心空间结构对于中小城市的农业转移人口就业存在显著的负向影响，而对于大城市而言，多中心空间结构对农

业转移人口就业的影响并不显著。

（二）相关建议

基于上文的研究结论，我们从促进农业转移人口就业视角为优化中国区域内经济规模分布提出如下政策建议。

1. 增强核心城市对周边地区的就业辐射作用

通过加强区域内中心城市的首位建设，提高其综合实力，进而利用首位城市的发展优势，借助其扩散效应，带动其他城市多层次、梯度化发展，从而形成中心城市明确、城市圈层结构合理的协调发展模式。

2. 因城施策，推动农业转移人口就业

不同地区经济发展水平、要素资源禀赋和人口密度等多方面均存在显著差异，地方政府要充分考虑地区间的差异，选择科学合理的空间发展模式。一方面，针对东部地区和大城市而言，集聚的经济活动和人口密度较高，为了避免集聚不经济现象的发生，可以适当地追求经济活动和人口的均衡分布，但更关键的是要加强城市公共治理能力，提高城市承载力上限。另一方面，针对中西部地区和中小城市而言，由于其经济发展较慢，还处在集聚经济加速阶段，第一要务仍然是推动经济活动和人口的空间聚集，充分发挥集聚带来的正向效应。

3. 增强产业集群发展对农业转移人口的就业促进作用

充分发挥产业专业化集聚和多样化集聚的"就业效应"，地方政府应将区域内资源禀赋优势和现有产业布局同产业发展趋势相结合，重点发展区域内主导产业，积极培育和引进新兴产业，努力打造一批科学化、规范化、合理化的产业园区，促进不同企业间的交流与合作。同时，还要大力推动行业内不同企业间形成专业化分工以及不同行业间形成优势互补和多样化合作关系，充分释放产业集聚蕴含的就业岗位创造效应。

参考文献：

[1] 蔡昉.以农民工市民化推进城镇化[J].经济研究，2013，59（3）：6-8.

[2] 陈柏峰.促进乡村振兴的基层法治框架和维度[J].西北政法大学学报，2022，40（1）：3-17.

[3] 陈恒，李文硕.全球化时代的中心城市转型及其路径[J].中国社会科学，2017，38（12）：72-93+206-207.

[4] 陈进华.中国城市风险化：空间与治理[J].中国社会科学，2017，38（8）：43-60+204-205.

[5] 陈良文，杨开忠.集聚与分散：新经济地理学模型与城市内部空间结构、外部规模经济效应的整合研究[J].经济学（季刊），2008，8（1）：53-70.

[6] 陈明星，陆大道，刘慧.中国城市化与经济发展水平关系的省际格局[J].地理学报，2010，77（12）：1443-1453.

[7] 陈旭，邱斌.多中心空间结构与劳动收入——来自中国工业企业的证据[J].南开经济研究，2021（2）：24-45.

[8] 陈云松，张翼.城镇化的不平等效应与社会融合[J].中国社会科学，2015，36（6）：78-95+206-207.

[9] 池仁勇.区域中小企业创新网络形成、结构属性与功能提升：浙江省实证考察[J].管理世界，2005（10）：102-112.

[10] 代明，张杭，饶小琦.从单中心到多中心：后工业时代城市内部空间结构的发展演变[J].经济地理，2014，34（6）：80-86.

[11] 丁成日.空间结构与城市竞争力[J].地理学报，2004（S1）：85-92.

[12] 段巍，王明，吴福象.中国式城镇化的福利效应评价（2000—2017）——基于量化空间模型的结构估计[J].经济研究，2020，66（5）：166-182.

［13］冯虹，叶迎．完善社会正义原则实现农民工就业待遇公平［J］．管理世界，2009，25（8）：173-175．

［14］高春亮，李善同．迁移动机、人力资本与城市规模：中国新型城镇化模式之争［J］．上海经济研究，2019（11）：120-128．

［15］辜胜阻，朱农．中国城镇化的发展研究［J］．中国社会科学，1993，14（5）：45-58．

［16］谷一桢，郑思齐，曹洋．北京市就业中心的识别：实证方法及应用［J］．城市发展研究，2009，16（9）：118-124．

［17］郭长林．财政政策扩张、异质性企业与中国城镇就业［J］．经济研究，2018，64（5）：88-102．

［18］国务院发展研究中心课题组，刘世锦，陈昌盛，许召元，崔小勇．农民工市民化对扩大内需和经济增长的影响［J］．经济研究，2010，56（6）：4-16+41．

［19］郝福锦，陶莉．基于零工经济的农业转移人口高质量就业评价体系构建［J］．无锡职业技术学院学报，2021（6）：52-55．

［20］胡秋阳．农民工市民化对地方经济的影响——基于浙江CGE模型的模拟分析［J］．管理世界，2012，28（3）：72-80+95．

［21］李爱民，年猛，戴明锋．我国农业转移人口深度市民化研究［J］．中国软科学，2021（8）：67-78．

［22］李慧燕．京津冀城市群新型城镇化与乡村产业振兴耦合协调关系比较研究［J］．生态经济，2022，38（9）：118-124．

［23］李兰冰，高雪莲，黄玖立．"十四五"时期中国新型城镇化发展重大问题展望［J］．管理世界，2022，36（11）：7-22．

［24］李萍，叶亦滢．新型城镇化背景下农业转移人口市民化研究［J］．乡村科技，2021，（22）：11-14．

［25］李威，王珺，陈昊．国际贸易、运输成本与城市规模分布——基于中国省区数据的研究［J］．南方经济，2017（11）：85-102．

[26] 刘宝香. 产城融合视角下我国农业转移人口住房模式研究——基于就业效应作用渠道的分析 [J]. 经济问题探索, 2017 (7): 64-71.

[27] 刘青琳. 新型城镇化进程中云南农业转移人口城镇就业问题研究 [D]. 昆明: 云南财经大学, 2019.

[28] 刘修岩, 李松林, 秦蒙. 城市空间结构与地区经济效率——兼论中国城镇化发展道路的模式选择 [J]. 管理世界, 2017, 33 (1): 51-64.

[29] 刘修岩, 李松林, 秦蒙. 开发时滞、市场不确定性与城市蔓延 [J]. 经济研究, 2016, 62 (8): 159-171+186.

[30] 刘修岩, 秦蒙, 李松林. 城市空间结构与劳动者工资收入 [J]. 世界经济, 2019, 42 (4): 123-148.

[31] 陆大道, 陈明星. 关于"国家新型城镇化规划（2014-2020）"编制大背景的几点认识 [J]. 地理学报, 2015, 82 (2): 179-185.

[32] 陆铭, 高虹, 佐藤宏. 城市规模与包容性就业 [J]. 中国社会科学, 2012 (10): 47-66+206.

[33] 潘丽群, 陈坤贤, 李静. 城市规模工资溢价视角下流动人口工资差异及其影响路径研究 [J]. 经济学动态, 2020 (9): 111-129.

[34] 潘士远, 朱丹丹, 徐恺. 中国城市过大抑或过小？——基于劳动力配置效率的视角 [J]. 经济研究, 2018, 53 (9): 68-82.

[35] 任远. 人的城镇化: 新型城镇化的本质研究 [J]. 复旦学报 (社会科学版), 2014 (4): 134-139.

[36] 沈立, 王海波, 刘笑男. 中国城市崛起与城市经济学新发展——首届中国城市经济学者论坛综述 [J]. 经济研究, 2018, 64 (7): 203-207.

[37] 宋连胜, 金月华. 论新型城镇化的本质内涵 [J]. 山东社会科学, 2016 (4): 47-51. doi:10.14112/j.cnki.37-1053/c.2016.04.010.

[38] 孙婧芳. 城市劳动力市场中户籍歧视的变化：农民工的就业与工资 [J]. 经济研究, 2017, 63 (8): 171-186.

[39] 孙世会. 农业转移人口就业质量及其提升对策 [J]. 理论学刊, 2021 (4): 97-105.

[40] 孙世会. 新型城镇化进程中农业转移人口就业质量提升问题研究 [D]. 北京：中国社会科学院研究生院, 2022.

[41] 孙铁山, 王兰兰, 李国平. 北京都市区人口—就业分布与空间结构演化 [J]. 地理学报, 2012, 79 (6): 829-840.

[42] 孙伟增, 张晓楠, 郑思齐. 空气污染与劳动力的空间流动——基于流动人口就业选址行为的研究 [J]. 经济研究, 2019, 54 (11): 102-117.

[43] 王春光. 农村流动人口的"半城市化"问题研究 [J]. 社会学研究, 2006, 21 (5): 107-122+244.

[44] 王峤, 刘修岩, 李迎成. 空间结构、城市规模与中国城市的创新绩效 [J]. 中国工业经济, 2021 (5): 114-132.

[45] 王俊, 李佐. 拥挤效应、经济增长与最优城市规模 [J]. 中国人口·资源与环境, 2014, 24 (7): 45-51.

[46] 王伟同, 谢佳松, 张玲. 人口迁移的地区代际流动偏好：微观证据与影响机制 [J]. 管理世界, 2019, 35 (7): 89-103+135.

[47] 王玮. 基于GIS支持的北京市就业空间结构研究 [D]. 北京：中国地质大学, 2009.

[48] 王垚, 年猛, 王春华. 产业结构、最优规模与中国城市化路径选择 [J]. 经济学（季刊）, 2017, 16 (2): 441-462.

[49] 魏后凯. 坚持以人为核心推进新型城镇化 [J]. 中国农村经济, 2016 (10): 11-14.

[50] 魏后凯. 怎样理解推进城镇化健康发展是结构调整的重要内容 [J]. 中州建设, 2005 (4): 40

[51] 夏柱智, 贺雪峰. 半工半耕与中国渐进城镇化模式 [J]. 中

国社会科学，2017，38（12）：117-137+207-208.

[52]向丽.就业质量对农业转移人口就近城镇化意愿的影响[J].江苏农业科学，2017（9）：299-303.

[53]许岩，杨竹荣.农业转移人口落户城市的就业质量提升效应研究[J].西部论坛，2022（4）：26-40.

[54]杨满心.当前农村劳动力转移就业现状、问题及对策[J].经济研究导刊，2009（15）：104-105.

[55]杨上广，王春兰.大城市空间结构演变与治理研究——对上海的调查与思考[J].公共管理学报，2008，6（2）：58-65+124-125.

[56]于斌斌，申晨.产业结构、空间结构与城镇化效率[J].统计研究，2020，37（2）：65-79.

[57]张海峰，张家滋，姚先国.我国住房成本的空间演化与劳动力流动决策影响[J].经济地理，2019，39（7）：31-38.

[58]张吉鹏，黄金，王军辉，黄勔.城市落户门槛与劳动力回流[J].经济研究，2020（7）：175-190.

[59]张明斗，毛培榕.新型城镇化的内生机制建设及路径优化研究[J].当代经济管理，2018（6）：69-73.

[60]张卫国，罗超平，李海明.农民工、产业结构与新型城镇化——"中国西部开发研究联合体第10届学术年会"综述[J].经济研究，2015，61（8）：175-179+192.

[61]郑思齐，龙奋杰，王轶军，于璐.就业与居住的空间匹配——基于城市经济学角度的思考[J].城市问题，2007（6）：56-62.

[62]郑思齐，孙聪.城市经济的空间结构：居住、就业及衍生问题[J].南方经济，2011，29（8）：18-31.

[63]郑云.中国农业转移人口市民化研究新进展[J].福建论坛（人文社会科学版），2019（11）：55-63.

[64]庄德林，吴靖，杨羊，晋盛武.生产性服务业与制造业协同集聚能促进就业增长吗[J].贵州财经大学学报，2017（5）：59-68.

［65］Anas, A., Arnott, R., Small, K. A.. Urban Spatial Structure［J］. Journal of Economic Literature, 1998, 36 (3): 1426–1464.

［66］Anas, A., Xiong, K.. Intercity trade and the industrial diversification of cities［J］. Journal of Urban Economics, 2003, 54 (2): 258–276.

［67］Bertinelli, L., Black, D.. Urbanization and growth［J］. Journal of Urban Economics, 2004, 56 (1): 80–96.

［68］Bosker, M., Buringh, E.. City Seeds:Geography and the Origins of the European City System［J］. Journal of Urban Economics, 2010 (98):139–57.

［69］Dauth, W.. Agglomeration and regional employment dynamics［J］. Papers in Regional Science, 2013, 92 (2):419–435.

［70］Duranton, G., Puga, D.. Nursery Cities:Urban Diversity, Process Innovation, and the Life Cycle of Products［J］.The American Economic Review, 2001, 91 (5):1454–1477.

［71］Fujita, M., Thisse, J.. On the Endogeneous formation of secondary employment centers in a city［J］. Journal of Urban Economics, 1997, 41 (3):337–357.

［72］Garcia-Lopez, Muniz, I.. Urban spatial structure, agglomeration economies, and economic growth in Barcelona:An intra-metropolitan perspective［J］. Papers in Regional Science, 2013, 92 (3): 515–534.

［73］Gu C., Wu L., Lan, C.. Progress in research on Chinese urbanization［J］. Frontiers of Architectural Research, 2012 (2).

［74］Henderson J. V.. The Urbanization Process and Economic Growth:The So-What Question［J］. Journal of Economic Growth (Boston, Mass.), 2003, 8 (1): 47–71.

［75］Henderson, J. V.. Efficiency of resource usage and city size［J］. Journal of Urban economics, 1986, 19 (1): 47–70.

[76] Horton, F. E., Reynolds, D. R.. Effects of Urban Spatial Structure on Individual Behavior [J]. Economic Geography, 1971, 47 (1): 36–48.

[77] Johansson, B., Quigley, J. M.. Agglomeration and networks in spatial economies [J]. Papers in Regional Science, 2004, 83 (1): 165–176.

[78] Karayalcin, C., Ulubaşoğlu M.A.. Romes without empires:Urban concentration, political competition, and economic development [J]. European Journal of Political Economy (prepublish), 2020.

[79] Liu, Y., Chen, X. L., Liu, D. Y.. How Does Urban Spatial Structure Affect Economic Growth? Evidence from Landsat Data in China [J]. Journal of Economic Issues, 2020, 54 (3): 798–812.

[80] Long. C., Zhang X. B.. Patterns of China's industrialization:Concentration, specialization, and clustering [J].China Economic Review, 2012, 23 (3): 593–612.

[81] McDonald, J. F.. Econometric studies of urban population density: A survey [J]. Journal of Urban Economics, 1989, 26 (3): 361–385.

[82] Mills, E. S., Becker, C. M., Verma, S. Studies in Indian urban development [M]. Oxford University Press, 1986.

[83] Miquel-Àngel Garcia-López, Ivan Muñiz. Urban spatial structure, agglomeration economies, and economic growth in Barcelona:An intra-metropolitan perspective* [J]. Papers in Regional Science, 2013 (3).

[84] Moomaw, R., Shatter, A. M.. Urbanization and Economic Development:A Bias toward Large Cities? [J]. Journal of Urban Economics, 1996, 40 (1): 13–37.

[85] Phelps, N. A., Ozawa, T..Contrasts in agglomeration:proto-industrial, industrial and post-industrial forms compared [J]. Progress in Human Geography, 2003, 27 (5): 583–604.

[86] Small K. A., Song, S.. Population and Employment Densities: Structure and Change [J]. Journal of Urban Evonomics, 1994.

［87］Tabuchi. T.. Urban Agglomeration and Dispersion:A Synthesis of Alonso and Krugman［J］. Journal of Urban Economics, 1998, 44 (3): 333–351.

［88］Tang, H. W., Zhang, Y. F.. Exchange Rates and the Margins of Trade: Evidence from Chinese Exporters［J］.CESifo Economic Studies, 2012, 58 (4): 671–702.

［89］Tombolini, I., Zambon, I., Ippolito, A., Grigoriadis, S., Serra, P., Salvati, L.. Revisiting "Southern" Sprawl:Urban Growth, Socio-Spatial Structure and the Influence of Local Economic Contexts［J］. Economies, 2015, 3 (4): 237–259.

［90］Zhang, J., He, X., Yuan, X.. Research on the relationship between Urban economic development level and urban spatial structure-A case study of two Chinese cities［J］. Plos One, 2020, 15 (7).

如何有效破解乡村振兴进程中出现的新问题

葛建标　巢小丽[①]

宁海，地处浙江省中部沿海，属宁波市辖县，濒临三门湾和象山港，陆域面积为1 693平方千米、海域面积为235平方千米；域内户籍人口有63.1万、常住人口有70.8万，有18个乡镇（街道）、45个社区和332个行政村，分布有畲、苗、侗、土家等十多个民族；地貌特点为"七山一水二分田"。显然，宁海是一个农业农村人口占比较高、以乡村生产生活形态为主且自然资源禀赋不是太丰富的县域。2019年4月，宁海县开启了艺术振兴乡村的探索。

一、探索动因：乡村建设新发展阶段遇"瓶颈"

在新农村建设"两创、两富、两美"各阶段，宁海表现亮眼，多次入选全国综合实力百强县，数次在全国"两山"发展百强县中排第二。进入新发展阶段，宁海乡村建设遇到发展"瓶颈"。

（一）经济可持续发展后劲不足与村民对高品质生活追求之间的冲突

随着经济社会发展水平的提高，村民群众对乡村美好生活有着高

---

① 葛建标，中共宁海县委党校常务副校长，研究方向：乡村文化与乡村建设。巢小丽，管理学博士，上海城建职业学院教授，研究方向：基层治理创新与乡村振兴。

品质且具体化的期盼和渴求，如更舒适的居住条件、更优美的人居环境、更丰富的精神文化生活、更高水平的医疗教育保障等。这与当时宁海经济可持续发展的后劲不足、村庄环境同质化、公共服务设施落后以及公共服务不完备形成冲突。

（二）村民对村庄事务的参与不足与其作为乡村振兴主体之间的冲突

村民作为乡村建设和乡村振兴的天然主体，本应主动参与乡村建设，创新乡村治理体系，推动乡村有效治理。客观现实却是村民的主体意识和集体意识极为淡薄，"政府干、村民看"是乡村建设中常见现象，即村民对乡村振兴热情不高、对村庄公共事务参与也不活跃，这与村民的乡村振兴主体角色形成冲突。

（三）"千村一面、千户一面"的村庄面貌与本土文化存续之间的冲突

早期乡村在村庄环境、道路硬化、房屋改建等硬件建设上倾向于整齐划一，由此导致村庄面貌"千村一面、千户一面"，村庄外表如出一辙、相差无几。更随着乡村老宅及古旧建筑的拆除，本土文化资源几乎流失殆尽，村庄相应历史印记正慢慢消散。这与乡村振兴对农耕文明传承、文化印记留存的强调形成冲突。

（四）村庄"空心化"趋势与乡村振兴对人才资源需求之间的冲突

乡村振兴是一项全方位、全领域的综合性系统工程，需要一代代人的持续参与、投入和付出。与此相反的是，乡村中的年轻人因求学、就业而迁居于外，走出村庄、不再回来，留下的是妇女、儿童和老人，乡村"空心化、空巢化"现象与趋势日趋严峻。这与乡村振兴对人才资源的庞大需求形成冲突。

二、实践路径：以艺术设计推动乡村振兴

从时间维度来看，宁海艺术振兴乡村探索经历了"试点先行—串点成线—提质扩面—跨越区域"的渐进式、分阶段实践过程，不断探寻、凝聚和传播艺术设计在乡村振兴和共同富裕中的潜藏能量。

（一）外引高校艺术家试点葛家村，激发村民主动参与，唤起乡村振兴主体力量回归

葛家村地处偏僻、村容村貌落后，虽然有着 1 200 多年村史，却因缺乏自然和人文优势被称为无资源、无优势、无特点的"三无村"，且村集体经济薄弱、年收入不到 10 万元。选择葛家村先行试点，想法极为朴素，"如果在这样一个村能试点成功，那么艺术振兴乡村的路子就是对的"。中国人民大学艺术学院教授受邀来到葛家村，在村民们将信将疑的目光中就地取材，用从山上砍来的毛竹、溪里挖来的鹅卵石和沙子在村文化礼堂前做出了一把"椅子"。好奇的村民随后在村庄的古井边成功复制了一把。村民和村干部、高校艺术家的关系就此"破冰"。村民们被逐渐吸引、主动参与到仙绒美术馆、玉兰王院、四君子院等村庄公共空间的打造过程中。至今为止，仅有 1 600 多名村民的葛家村涌现了"乡建艺术家"138 名、工艺队 7 支，他们成为向贵州、四川输出艺术振兴乡村模式的主力队员，并走上了中国人民大学艺术讲堂。

（二）内合县域乡村建设资金项目，进行顶层设计，释放资金资源机制的最大效能

葛家村成功加速了艺术振兴乡村顶层设计的进程。首先，整合县域内不同部门所有涉农项目及资金，如农业农村局的"艺术特色村"、住建局的"美丽宜居示范村"、财政局的"一事一议"等，依照"艺术+"原则，选点扩面、整体规划、确定标准，形成"艺术村—艺术谷—艺术镇—艺术县"分步骤分阶段总体发展路径。此举将县域内不

同部门原来"单打独斗、各自为政"的乡村建设方式变为融合式发展，实现资源要素集约化、涉农资金效能最大化。其次，构建艺术振兴乡村的协调体系和运维机制，由县委统领抓总，住建局、农业农村局、财政局、文旅局等多部门协同，村、镇、县各职能部门互通，焕发出体系机制合力。第三，强化与扩展村校合作，与中国人民大学、东华大学、中国美院、浙江农林大学等十多所高校建立共建友好关系，通过项目建设培养带动宁海"乡建艺术家"成长。

（三）深挖村庄不同历史渊源，留存乡村特色文化，传承具有本土辨识度的文化资源

在公共空间和环境改造上，宁海特别注重对村庄自然环境、山水格局、建筑特点、文化资源等元素的汲取，并在用材上倡导就地取材，尽量让设计效果与村庄风貌相协调、产业形态与特色文化相协调。如葛家村"桂语小镇"，就是以村中原有的 800 亩桂花树为基础而创；"功夫涨坑" IP 形象，源于涨坑村民长期以来有练习小洪拳的传统，并打造出"武林秘境、侠客行"等公共节点；"许家山石头村"是利用其居于山顶的地理特点和山上石屋资源，来实现山、石、天艺术联结，营造出山乡石村的古朴之美。类似的创意和设计有很多，都是对村庄历史文化、非遗文化或民俗文化的挖掘，这使得在乡村建设过程中不但能最大程度保留本土特色文化、传承高辨识度文脉资源，还能实现村庄差异化和个性化发展，减少同质化，让各村庄呈现出"百花齐放、各美其美"态势。

（四）建立艺术振兴乡村人才培训基地，培育乡建人才队伍，提供乡村振兴所需人才资源

乡村振兴涉及经济社会文化生态治理等丰富内容，需要来自不同领域的各级各类丰富且多样化的人才资源，尤其是本土人才资源；乡村振兴阶段性目标能否如期实现，人才资源是关键。在宁海县的 30 多个艺术特色村打造中，随着公共空间和主题节点的创作设计，本土

"乡建艺术家"不断出现、快速成长，村民由"旁观者"变为"参与者、创造者"。然而，如果外来艺术家和驻村团队离开宁海，村民参与乡村建设的激情是否依然？其艺术创作能力是否可持续？在已有外引艺术家、高校团队驻村、擂台选才、名家名匠人才库等着重本土"乡建艺术家"能力培养的政策支持外，专门在县委党校建立艺术振兴乡村人才培训基地，将乡村振兴人才的培养纳入党校主体班次，对县域乡村建设艺术人才开展系统化、专业化、长期化培育，为乡村振兴和共同富裕提供多样化人才。

（五）输出艺术振兴乡村模式，"村民帮（教）村民"，提升路径自信并勾勒跨地共富前景

不局限于县域内乡村发展，宁海积极向县外、市外、省外、海外展示艺术振兴乡村、实现共同富裕的可能性和可行性。艺术振兴乡村模式辐射鄞州、余姚、象山周边区县，附近一批批艺术特色村相继建成。通过东西部协作，组织村民艺术团队赴贵州晴隆、云南南屏，以"村民帮村民、村民教村民"形式，帮助贵州和云南村民艺术改造村寨，使布依族村寨成为远近闻名的"网红村"；与贵州晴隆定汪村、四川普格德育村签订艺术帮扶协议，共享技能、文化与资源，赋能村民携手共同致富。引进"红牡丹"国际书画交流社，建立国际乡建艺术基地，以"五洲绘乡愁、四海恋中华"为主题开展中外文化艺术交流，吸引国外艺术团队参与。这既强化了村民对自身艺术创造能力的自信、对宁海艺术振兴乡村模式的路径自信，也勾勒出全国不同省份携手跨地乡村振兴、实现共同富裕的广阔前景。

三、行动影响：对艺术振兴乡村成效的实证分析

为准确把握艺术振兴乡村探索给宁海乡村建设带来的系列变化与总体影响，2022年8月研究者编制了"宁海县艺术振兴乡村现状与影

响"调查问卷，主要涉及受访者基本信息、对乡村振兴的认知与理解、对艺术振兴乡村的总体态度、对艺术振兴乡村状况和影响的评价、艺术振兴乡村面临困境与成功要素五方面内容。之后，通过问卷星进行网络问卷发放，最终回收有效问卷1 018份。

统计数据表明，1 018位受访者分别来自宁海18个乡镇（街道）125个村（居），样本分布区域全面、广泛；男性占56.3%，女性占43.7%，平均年龄为40岁，最年长的受访者66岁，平均受教育程度为大专，最高学历是硕士，中共党员占62.7%；受访者主要是县域干部、乡镇干部、村（社）干部、村民代表、普通村民（居民）和乡建艺术家六大类人群，其中普通村民占44.5%，乡建艺术家占18.1%。问卷数据及统计结果的信效度极高。

（一）受访者对乡村振兴的理解和认知

44.3%受访者认为乡村振兴的本质是共同富裕，19.9%认为是增加收入，10.3%认为是美化庭院，8%认为是凝聚人心，6.8%认为是激发参与，5.9%认为是培养能力；37.9%受访者认为乡村振兴的最有效路径是产业振兴乡村，28.7%认为是艺术振兴乡村，19.3%认为是党建振兴乡村，10.6%认为是人才振兴乡村，3.5%认为是社会组织振兴乡村。这些理解和认知，是全国各地不同乡村振兴实践和探索的缩影与折射。

（二）受访者对艺术振兴乡村的态度与感受

94.3%受访者对艺术振兴乡村持"欢迎"态度，并普遍认同：实施艺术振兴乡村行动后，宁海的村庄环境更洁净、庭院更具艺术美感（4.57）＞村庄闲置空间和资源被盘活、由"废"变"宝"（4.42）＞村民艺术才华被激活、走向更广阔舞台（4.40）＞村民收入增加、村集体经济壮大（4.37）＞村庄年轻人回流、乡村产业更有活力（4.33）（见表2-15）。这反映出宁海村民明显感受到了艺术振兴乡村探索给村庄带来的影响和变化。

表2-15 受访者对艺术振兴乡村的态度与感受（N=1 018）

项目	均值	众数	最小值	最大值	标准差
对艺术振兴乡村的总体态度	4.55	5	1	5	0.723
村庄环境更洁净、庭院更具美感	4.57	5	1	5	0.695
村民收入增加、村集体经济壮大	4.37	5	1	5	0.800
年轻人回流、村庄产业更具活力	4.33	5	1	5	0.818
闲置空间和资源被盘活、由"废"变"宝"	4.42	5	1	5	0.742
村民艺术才华被激活、走向更广阔舞台	4.40	5	1	5	0.760

（三）受访者对艺术振兴前后乡村面貌及变化的评价

该项是对前一问题的延伸。艺术振兴乡村探索给宁海带来了影响和变化，那么这些影响和变化到底有多大？各变化领域的增长数值与发展趋势又是怎么样的呢？问卷数据显示，宁海艺术振兴乡村行动实施后乡村经济社会环境等总体面貌达到8.26分（满分为10分），比艺术振兴之前（6.06分）提升了2.2分，增幅巨大。此外，艺术振兴乡村还引发了"美化庭院、熏陶审美、激发参与、增加收入、凝聚人心、提升能力、共创共富共享"七领域的明显增长，其中美化庭院（8.20分）排第一，共创共富共享（8.14分）排第二（见表2-16）。

表2-16 艺术振兴实施前后乡村总体面貌及分项变化评价（N=1 018）

项目	均值	众数	最小值	最大值	标准差
艺术振兴乡村之前乡村的总体面貌	6.06	5	1	10	2.110
现在乡村的经济社会环境总体面貌	8.26	10	1	10	2.117
美化庭院	8.20	10	1	10	1.851
熏陶审美	8.08	10	1	10	1.849
激发参与	8.01	10	1	10	1.870
增加收入	7.83	10	1	10	2.097
凝聚人心	8.05	10	1	10	1.886
提升能力	8.05	10	1	10	1.886
共创共富共享	8.14	10	1	10	1.898

（四）艺术振兴乡村所面临困境及关键要素

宁海艺术振兴乡村当下面临"停留在庭院环境改造上，艺术性体现不明显"（19.72分）；"以政府、艺术家为主导，村民参与面及参与度不足"（30.68分）；"缺乏对村民艺术能力培养的专业化系统化体系"（26.59分）；"缺乏与艺术振兴乡村环境改造后相配套的产业"（29.19分）；"政府的政策、制度、资金和宣传等支持力度不够"（12.46分）和"村民对艺术振兴乡村的认知和理解尚不到位"（19.17分）等困境。要乡村振兴实现共同富裕，村民积极主动参与（20.13分）、政府政策和资金支持（18.80分）、与环境改造相匹配的产业带动（18.67分）是关键要素（见表2-17）。

表2-17　宁海艺术振兴乡村所面临困境及关键要素（N=1 018）

所面临困境	分值	排序	成功要素	分值	排序
停留在庭院环境改造上，艺术性体现不明显	19.72	4	外来艺术家的引导	14.58	5
以政府、艺术家为主导，村民参与面和参与度不足	30.68	1	政府政策与资金支持	18.80	2
缺乏对村民艺术能力培养的专业化系统化体系	26.59	3	村民积极主动参与	20.13	1
缺乏与艺术振兴乡村环境改造后相配套的产业	29.19	2	乡建艺术家能力提升	15.81	4
政府的政策、制度、资金和宣传等支持力度不够	12.46	6	与环境改造相匹配的产业带动	18.67	3
村民对艺术振兴乡村的认知和理解尚不到位	19.17	5	专业化市场运营团队的引入	12.02	6

四、总结与思考：中国乡村振兴与共同富裕之路

（一）对宁海县艺术振兴乡村探索的总结

宁海艺术振兴乡村的动因源于其在乡村建设新发展阶段遭遇的四大"瓶颈"，即乡村可持续发展后劲不足与村民更高品质生活追求之间的冲

突、村民村庄公共事务参与不足与其乡村振兴主体之间的冲突、"千村一面"村庄面貌与乡土文化资源存续之间的冲突、村庄"空心化"与乡村振兴的人才资源需求之间的冲突。在此情境下，宁海县在2019年初率先在葛家村开启艺术振兴乡村探索。调研资料表明，葛家村试点的成功破除了宁海县乡村发展的四大"瓶颈"，村庄面貌焕然一新，葛家村由一个衰败偏僻的落后村落变成拥有近50个艺术共享空间、200多个文创产品的活力村庄。2019年12月，葛家村入选2020年度浙江省美丽宜居示范村、获评国家3A级景区。而后，宁海县加快了对艺术振兴乡村的顶层设计、确定标准、全域规划，并辅之以政策、资金、机制等全方位支持，从"试点先行—串点成线—提质扩面—超越区域"不断地推向深入。

三年来，40余个各具亮点、各有特色的艺术特色村在宁海落地并辉映相合，隐隐形成"有历史人文底蕴、初具产业规模的艺术特色县"。宁海艺术振兴乡村模式成为浙江省"乡村振兴十大模式"、浙江省共同富裕典型案例，入选全国"携手奔小康行动案例""全国对外传播十大优秀案例"。与此同时，1 018位来自18个乡镇125个村受访者的数据表明，艺术振兴乡村探索给宁海经济社会生态治理等发展带来了显著变化，其总体面貌由2019年之前的6.06分提升到现在的8.26分；并且"美化庭院、熏陶审美、激发参与、凝聚人心、提升能力、增加收入和共创共富共享"七方面增幅明显，除增加收入7.83分外，其他均超过8分。

（二）宁海县艺术振兴乡村之路的思考与启示

宁海县在对自然禀赋特征、历史文化资源、发展所遇"瓶颈"、乡村振兴目标等综合要素考量下，引入"艺术设计"这一变量，让艺术进入乡村、进入产业、进入公共空间和进入乡村公共文化，为其乡村振兴和共同富裕之路注入全新能量。在实践过程中，更注重将党建引领、人才培育、产业发展、社会组织、基层治理与艺术创设的深度融合，实现"村民主体力量回归、村庄面貌更具美感、邻里关系更为亲密、特色乡土文化存续、村民和村集体增收、基层治理能力提升"等，乡村整体生产生活形态被显著优化，形成宁海县以艺术振兴乡村实现共同富裕的独特样本。

仔细审视，宁海县艺术振兴乡村探索能有如此成效，能得到村民群众的广泛认同、认可与支持，形成全域规模并产生全国影响，主要是其对以下六方面的准确把握：一是政府和村民角色定位的调整。乡村建设中出现"政府干、村民看"现象，多因政府包揽过度、角色定位不准。宁海探索政府将角色调整乡村振兴的"引导者、规划者和支持者"，村民角色则从"旁观者"变成乡村振兴的"参与者、创造者和主导者"。二是以"艺术设计"为切口激发村民参与。从村民最关注的庭院环境和公共空间设计打造入手，快速引起村民参与兴趣。同时，在带领艺术家探寻、发掘村庄的历史人文过往中，村民表现出村庄自豪感和更浓烈的参与热情，让没落村庄"昔日荣光再现"。三是全程以"育人赋能"为主线。村民参与兴趣与热情被激发，但是其能力素养是明显短板。从葛家村到其他艺术村打造，自始至终贯穿着一条清晰主线，即将村民培育和赋能放在首位，让村民在与外来艺术家、高校团队的协作和东西协作等不同创造场景中学习和成长。艺术振兴人才培训基地正是为此而建。四是以"集约高效"为建设原则。乡村振兴历时经年，需要持续大量资金和资源的投入。一方面，整合县域内所有涉农涉文项目的资金资源，以融合发展实现资金资源集约化；另一方面，倡导并崇尚创作中的变废为宝、就地取材，以最少投入呈现出最好效果。五是以合作融通为营造形式。村庄环境和公共空间的成功高效营造需要全体村民合作齐心。在盘点村庄资源和打造公共空间中，极力化解因陈年争端而产生隔阂的村民间的心结，复苏邻里间友善亲密关系。东西部协作亦采用此营造形式，成效明显。六是以增收富裕为本质目标。艺术设计是切口、媒介和手段，其目标指向村民增收、村集体经济增长，并最终实现共同富裕。探索初期宁海在村庄环境设计和公共空间改造中就融入此共识，后期更引入市场化专业运营团队，帮助村庄进行创业技能培训、数字平台搭建及产业开发指导。

财政可持续：突出问题与改进建议

冯俏彬[①]

财政是"庶政之母"，是国家治理的基础和重要支柱。近年来，财政在保障国家重大战略财力需要、维持政权运转、促进经济增长、提供公共服务、加强社会管理等方面成效明显。但与此同时，也存在着财政支出增长过快、税收下降过快、中央转移支付规模过大、地方财政运行困难等问题，需要深化改革、进一步理顺体制机制，创新管理、统筹好发展与安全，保持财政可持续性，夯实国家财政基础。

一、当前财政运行中存在的突出问题

近年来，我国财政运行收支规模增长较快。2023年，以"四本账"（即一般公共预算、政府性基金预算、国有资本经营预算、社会保险基金预算）计算的政府总收入达到41万亿元，总支出达到49万亿元，创下历史新高。

（一）税收收入下降过快，税制功能不健全

一是税收收入占GDP的比重下降过快。税收是政府的主要收入。近年来，我国税收占GDP的比重从2015年的18.53%下降到了2022年的13.8%，这一数值既低于改革开放以来我国的平均水平（15%左

[①] 冯俏彬，国务院发展研究中心宏观经济部副部长。

右），也低于 2021 年世界发达经济体（25.85%）和主要新兴经济体（19.31%）的平均水平，从中长期看不利于财政健康与国家治理。二是调节收入和财富分配的功能较弱，不利于推进共同富裕事业。国际经验表明，个人所得税、房地产税、财产税等直接税是政府实施再分配的主要政策工具。目前我国仅有一个个人所得税，覆盖的人口仅有 4.5 亿，加之多年来出台了不少对资本利得的税收优惠政策，现行税制调节居民收入分配功能很不明显。由于房地产税、遗产税尚未开征，难以调节当前我国不断加大的居民财富分配差距。三是税收优惠政策分散，不利于推进全国统一大市场建设。近年来，各地招商引资竞争非常激烈，存在大量形式各样、或明或暗的财税优惠政策，且多为"一地一策""一企一策"，不仅造成了地方政府之间的过度竞争，也影响了全国范围内税收制度的统一和中性，不利于建设全国统一大市场。

（二）财政支出增长过快，赤字债务水平快速提高

一是刚性支出增加。2022 年，一般公共预算中社会保障与就业支出达到 3.65 万亿元，占一般公共预算支出的 14.1%。随着债务规模扩大，债务付息已成为新的刚性支出，2022 年用于债务付息的支出达 11 358 亿元，占一般公共预算收入的 4.4%。以上两项合计已占到当年一般公共预算支出的 18.5%。二是应急性支出增加。三年疫情期间，各地应对疫情的财政支出增幅明显。极端天气变化增加了应对自然灾害的相关支出。随着经济下行，房地产、城投债、地方中小银行等领域频繁出险，也需要财政为此买单。三是稳增长支出增加。为应对经济下行，近年来财政支出强度明显提升，2023 年一般公共预算财政支出增速为 5.6%，高于 5% 的 GDP 增速。调研中有地方政府反映，目前政府的支出责任已从过去的"大包大揽"转向了"全包全揽"。

由于收入下降、支出增加，财政赤字与债务水平快速提高。2015 年至今，我国以一般公共预算计算的小口径赤字率总体上保持在 3% 以内，2022 年为 2.8%。但如果加上政府性基金收支缺口，则赤字率抬

升到 8.9%。与此同时债务快速累积，2017—2022 年，我国政府法定债务余额年均增速为 15.7%，两倍于同期名义经济增速（7.8%）。专项债增长迅猛，近三年每年新增专项债均在 3.5 万亿元以上。在严控新增隐性债务的情况下，城投平台的债务一再攀高，截止到 2023 年 4 月，各类城投公司的负债为 72.9 亿元，两倍于地方法定债务的规模。

（三）地方财政运行困难，但各地差异较大

基础不牢，地动山摇。改革开放以来，我国多次发生过基层财政困难的情况，目前又到了比较突出的时候。但与 2000 年前后的基层财政困难相比，当前情况有所不同。调研发现，当前地方财政困难的主要表现在三个方面。一是主要是流动性支付困难而不是吃饭困难。这是因为"三保"从上到下都是高压线，在预算安排上得到了各级财政的优先保障。但随着地方财政收入尤其是土地出让收入减少，长期滚存下的债务需要还本付息，进而发生支付困难。二是困难程度与前期项目投资强度、负债程度高度相关。三是分布不均，各地差异较大。总体上看虽然仍然是西部困难程度大于中部、中部大于东部，但实际上每一个省内的情况都各不相同，即使在同一个省，不同市、不同区县的财政运行情况也有天壤之别。四是风险向后传递。由于地方官员普遍有"捂盖子"的想法，尽量将债务"爆雷"的风险向后传递，为此不惜借入高息资金来支付付息，进一步加大了财政收支压力。

（四）中央转移支付规模过大，难以持续

一是转移支付规模越来越大。近年来中央对地方的转移支付规模快速扩大，2023 年达到 10.06 万亿元的历史新高，较 2015 年的 5.6 万亿元增加了接近一倍，占中央财政支出的比重达到 74%。大规模的转移支付有利于促进区域均衡和基本公共服务均等化，但如果超过一定界限，就可能超出中央财政承受能力，埋下风险隐患。二是专项转移支付项目数量回弹、金额占比下降。目前，我国各类转移支付项目共

计 127 多项，其中一般性转移支付 11 项，专项转移支付 116 项。但一般转移支付中，包括了 53 项共同事权转移支付。由于共同事权转移支付均有明确的指定用途，其实质也是专项转移支付，两者相加达到 169 项。2015 年，国务院曾对专项转移支付进行过清理，将专项转移支付数量由 220 个大幅压减到 73 个，现在回升势头明显。从金额上看，一般转移支付（不含共同事权）占全部转移支付的比重仅为 48%，远低于 2015 年国务院设定的 60% 的改革目标。

规模过大的转移支付已在一定程度上降低了国家治理效率。一是中间环节多。中央转移支付从发出到最后到企业或居民手中，最少要经过省、市、县、乡等多个环节，资金的"跑、冒、滴、漏"难以根除。二是在一定程度上抑制了地方积极性。2022 年，地方财政自给率（地方本级一般公共预算收入 / 地方一般公共预算支出）为 48.4%，较 2014 年的高点降低了 10.3 个百分点。一些地方已从原来的"要饭财政"变成了"等饭财政"。三是放大了地方支出需求，形成"中央转移支付越增加—地方支出需求越大—中央转移支付越来越大"的怪圈，加剧了中央财政紧张程度。四是改变了地方财政收支行为。部分地方政府将增加收入的主要希望寄托在争取上级转移支付上，经常"跑部钱进"，增加了不必要的行政成本。

二、成因分析

（一）经济增速下行，政府收入减少

一是税收与 GDP 之间弹性由正转负。2011 年以前，我国税收相对于 GDP 的弹性平均为 1.37，2012—2017 年下降到 0.87，2018—2019 年进一步下降到 0.47，2020—2022 年急剧降至 -0.18。二是国有土地收入出让下降。2022 年以来，全国国有土地出让收入较上年减少了 2 万亿元左右，降幅达到 23.3%，这既影响了地方政府债务的运行状况，也对一般公共预算收支产生冲击。三是持续多年大规模的减税

降费。2016—2022 年，我国累计减税、缓税、退税降费高达 12.9 万亿元，在减轻企业税费负担、保住市场主体的同时，也大幅度减少了财政收入。

（二）过度超前建设各类基础设施，摊子铺得太大

调研发现，当前地方政府债务缠身，主要源于前期过度超前投入各类建设项目所致。这些项目所需的资金，大多通过各类平台公司的市场化融资来提供，形成以"市场化资金提供公共产品"的怪象。这当中，既有地方政府要完成上级任务的原因，也不乏"GDP 出干部"的不当政绩观因素。各地招商引资中的"内卷"加剧，与此也有很大关系。

（三）相关体制机制不顺

一是中央与地方的共同事权太多，政府间财政关系仍然不清楚。二是财政与发改之间的关系没有完全理顺。理论上讲，财政管钱，发改管项目，项目和资金之间存在相互制约、相互支持的关系。现实的情况是，管钱的不管项目，管项目的不管钱，两者之间协调程度还需要加强，去年来出现的"钱等项目"的普遍现象在一定程度上可以说明这个问题。三是部分地方政府财政与国资"两张皮"。调研发现，一些地方财政部门只管法定债务，城投债务归发改管，平台公司的银行借款归银行间交易协会管，相互之间信息和管理脱节。主管部门不清晰、信息隔绝、管理脱节，这是造成隐性债务边清边增、一增再增的体制性成因。

（四）税制改革滞后

从国际税收史看，近现代各国大多经历了由间接税为主转向直接税为主的过程，以呼应现代化进程中政治、经济、社会等方面的深刻变化。近年来，我国经济结构、产业结构、消费结构、收入结构等已

发生重大变化，税基也随之变化，为此十八届三中全会确定我国税制改革的方向是由间接税为主向直接税为主转化。从这个角度看，近年来旨在降低企业负担的减税降费政策方向是十分正确的，但在减掉生产和流通环节税收的同时，对消费、收入这两个国民经济循环后端环节的税改没有跟上，不仅导致税收占比下降过快，而且税收制度出现功能性失调。比如，去年以来消费下行，但政府手中缺乏提振居民消费的合适工具。再比如，近年来我国收入与财富分配差距加大，政府实施再分配缺乏房地产税、遗产税两大工具。

三、工作建议

（一）开源节流，平衡好财政收支关系

一是遏制税收过快下降的势头。结合当前的实际情况，短期内不宜再出台规模性的减税政策，可转向更加精准的结构性减税，重点加强对关键领域、重点行业、特殊人群的支持。稳步推进税制改革，除了优化个人所得税以外，要研究在房地产税、遗产税短期不能出台情况下的替代方案。加强对高收入人群和重点领域的税收征管。结合全国统一大市场建设，清理规范税收优惠政策。二是要加快新形势下的财源建设。与其他国家主要依靠税收这一种收入相比，我国政府掌握着数量更多、范围更大的国有资产、资源。要通过制度创新，以市场力量唤醒这些"沉睡的资产（源）"，如有序推进公益性基础设施的Reits、进一步盘活行政事业单位的资产、加快公共资源交易平台改革等。三是与时俱进调整财政支出结构。随着我国人口老龄化、少子化速度加快，未来社保、卫健等方面的支出需求还将进一步加大，而对于教育，尤其是教育基础设施方面的需求有所下降。要适应这一变化，调整财政支出结构，该花的钱一分不少，不该花的钱一分不给。进一步创新国库和现金管理制度，不让大量资金"趴"在账上，提高财政资金的使用效率。四是量力而行，尽力而为，养老、医保、文化等基

本公共服务的支出标准,要与国家经济形势、财政收入保持动态协调。五是以实施中期预算为抓手,统筹好当前与长远的财政收支关系,保障国家重大战略任务的资金需要。

(二)发挥"两个积极性",持续深化中央地方财政体制改革

进一步优化各级政府事权配置,加快推进养老保险全国统筹。宏观调控的事权与支出责任要由中央承担,必须要地方承担的,中央资金要保障到位。重新划分中央与省一级的收入分配格局,适当提高省级政府财力。为了落实省级政府在推进本区基本公共服务均等化方面的责任,建议将共同事权对应的财力以适当的形式划归省级政府,提高省级政府的调控能力。具体方法有:调整增值税分享比例、将部分消费税转为地方收入、适时推进房地产税试点等。适当收缩当前政府间转移支付规模,逐步建立并扩大直达居民家庭的转移支付机制,切实发挥转移支付制度在收入再分配方面的功能。科学划分转移支付类别,从一般专项转移支付中剔除用于共同事权的转移支付。提高一般性转移支付比例,降低专项转移支付。积极推进省以下财政体制改革,加快建立健全权责配置更为合理、收入划分更加规范、财力分布相对均衡、基层保障更加有力的省以下财政体制。

(三)理顺管理体制,建立健全防止隐性债务边清边增的长效制度

树立正确的政绩观,完善高质量发展的地方考核机制,不唯GDP。明确财政部门是各类政府性负债的主责部门,任何单位发生政府性借款,都要纳入财政部门的统一管理和监督之下。鼓励有条件的基层政府,将国资并入财政部门,以更好地统筹财政资源,盘活国有资产。加快推进地方政府投融资平台市场化转型改革,拔除地方政府不当融资通道,确需保留的融资平台要纳入地方政府部门统一管理。深入推进投融资改革,打破基础设施、市政建设中仅以行政单元进行

建设的倾向，释放出公共产品的规模效应。强化项目与资金的配合程度，以多样化的资金匹配多样化的项目。对于广大中西部地区合理的建设发展资金需求，应主要通过发行国债以及加大政策性、开发性金融支持予以满足。

（四）优化税制结构，增强税收调节收入与财富分配的功能

个税是目前我国调节收入分配主要税种，应努力拓展制度空间，充分用好、甚至在一定程度上替代暂时缺位的房地产税和遗产税，以增强现行税制调节收入和财富分配的功能。重点加强对高收入人群和资本利得的税收征管，有效调节过高收入。借经济合作与发展组织（OECD）推出全球最低税率之机，进一步规范企业所得税优惠政策。用好增值税立法契机，不能仅以比较容易实现的税制平移为目标，而是面向未来，为增值税立好法、立新法。适应数字经济快速发展的需要，加快研究数字经济时代税收制度体系。妥善应对欧盟碳关税对我国的影响，加强双边或多边税收协调。梳理并取消过时的税收优惠政策，促进全国税制统一中性。

第三章

政府高质量治理的重难点与行动建议

创新行政管理制度：2023年机构改革的行政学分析

高小平[①]

2023年3月，第十四届全国人民代表大会第一次会议审议并批准了国务院机构改革方案，标志着改革开放以来第九轮机构改革正式启动。这是中国特色行政管理制度创新的又一次重大探索。

一、行政管理制度创新的本质要求

党的十九届四中全会将中国特色社会主义制度创新的本质要求概括为三句话，"顺应时代潮流、符合发展规律、体现人民愿望"。[1]行政管理制度属于公共管理范畴，是指国家或政府管理的体制、程序和行为的规范，是政府处理公共事务，提供公共产品和服务的规则。[2]行政管理制度创新是中国特色社会主义制度创新的组成部分，是指作为社会上层建筑的行政管理制度按照时代性、规律性和人民性的要求，适应生产力和生产关系的发展需要，"改变一切不适应的管理方式、活动方式和思想方式"[②]，不断调整和完善制度，使之适应经济基础发展，合乎行政管理内在规律，体现人民群众的根本愿望。新时代机构改革是推动上层建筑变革的重要力量，是全面深化经济体制改革和社会治

---

① 高小平，中国行政管理学会学术顾问、研究员。本文系浙江大学中国特色社会主义研究中心重大项目"人类文明新形态论纲"研究的阶段性成果。

② 详见《中国共产党第十一届中央委员会第三次全体会议公报》。

理体系改革的重要推手，也成为行政管理制度创新的重大机遇。

在党的二十大精神的指引下，本轮机构改革方案凸显了中国式现代化政府治理的要求，其中最重要的是凸显了时代性、规律性和人民性。

（一）顺应时代潮流，加快数字政府建设

推进数字治理是加快数字经济和数字社会发展的关键。2023年机构改革顺应数字时代发展潮流，从体制建设入手，努力推动国家加快数字化建设步伐。

机构改革方案甫一公布，社会各界热议组建国家数据局一事，普遍认为这是提升政府履职服务能力，特别是数字治理能力，以政府数字化、智能化转型带动国民经济转型升级而精心谋划的一步"好棋"。国家数据局将承担协调推进数据基础制度建设，统筹数据资源整合共享和开发利用，统筹推进国家数字总体战略、数字经济发展和数字社会规划和建设等职能。虽然这个机构的规格不是国务院组成部门和直属机构，而是由国家发改委管理的国家局，但就事权而言，其组织建构的级别是很高的，是在之前并未设立国家层面的相应司局级管理机构、仅一些地方政府设立机构的情况下，一步到位地在中央政府建立起来的，表明其重要性和必要性是很强的。国家发改委高技术司数字经济相关部门以及中央网信办承担上述职能的相关部门或将成为国家数据局机构的主体，同时将新建若干内设机构。组建国家数据局标志着国家在数据基础制度建设、数据资源整合共享和开发利用方面得到进一步强化。

事实上，加快数字政府建设的举措并非仅是在机构改革中建立一个新机构，而是在系统化地推进。这一点只要研究一下在2023年两会前，中央在很短时间内密集出台了多份重要文件，为数字化发展提供政策红利，便可清楚地看到。这些都可以认为是我国正式迈入数字时代的"标志"。

（二）探索政府改革规律，建设现代公共治理体系

行政管理制度创新是受到外部环境影响特别是经济体制改革不断深入所形成的对政府诉求的产物，同时又是按照自身规律、受自主性约束的结果。

中国行政管理制度创新是一个建设现代公共治理体系的过程。"职责明确、依法行政"的政府治理体系是制度创新的目标①。这次改革在2018年机构改革和近年来简政放权、放管结合、优化服务改革的基础上，进一步优化政府机构设置和职能配置，加强那些该加强的和亟需加强的机构、职能，弱化那些不合时宜的职责。例如，在一些领域长期存在着分业监管、多头管理的情况，监管重叠与监管真空并存，监管标准不够统一，监管手段不够有力，难以形成监管合力。这次改革针对这些问题，抓住其中的主要矛盾，按照职能定位与职能转变相结合的思路，坚持"同一件事由一个部门负责"的原则，科学界定政府职能范围，理顺部门职责分工。在2018年机构改革中已经实现的"银监会"和"保监会"机构整合形成的"银保监会"基础上，新组建国家金融监督管理总局，并将央行的部分职责和证监会的部分职责划入该总局。这样建立的"金监总局"就是"大金融"，实现了在行政系统中统一监管所有涉及金融事务的综合化体制创新。

（三）坚持以人民为中心，加强公共服务体系建设

随着新时代社会主要矛盾的转化，人民群众对政府公共服务提出了更高的要求。提高公共服务的总体水平，增强公共服务均衡性和可及性，不断增强人民群众的获得感、幸福感、安全感，成为行政管理制度创新的重大命题。

安全是最大的公共产品。[3]统筹发展和安全需要政府建立高质量

---

① 详见《中国共产党第十九届中央委员会第三次全体会议公报》。

发展与高水平安全高度协同的体系。这次机构改革通过落实总体国家安全观和党政互嵌办事机构的体制得以推进。[4]在党的系统下设立金融、科技委员会，作为决策议事协调机构，有利于加强党的领导，增强抵御金融风险的能力和科技强国的能力。在社会领域推进治理体系和治理能力改善，释放社会活力，防范社会风险。

加强公共服务体制保障，需要落实在机构设置上。这次改革针对乡村发展滞后、知识产权保护不力、社会老龄化加速等现实情况，在机构和职能方面突出了强机制、补短板，以增强公共服务能力。例如，为优化和强化政府对农业农村行政管理的权限，撤销原作为国务院直属机构的国家乡村振兴局，将该局大部分职责并入农业农村部，保留国家乡村振兴局牌子，加挂在农业农村部，该部门从整体上都要履行国家乡村振兴局的职责，这将实现1+1＞2的职能叠加优势。为加强知识产权管理，对知识产权体制作出了直接升格的制度安排，将国家知识产权局由国家市场监督管理总局管理的国家局调整为国务院直属机构。为推动全面应对人口老龄化国家战略的实施，对老龄工作管理体制进行改革，将以往较多的从卫生健康等专业角度进行的管理改为从综合角度进行统一管理，将原属于卫生健康委员会行使的一些与人口老龄化有关的职能转到民政部，将议事协调机构性质的全国老龄工作委员会相应转入民政部代管，这将起到强化部门带动的作用，进一步加强老龄工作。国家信访局从国务院办公厅管理的国家局升格为国务院直属机构，对于更好地为人民履行好信访工作职责，征集和用好人民的意见和建议，具有一定的创新价值。

二、行政管理职能体系和组织制度的创新

古人说：行法修制，先民服也（《管子·法法》）。政府职能和公共组织是国家行政管理的承载体，是历次"修制"都要触及的基本面。通过机构改革为职能转变和职责优化工作提速，是改革开放以来行政

管理制度变迁的一个鲜明特征，也是这次机构改革的一大重点，对于增强政府执行力、公信力具有重要意义。

（一）以机构改革为契机深化"放管服"改革

我国行政管理体制改革已取得很大成就，一个突出标志是政府职能发生了深刻转变。政府对微观经济的干预减少，以间接管理手段为主的宏观调控体系基本建成，市场体系和秩序不断规范，政府充分发挥对市场的培育、规范和监管功能，越来越重视履行公共服务和社会服务职能。政府行政审批管理模式向政务服务模式转型，审批事项数量大幅裁减，审批效率有很大提高。涉外经济管理与传统行政审批制度告别，实行负面清单制，基本与国际惯例接轨。政府决策民主化科学化水平提升，服务经济和社会发展的能力明显改善。

经济基础对上层建筑的要求是一个动态、渐进发力的过程，上层建筑领域创新不可能毕其功于几次机构改革。现行行政管理在组织结构、关键职能方面与新时代中国特色社会主义事业发展的新要求还不完全适应，与推进国家治理体系和治理能力现代化的目标要求还不完全适应，行政工作中存在的形式主义、官僚主义、不作为和低效能等问题大多与体制有关，尤其是与政府职能转变不到位有关，[5]严重制约着中国特色社会主义制度优越性的充分发挥。当前，"放管服"改革与机构改革成为深入推进政府职能转变的聚合点，成为检验前一段政府改革成效和提高机构改革自觉性的连接点，也成为下一步深化行政体制改革的新起点。

（二）将职能创新与组织重构有机结合起来加快转变职能

职能是一种能量，不能离开具体物质载体而存在，政府职能只有在一定的组织机构中才能得到行使，这就需要在职能配置的同时，进行机构设置。从我国改革的历程来看，组织机构的改革与职能的转变呈现出明显的正相关状态，但在不同的阶段改革的方式有所不同——

早期改革（1982—1998年），国务院机构数，尤其是部委数有一个快速下降的过程，通过机构精简、人员裁撤引发职能转移，[6]让政府"瘦身"；中期改革（1998—2012年）是机构和职能同步改革，让政府改变原来的工作内容；近年来（2012—2023年）则是职能转变先行，机构精简跟上。改革的趋势是政府职能定位越准，为市场经济服务得就越好，市场决定性作用就发挥得越好，政府部门机构的效能和声誉也就越高；反之，机构设置科学化程度越低，则成为改革对象的概率就越高。政府职能转变越是深入，机构设置就越是趋于合理。职能转变路径越是宽阔，从依赖机构改革到立足职能转变本身、职能范围从全能政府到有限政府、职能重心从政治职能到经济职能和社会职能、职能履行方式从管制型政府到监管型政府和服务型政府等实践，[7]机构改革成效也就越大。

新时代背景下，政府职能转变与政府机构改革的"双引擎"作用，以平时的改革持续释放市场和社会活力，与进行机构改革集中释放制度创新能量相结合，成为行政管理职能与组织创新的主要路径。

（三）采取多重有效方式持续扎实推进政府职能转变

本轮机构改革中继续坚持职能和机构同步推行的策略，在多年积累的改革经验基础上进一步明确政府部门的职能定位，删除不合理的旧职能，加强社会有需求的新职能。主要采取四种方式推进职能转变。

一是建设"大部制"。实践经验表明，大部制改革有利于转变政府职能。这次改革中把应对老龄化的国家职能纳入民政部，全国老龄工作委员会办公室由设在卫健委改为民政部，其职责作了较大的拓宽。新组建的"金监总局"也是"大金融"的部门，实现在行政系统中统一监管所有涉及金融事务的综合化体制创新。

二是理顺职责关系。这次改革中对多头管理的职责进行了分解。如以往科技部和其他职能部门都有科技管理权，而且科技部既有协调统筹的宏观管理权，又参与到具体科研项目评审和管理中，"既做裁判员又做运动员"。这次改革将科技部和其他部门交叉的权力做了分离归位,对科技部的具体项目管理权做了调整,以便该部集中职能资源推进科技战略和体制改革落地,让决策和施政更加顺畅,更好地为企业和科研人员"松绑"、服务,为科技创新营造优质环境。

三是推进"政事分开"。这次改革中将有关部门所属的技术机构做了优化调整,对基本不承担行政职能的事业单位从行政部门直接管理改为由国务院所属事业单位进行管理。这样做有利于深化事业单位改革,营造"专业人做专业事"的管理文化氛围,也反过来促进了政府部门转变职能。

四是以职能法治化促职能转变。如果说市场经济一定是法治经济,那么人民政府一定是法治政府。法治政府是职能转变的深层动因。党的二十大报告指出:"法治政府建设是全面依法治国的重点任务和主体工程。"这次机构改革对优化政府职责体系和组织结构,推进机构、职能、权限、程序、责任的法定化,作出了全面部署,是一次全方位的政府法治化洗礼,必将对政府职能转变形成"力的平行四边形"的合力效应,加速转变职能进程。

三、行政管理机制体系和运行制度的创新

行政管理制度创新涉及组织形式、管理方法、管理流程和协调沟通等方面的行政流程再造,仅靠组织结构变化是不够的,还要有运行机制方面的制度创新,才能使行政组织机构和职能设置得到落实。机构改革方案中将"体制"和"机制"放在一起考虑,提出深化机构改革要实现"体制机制上更加完善、在运行管理上更加高效"的要求。行政管理运行体系和机制创新是通过具体领域中各要素的机理性特征和要素之间的关系进行调整实现的。这次机构改革在行政管理机制和运行管理方面的创新有三个突出特点。

（一）重视在机构改革中各方面的统筹管理机制建设

统筹是指在工作谋划和部署工作、衔接沟通和协调等方面的通盘考虑，对错综复杂、种类繁多的工作进行科学合理安排。机构改革是一个复杂的系统工程，不仅在顶层设计中必须进行全面统筹，而且在具体改革细节中也要充分做好统筹。在改革方案中对这次改革涉及的部门都提出了"统筹"的要求。例如，对科学技术部提出要强化资源统筹的职能；对新组建的国家金融监督管理总局提出要统筹负责金融消费者权益保护、加强风险管理和防范处置、依法查处违法违规行为；对中国人民银行提出要统筹推进分支机构改革；对新组建的国家数据局提出要统筹数据资源整合共享和开发利用，统筹推进数字中国、数字经济、数字社会建设；对农业农村部提出要统筹抓好"三农"的各项工作，加快建设农业强国。

"统筹法"作为一门新兴的应用科学，是我国著名数学家华罗庚将这一思想引入中国，并带领他的团队进行了开拓性的创新研究，得到了周恩来总理的高度肯定。[8]改革开放以来，我国进一步重视统筹兼顾的思想原则和管理方法。在党和国家很多重要文件中提到"统筹兼顾"或"统筹"。与作为一门学科的"统筹法"或"统筹学"有所不同，从党的理论拓展层面而言这些概念是有所创新的。在这次机构改革中提出的统筹，应当视为一种创新探索，即作为一种制度安排，强调在机构改革中要将各有关方面的统筹机制一并建设，而不是孤立地进行机构的撤建，也不是仅对部门内部的运行机制提出要求。进一步说，统筹机构和机制建设是对机构改革认识的深化，是对行政管理制度研究的又一创新。

（二）在整体性治理框架中发挥协同作用

整体性治理是现代政府范式的革命，是信息化时代一个充满希望的发展方向。但目前我国仍然处于工业化中后期和信息化前期，全面实行整体性治理的条件尚不成熟。在现实中，我国推行整体性治理的重点应放在辩证处理好整体性与专业化的互相依存关系上，以使其作为一种治理方法和政策工具发挥作用。探索在行政管理机制的层面进行整体性建构，就是一个找到整体性治理与专业化管理之间契合点的有益尝试。

协同治理机制在整体性治理中居于宏观与微观的结合部，是整体性治理的实现方式。这一轮改革通过新组建中央金融委员会、中央金融工作委员会、中央科技委员会、中央社会工作部、中央港澳工作办公室，增强这些领域的协同性，有利于进一步加强党的集中统一领导。在行政领域深化大部制改革，整合分散在不同部门的相同职责或相似职责，对交叉设置职能的进行部门重置，等等，都有利于加大协同化程度。从改革要求和目标看，也都属于体制和机制同步创新的范例。

（三）强化地方首创与正式制度的联系

这次机构改革方案明确提出"统筹中央和地方"的要求。深化机构改革是全面深化改革的战略性安排，是从中央到地方有先有后、整体推进的系统工程，这就需要在改革方案制定中坚持在地方首创的成功经验与设立正式制度之间建立一种联系，自觉地吸收地方的探索性做法。我国有着深厚的尊重实践、尊重首创的传统，从地方实践中来是基本的工作方法。从1980年浙江温州市民章华妹在当地工商行政管理所拿到证号为"01号"的全国第一份个体工商业营业执照，[9]到现在拥有亿万市场主体的社会主义市场经济，从地方政府探索的地方政府数据局，到这次改革中组建的国家数据局，都是由这种机制化的联系创造出来的改革成果。

在机构改革中加强领导统一部署，做到全国一盘棋，与充分考虑各地实际情况和困难，给地方改革留下较大回旋余地和发挥空间的有机结合，不仅有利于更好地调动和发挥中央和地方两个积极性，而且对于建立更有韧性的治理体系和提升治理能力大有裨益。

四、行政管理保障体系和赋能制度的创新

如果将制度的总和理解为一个系统的话，在制度的"大家庭"中有些制度的功能主要是保障其他制度的安全、高效、稳定工作，如服务性制度、运维性制度等，这类制度是为结构性制度、运行性制度而存在的。在现代治理体系中，这类保障性制度同时具有很强的赋能作用——赋予相关主体和制度积极实现其功能的权力。随着数字赋能的发展，这一类制度迅速成长，与结构性制度、运行性制度合而呈三足鼎立之态。如果说行政管理中的结构性制度大多由政治因素决定，运行性制度大多由管理因素决定，那么，赋能性制度则主要由服务因素决定。

随着服务型政党、服务型政府建设的逐步深入，制度体系中的赋能属性越来越强盛。这次机构改革顺应时代要求，在这方面推出多项举措，发挥制度赋能的作用。

（一）建立中央社会工作部和国家数据局是制度赋能型创新

这次改革中做出组建中央社会工作部、国家数据局的决策，意在打造推动社会发展的政治与技术"双管齐下"。社会工作部从"党群口"加大综合性社会服务的统筹力度，数据局则从"数字政府"建设的层面推进跨部门协同治理，这将对整个国民经济和社会发展产生深远影响。

为了推动社会管理向社会治理转型，地方上早在十多年前就开始相继成立社会工作机构，较有力地统筹社会管理、服务和治理方面的事务。这次成立的中央社会工作部提升了统筹的层次，将各地各级社会工作机构按照一个新的任务系统进行整合，推进党建引领基层治理和基层政权建设，解决社会管理职能分散、职责交叉等问题，同时辐射到其他领域的服务之中，促进社会健康发展，维护群众利益，确保民意表达畅通，使人民群众诉求和合法权益得到更好保障，推进基层

社会治理制度的改革创新。

数字化、智能化是行政管理制度创新的动力源泉。[10] 从机构改革方案中可以看出，国家数据局既有促进数字化转型发展的职能，更具有指导和加强政府对数字应用的监管责任。世界各国都把推进信息技术发展作为实现政府监管创新的重要手段，但目前存在监管分散的问题。这次改革将原来由多个部门承担的与数据管理接近的事务划入该局，比如，将中央网信办承担的研究拟订数字中国建设方案、协调推动公共服务和社会治理信息化、协调促进智慧城市建设、协调国家重要信息资源开发利用与共享、推动信息资源跨行业跨部门互联互通等职责，将国家发改委承担的统筹推进数字经济发展、组织实施国家大数据战略、推进数据要素基础制度建设、推进数字基础设施布局建设等职责划入该局。这些改革措施使得这个机构拥有了此前分散在15个部门中的职能，具有了在行政执行方面较为统一的权限，对内可以系统谋划和布局，对外可以促进数据交换和应用，有望解决长期存在、不易破除的"数据分割""重复建设""信息孤岛""数据烟囱""数据安全"等顽疾。这对于探索新型监管方式具有很强的引领性。

（二）提出在改革中用好"资源"、增强系统活力

在制度分析中，一般认为制度结构本身具有帕金森定律的典型特征所导致的"易耗损性"，[11] 每隔一段时间（如五年）进行一次大的机构改革，类似"做外科手术"，割去赘肉、轻装上阵，但过一段时间又会出现耗损，这就需要在它身上注入储存性、积聚性和能动性，以增强改革成果的稳定性。政府运行管理系统的制度创新，就是针对行政管理结构类制度的"易耗损性"所设计的新工艺，有助于克服在阶段性改革结束期间所滋生的"惰政"。

这次改革中有三处提到与资源相关的概念，就与行政运行系统动能、动力设计有关。第一处是"编制资源"，强调优化机构编制资源配置。第二处是"经费使用"，强调深化财政经费分配使用机制改革。第

三处是"专业机构管理",通过调整行政部门下属的专业技术服务机构的隶属关系,优化配置技术资源。这些改革举措,从用好盘活资源的角度,提出了调动机构和人员积极性的新思路,是对制度创新的认知深化。行政资源从广义上讲是政府及部门所属的机构所拥有的实现组织目标的权力、人力、物力、财力、技术、信息等一切要素的总称,狭义上讲主要就是机关所拥有的资金、编制、专业技术力量。以往在有些人的印象中,一谈到资源就想到权力,这与"官本位"思想根深蒂固有关,具有片面性和误导性,导致一些单位只要说到加强某项工作就必须新建一个机构这种路径依赖。公共部门在职能给定的情况下,资源主要来源于工作人员的主动性和积极性,而正确理解和运用资源对于部门全面履行职责,增强资金和技术支撑能力,有着很强的启迪作用。

(三)将机构改革的指导、管理和服务统一起来

在这次机构改革中,在很多方面运用了原则性与灵活性统一的方法。比如,对精减人员编制的问题,就分出三种方式:一是硬性规定。对中央和国家机关提出了人员统一按照5%的比例进行精减的明确要求。二是弹性规定。对地方党政机关人员编制精减工作,规定由各省(自治区、直辖市)党委结合实际研究确定。对中央垂管派出机构、驻外机构,规定不纳入统一精减范围,根据行业和系统实际,盘活用好存量编制资源。三是不做规定。规定对县、乡两级不做精减要求,即不规定要精减。

对贯彻执行机构改革决定,提出了一系列保障和服务的措施。比如,要求各地区各部门提高认识,站在党和国家事业发展全局高度,充分认识党和国家机构改革的重要性和紧迫性,自觉把思想和行动统一到党中央决策部署上来。要求各地区各部门维护党中央决策部署的权威性和严肃性,坚定改革信心和决心,把改革方案转化为自觉的行动。要求加强组织领导,落实工作责任,保障把机构改革任务不折不

扣落到实处。提出对中央和国家机关减下来的编制实行统一收回、再次分配的机制，将这些编制主要用于加强重点领域和重要工作。

我国改革开放以来的历次机构改革，都因其创新引发制度变迁而成为国内外关注的公共议题。本轮改革在党的二十大精神指引下进行，从推进政府职能转变、加强综合统筹协同、促进整体性治理、强化专业化监管、增进技术驱动的部门融合等方面展开一系列制度创新，成为新时代推动上层建筑适应经济基础的重要抓手，成为全面深化经济体制改革和社会治理体系改革的重要推手，也成为行政管理创新的"机会窗口"。

本轮机构改革彰显了现代政府治理的探索性本质，即在新的形势下，探索政府不是依赖财政和货币政策的"强刺激"推动经济发展，而是通过积极推进数字化建设、公共服务、民生保障、金融监管等方面的制度重塑，通过将统筹发展和安全的战略在组织制度、职能制度中做出安排，在确定改革目标和重点中将创建科技创新引领经济社会发展的体制。本轮机构改革也是重点通过对党和政府自身的革命、刀刃向内的改革，走出了一条依靠改革实现"强推动"的路子。

在这样一场探索中，行政管理的职能制度、运行制度、赋能制度将形成系统化的制度创新格局，尤其是加快整体性治理与技术驱动的创新融合，把现代信息技术优势转化为国家治理的新工具，为公共管理和公共服务的精细化、精准化、均衡性、便捷性、可及性等提供强有力的赋能，必将有力推进国家治理体系和治理能力现代化建设。

参考文献：

［1］中共中央关于坚持和完善中国特色社会主义制度推进国家治理体系和治理能力现代化若干重大问题的决定［N］.人民日报，2019-11-06.

［2］陈振明.中国公共管理学40年——创建一个中国特色世界一流的公共管理学科［J］.国家行政学院学报，2018（4）.

［3］宋效峰.习近平新时代中国特色社会主义外交思想探析［J］.社会主义研究，2018（5）.

［4］李瑞昌，唐云.论统筹发展和安全治理的三种面向——基于安全生产领域的分析［J］.广州大学学报（社会科学版），2022（4）.

［5］肖捷.关于国务院机构改革方案的说明——2023年3月7日在第十四届全国人民代表大会第一次会议上［N］.人民日报，2023-03-08.

［6］吕芳.回顾与反思：中国行政体制改革40年［J］.中央社会主义学院学报，2019（5）.

［7］马英娟，李德旺.我国政府职能转变的实践历程与未来方向［J］.浙江学刊，2019（3）.

［8］徐伟宣.华罗庚与优选法统筹法［J］.高等数学研究，2006（6）.

［9］粟世民，章华妹."我见证了改革开放"［J］.中华商标，2018（9）.

［10］高小平.智能行政——行政管理体制改革的巨大动力［J］.信息化建设，2006（7）.

［11］本刊编辑部.治理，就是要彻底摆脱帕金森定律［J］.社会科学，2020（5）.

关注互联网租赁自行车行业困境

王 露[①]

近期中国行政体制改革研究会"实施就业优先战略研究"课题组调研发现,有关部门对"互联网租赁自行车"(俗称"共享单车")税率进行调增,由7%—8%调整为13%,执行新税率将导致该行业年纳税增加近10亿元,并引发历史税率追溯问题,给行业带来较大冲击,此举引起舆论广泛关注和讨论。互联网租赁自行车在全国超过1 000个市区(县)投放2 400万辆,直接提供就业岗位约60万个,间接带动上下游约百万人就业,一线岗位有22%提供给了零就业家庭。疫情冲击下行业处境艰难,裁员压力陡增,宜对调高税率带来的行业冲击进行充分估计。专家建议,应明确历史税率不追溯,维持以往税率,明确行业在"国民经济分类"中的属性定位,加快制定合理税率助其健康发展,积极引导平台企业推出困难群体就业帮扶计划,充分发挥就业"蓄水池"功能,助力社会稳定。

一、税率调增产生的综合影响需充分估计

共享单车行业的民生属性很强,此次政策调整在以下方面产生的影响值得重视。

一是从群众角度看,增加税率可能推高公众出行成本,容易引起

[①] 王露,中国行政体制改革研究会常务副秘书长。

负面舆论。我国共享单车用户群体达 5 亿人规模，是基本民生行业。当前，共享单车是城市交通出行中单价最低的方式，比地面公交和地铁等公共交通更便宜，平均用户骑行一次约支付 0.4 元钱，已经成为人民群众日常生活离不开的"基础民生服务"。考虑到共享单车行业"信息服务成本、硬件研发成本、运维成本、软件维护成本"等较高，调研企业反馈，如果设定 13% 的税率，企业盈亏平衡无望，难免被动转嫁成本给消费者，而老百姓对涨价很敏感，容易引起舆论。2022 年以来，哈啰单车、青桔单车、美团单车因为硬件和运维成本提升被迫进行价格微调，立即引发舆情登上热搜，引起社会广泛讨论。

二是从行业角度看，政策调整使行业可持续发展面临突出压力。共享骑行具有准公共服务属性，服务对象主要是广大中低收入群体，因此一直走低价路线，单均毛利为负，至今行业尚未实现盈亏平衡。本次税率调增预计将给一直亏损的共享单车行业带来 10 亿元/年的现金净流出，使行业健康度降低，出现"萎缩"发展。此外，税率调增容易引发大额"历史补税"压力，给企业正常生产经营带来巨大挑战。

三是从就业角度看，税负提高会导致共享单车企业就业吸纳能力明显下降。近年来，共享单车企业一直积极吸纳就业困难群体就业，共享两轮运营和维修部门从业者有超过 22% 来自零就业家庭，为稳就业提供了助力。但是，疫情给共享单车企业稳岗带来了巨大压力。报道显示，2020 年，哈啰单车裁员近 13%，裁员比例最大部门高达 70%；2022 年，共享单车企业订单和收入大幅下降。2023 年，我国就业面临巨大压力，稳就业是头等大事，如果对共享单车行业实施 13% 的税率，必然导致裁员缩编，波及大量低收入和零就业家庭，不利于"稳就业"和社会稳定。

四是从国际比较看，调增后我国税率属于偏高水平。共享单车是我国数字经济和交通运输新业态的一张亮丽名片，在硬件技术、软件设计、商业模式等各方面，我国都引领世界潮流。但从税负来看，美国无增值税，韩国为 10%，新加坡为 7%（2023 年调为 8%），泰国为 7%，我国如果设置13%的税率，将显著高于国际水平，有可能引发国外潜在开拓市场参考我国设置较高税率，不利于行业"走出去"发展。

二、确定共享单车税负宜考虑多方面因素

调研中有关专家提出，合理确定共享单车税负，应考虑中央最新决策部署、共享单车社会价值、相关行业横向比较等因素。

第一，中央经济工作会议提出要支持平台企业"大显身手"。2022年12月，中央经济工作会提出"支持平台企业在引领发展、创造就业、国际竞争中大显身手"，这一政策基调引起了强烈的社会反响，给平台企业注入了十分积极的未来预期和发展信心。中共中央、国务院印发《扩大内需战略规划纲要（2022—2035年）》，也明确提出"鼓励共享出行、共享住宿、共享旅游等领域产品智能化升级和商业模式创新，完善具有公共服务属性的共享产品相关标准"。当前，贯彻落实中央决策部署，振兴经济是当务之急，调高共享单车行业税率会带来显著的紧缩效应，削弱行业发展动能和后劲。

第二，国家针对性助企纾困政策未能惠及共享单车企业。中央经济工作会议提出"要从制度和法律上把对国企、民企平等对待的要求落下来，从政策和舆论上鼓励支持民营经济和民营企业发展壮大"。交通运输行业是受疫情冲击严重的行业之一，共享单车亦是如此。自2015年运营以来，全行业至今累计亏损约300亿元。在国家助企纾困的政策支持下，出租车（网约车）、公交、地铁等行业都免征2022年度增值税，航空、铁路运输等行业目前也享受暂停预缴增值税的优惠政策。共享单车不仅没有享受到纾困帮扶政策，还要大幅调增税率，其运营困难可想认知。

第三，共享单车对交通领域的减碳目标具有重要价值。党的二十大报告提出"推动交通清洁低碳转型""推进交通运输结构优化调整"。共享单车是城市出行清洁低碳转型的重要支撑，也是调整城市交通出

行结构的重要举措。据统计，共享单车每年行驶约250亿千米，按照替代同等里程小汽车出行测算，每年实现约600万吨碳减排，相当于造林2 800平方千米，有效改善了城市生态质量。有学者提出，共享单车弥补了政府公共交通投入的不足，按照共享骑行日均6 000万人次的出行量测算，若使用财政投入发展同等规模的公共自行车服务，每年需要花费300亿元。从这些角度看，维护共享单车行业的健康发展具有较高社会价值。

第四，共享单车与其他交通类别相比税负也显得过高。共享单车有效解决了城市公共出行"最初1千米"和"最后1千米"问题，是城市公共交通的重要补充，属于准公共服务，与之性质接近的出租车（含网约车）行业税率仅为3%。此外，共享单车在《国民经济行业分类》中被划归为互联网生活服务平台行业，属于"运输服务＋信息服务"的共享经济新业态，而信息技术服务增值税的税率为6%。无论从运输服务的角度，还是信息服务的角度，按传统租赁行业设定13%的税率都过高。

三、推动共享单车企业渡难关、扩就业的相关建议

习近平总书记强调，就业是永恒的课题，牵动着千家万户的生活，任何时候都要抓好。考虑到当前巨大就业压力以及平台企业就业"蓄水池"功能，调研专家有以下建议。

一是应明确历史税率不追溯，助力企业卸下发展包袱，稳定市场主体发展预期，同时稳住存量就业。2022年10月互联网租赁自行车企业按照税务机关要求进行税率调整，应统一明确历史税率不追溯。历史税率追溯带来较大资金压力，不宜让"民生属性强、长期亏损、群众感知强"的行业承担过重的发展包袱。应尊重历史，明确不追溯历史税率，稳定行业发展预期和存量就业。

二是维持以往"信息服务＋租赁服务"综合税率模式，进一步明

确行业在"国民经济分类"中的定位,加快制定行业统一适宜新税率,助其健康发展。从课题组调研反馈来看,多数专家认为,无论是国际横向对比还是与国内类似性质的行业对比,13%的税负都显得较高,会带来显著的紧缩冲击,建议继续保持互联网租赁自行车"信息服务费+有形资产租赁费"征税组合模式,按照原来的7%—8%税率征收增值税。中共中央、国务院印发的《扩大内需战略规划纲要(2022—2035年)》明确了共享经济是一种消费新业态,建议加快明确行业在"国民经济分类"中的定位,并制定合理税率。从行业反馈来看,这对企业渡过难关、稳定就业、提振信心极为关键。

三是引导平台企业推出零就业家庭定向帮扶计划。2023年"稳就业"是头等大事,共享单车等平台企业就业辐射能力强,能广泛吸纳应届毕业生、农民工、再就业人员、高龄难就业群体、零就业家庭特殊群体等。调研了解到,共享单车一线运维人员约22%是零就业家庭特殊群体。针对当前特殊的就业形势压力,建议政府引导平台企业设立零就业家庭定向招聘计划、"大龄下岗职工"等特殊群体专项帮扶计划,充分发挥平台企业就业"蓄水池"功能,为社会稳定助力。

质量管理数字化：现状、问题与对策

安森东[①]

高质量发展是"十四五"乃至今后更长一段时期经济社会发展的主题，创新性、协调性、生态性、开放性、共享性、多维性、持续性、包容性、引领性、人民性是其鲜明的特质。作为市场主体的企业，有的企业已经树立了鲜明的大质量观，并通过质量管理数字化转型促进企业自身实现高质量发展，作为承担国家综合监管职能的市场监管部门，有的地方已经和正在从监管向服务转型，积极推进和服务支撑企业质量管理数字化转型工作，及时总结企业质量管理数字化转型的典型经验，通过典型引路和示范带动，促进企业在更大范围、更深层次推进质量管理数字化转型工作，进而助力企业、产业、区域和国家高质量发展。

一、质量的内涵与大质量观

（一）质量的丰富内涵

从理论研究和国际通用定义看，对质量的定义主要有以下几个不同的角度：一是需求侧。美国质量管理专家约瑟夫·M.朱兰（Joseph M. Juran）从顾客角度出发，认为质量就是产品的适用性，即产品在

[①] 安森东，国家市场监督管理总局发展研究中心质量发展和安全研究部副主任、研究员，管理学博士后、经济学博士后，中国行政体制改革研究会理事，公共经济研究会理事，主要研究领域：市场监管、高质量发展、行政体制改革。

使用时能够满足用户需要的程度。二是供给侧。被誉为"零缺陷之父"美国质量管理大师菲利浦·克劳斯比（Philip Crosby）从生产者角度出发，认为质量等价于全部可测量的满足标准的特性参数，即产品和服务符合规定要求的程度。三是大质量与供需两侧。日本著名质量管理专家石川馨（Ishikawa Kaori）认为质量不仅指产品质量，广义上还指工作质量、服务质量、信息质量、过程质量、部门质量、人员（包括工人、工程师、经理和行政主管）质量、系统质量、公司质量、目标质量等，既要达到规格要求，也要满足顾客需要。四是国际通用定义。等同采用国际标准 ISO 9000：2015 的国家标准 GB/T 19000-2016《质量管理体系基础和术语》认为，产品和服务的质量不仅包括其预期的功能和性能，而且还涉及顾客对其价值和受益的感知；组织的产品和服务质量取决于满足顾客的能力，以及对相关方的有意和无意的影响。质量是一组固有特性满足要求的程度。

（二）树立大质量观

1. "大质量"的内涵

一是质量范畴的拓展性。包括企业运行过程（全生命周期）和运行结果（产品、工程和服务）微观层面质量，经济、文化、社会等宏观层面运行质量，以及生态保护质量。二是管理跨度的渗延性。质量管理已渗透到组织所有部门、过程和员工，同时延伸到组织上下游和相关方。三是结果和过程的统一性。研究质量形成过程就要研究产品、工程、服务实现全过程，组织内部不同部门、人员之间协作全过程，以及组织外部与其他组织、人员合作全过程。四是管理思想的系统性。"大质量"强调整体最优，重视系统运筹、整体策划、无缝对接、重点突出。五是特性结合的有机性。"大质量"既包括产品固有特性，也包括环境赋予特性，质量满足需求的程度取决于二者有机结合的完美程度。

2. "大质量"的内容

一是质量人才现代化。现代化的质量人才应该具有系统前瞻的理论思维、宏阔包容的视野胸怀、复合融合的能力结构、勤勉敬业的担当作为等。二是质量标准多元化。标准持久强大的生命力在于其开放性、科学性、发展性，质量标准要坚持统一性、规范性、动态性和多元性相统一。三是质量范围泛在化。质量范围包括经济、文化、社会、生态等各个领域，以及保障质量发展的政策、制度、科技、管理等环境条件。四是质量内容丰富化。既包括作为生产结果的产品、工程和服务，也包括作为过程的规划、设计、生产、售后服务，还包括作为要素的理念、政策、制度、科技、管理、流程、文化等。五是质量手段高级化。将现代科技和管理理念运用、融入质量管理全时空中，形成具有先进性、前瞻性的体系化质量手段，内化为拉升质量高线、守牢质量底线、拓展质量天际线的内生动力和强大合力。

3. "大质量"的特性

一是渗透性。质量渗透到各行业、各区域、各领域，以及产品和服务的全生命周期。二是贯通性。质量贯通过去、现在和未来，具有永恒性，是一个永恒主题。三是发展性。质量的标准、需求随时代的发展进步而不断发展变化。四是适应性。质量的发展要适应现实消费需求和消费能力。

二、质量管理数字化转型的主要做法

（一）企业质量管理数字化转型的经验做法

1. 模式创新

金陵饭店以数字化为引领，实现了营销全球化、采购网络化、服务精细化，在我国服务业率先创立了"细意浓情"质量经营模式，是"细在精准、意在卓越、浓在超值、情在人文"的丰富诠释，升华到魅力质量的全新境界。美的集团秉承"生活可以更美的"发展愿景，围绕"科技领先、用户直达、数智驱动、全球突破"四大战略主轴，构建了基于"5全5数"的美的集团智能质量管理模式，实现了以数字技术提升内部管理智能化水平，以全球化视野满足市场个性化需求。"5全"即全球用户共创、全球平台群开发、全价值链运营、全球联合管理、全系统数字化。"5数"即数智企划、数智研发、数智制造、数智营销、数智服务。联想（北京）坚持"质量卓越、标准引领"战略，独创"双引擎驱动"质量管理模式，强化市场需求与质量提升互动。注重数字技术在质量管理中的应用，运用大数据挖掘、粉丝需求分析、客户体验研究成果以及历代产品"复盘"结果，形成产品概念、策划、开发思路和具体方案，同时运用质量管理计划，有效识别、跟踪和应对技术风险，持续优化设计原型。另外，突出产品创新改进升级，引领市场潜在消费，使"产品引擎"和"客户引擎"交互发挥作用，确保产品设计质量。

2. 方法创新

中国电子科技集团有限公司第十四研究所所以"精益求精"为核心理念，以数字化管理为手段，基于精准需求、精心设计、精益制造、精确保障、精细管理"5精"质量管理方法，利用其传感器系统集成和神经网络算法优势，通过构建具有"物联网、大数据、云计算"功能的"雷达网"，对需求、设计、制造、保障、管理闭环管理，实现对产品全生命周期质量的智能、智慧管理。在广州美的，通过质量管理方法创新和数字化转型，建立了端到端全场景数字支撑、数据驱动的数智化运营体系，实现了数智企划、研发、制造、营销、服务以及智能分析、智能预警、智能管控、智能预测和智能决策。江苏永鼎创新质量管理方法和载体，将质量管理融入企业生产运营全过程，搭建完成智能基础保障平台、智能生产管理平台、智能运营集成管理平台等多个体系，实现了生产计划精细化、车间执行均衡化、生产过程可视化、制造过程可控化、生产资源控制化、信息系统集成化。在此基础上，实现了实化量化的质量保证，开启了"智慧永鼎"新征程。苏州凯伦高分子通过MES系统质量管理模块建设实现了对过程检验、来料检验、成品检验的管理；通过产品质量追溯（一码追溯查询平台），实现了对批次信息的自动采集和对产品生产、销售全过程的追溯管理。

3. 技术创新

中车青岛四方以数字化运营和产品全生命周期管理为主线，以企业资源管理计划（ERP）、产品数据管理（PDM）、制造执行系统（MES）、运维检修系统（MRO）和质量管理系统（QMS）五大核心信息系统为基本框架，以可靠性数据分析平台（DARAMS）支持PDM改进、以车辆健康诊断系统（PHM）实现车辆健康在线诊断，通过企业服务总线（ESB）打通各系统数据流，实现业务全面数字化支持，为产品和运营提供全面数据支撑。江苏博雅达纺织的智能整浆并车间以数字化为手段，每道工序都采用先进的光学检测、智能传感等方式对产品工艺和质量进行精确控制，以保证产品的高质量。江苏国望高科纤维建立了在线质量监测及管理系统，在生产过程中，通过专用软件对纱线的条干均匀和表面光洁程度，分析产品的质量状况，利用光学原理，光束直射在纱线上，纱线以恒定速度通过检测区，凡大于设定长度的丝条部分会遮挡投影，引起光通量的变化，使光电传感产生讯号，经电路工作、显示和输出结果。该在线质量监测及管理系统可检测长丝含油不匀、纤度不匀、网络不匀、毛羽等问题。江苏吴江兰天织造通过建立Lantian数字工厂集控系统，实现了数据采集在织造行业的集成应用和产品在线监测，提升了质量管控能力。Lantian数字工厂集控系统基于ERP系统和MES系统采集到的生产管理各周期、各环节数据，针对公司日常运营管理和应急指挥工作需求，搭建一体化、可视化的资源监控和协同调度指挥平台。通过该指挥平台，可实时了解公司产销平衡、订单进度、人员变动、设备异常、质量分析、能耗趋势等动态情况。

（二）政府服务企业质量管理数字化转型的创新探索

1. 从日常监督管理向提供便捷服务转变

北京经济技术开发区高度重视质量基础设施数字化建设，积极推进从"管"到"服"的转变，努力探索质量基础设施"一站式"服务。主要措施有：创新质量基础设施管理体制机制；加强质量基础设施要素平台联动；打造线上线下质量基础设施"一站式"服务新模式；重点服务规模以上企业和"专精特新"中小企业。青岛市质量基础设施公共服务平台是青岛市建设质量基础设施体系的核心平台，是"全国质量强市示范市"重要技术支撑和信息化服务平台。平台以国家质量基础设施（青岛）总部基地为载体，以海尔卡奥斯工业互联网为支撑，紧紧围绕企业经营全过程、产品全生命周期、全产业链条提升的质量服务需求，创新融合质量基础设施领域政务服务、市场化服务、稀缺性服务和第四方服务，建设机构库、标准库、专家库、设备库、方案库、数据库，构建全方位、零距离、一站式的质量基础设施服务平台，实现线上线下协同，一窗受理、网上通办。

2. 从传统公共服务向促进企业发展转变

据苏州市吴江区市场监管局介绍，吴江区正致力于强化质量基础设施能力建设和集成应用，提升质量基础设施支撑服务水平，完善建立吴江质量基础设施"一站式"服务"1+1+N"体系，总结探索"实体化服务中心为基础、数字化管理平台为载体、创新产业集群服务站点为延伸"的县域质量基础设施"一站式"服务经验，更好为企业发展和区域高质量发展服务。制造业质量管理数字化转型已不是"选择题"，而是关乎企业生存和长远发展的"必修课"。以数字化赋能企业全员、全过程、全方位质量管理，是推动吴江区制造业质量变革、效率变革、动力变革，实现高质量发展的现实选择。目前，吴江区市场监管局与企业合力推动质量管理数字化转型工作取得阶段性进展。从2022年开始，市场监管局和吴江区各个产业链的头部企业一起研究、探索、推进质量管理数字化转型工作。国家质量基础设施（青岛）总部基地位于城阳区核心位置，基地从满足企业质量提升需求和促进高质量发展需要出发，从单纯发展检验检测产业到推进检验检测、认证、计量和标准化产业一体化发展，即发展国家质量基础设施（NQI）产业；研究确立了"1+3"发展模式，即以总部基地为核心引领，带动青岛城阳区东、中、西三大区域结合自身工业基础优势全面发展NQI产业，为城阳区建设"四区一园"目标和打造湾区都市、活力城阳发挥了重要作用。

3. 从发展理念创新向实践落地落细转变

在调研中了解到，由苏州市吴江区人民政府、苏州市市场监督管理局、苏州市工业和信息化局推荐，吴江区市场监督管理局牵头推进《制造业企业数字化质量管理评价准则》标准制订，目前已经获2022年度苏州市地方标准立项。吴江区成立了由科研院所和高等院校专家教授、企业高管组成的吴江区企业质量管理数字化转型专家库，为吴江区质量管理数字化转型工作提供实践经验、技术保障和智力支撑。吴江区市场监管局还引导全区1 700余家规模以上企业基本全覆盖建立首席质量官制度，帮助全区3 500余家中小微企业建立首席质量官制度，为全面推广吴江区质量管理数字化转型工作奠定了坚实基础。区内欧普照明和凯伦建材等企业，目前都在深度参与吴江市场监管局推进的质量管理数字化转型工作。欧普照明期望通过精益化管理、流程梳理与拉通、专题改革变动、数字化系统落地与迭代的"四步循环体系建设"，综合运用各类数字化质量管理系统，提升数字化质量管理能力；凯伦建材将经营管理和客户服务作为切入点，以场景为引导、以全域数据为抓手，系统提升企业的数字化质量管理水平和能力。

三、质量管理数字化转型的问题和挑战

（一）参与范围广、统筹协调难度大

质量管理数字化转型涉及广大市场主体、各级政府相关部门、行业和区域社会组织等，质量工作参与范围的拓展性决定了质量管理数字化转型是一项巨大系统工程，必将牵一发而动全身，需要综合考虑产业、区域、企业等差异，做好整体谋划、统筹布局、合力攻坚、一体推进。

（二）参与程度深、工作推进难度大

质量的渗透性特征决定了企业层面的质量管理数字化必须与企业的生产、供应、销售、服务环节深度融合推进，与企业所在产业链、供应链、价值链深度协同推进，决定了政府层面的质量管理数字化必须做到各相关部门齐抓共管、密切合作。

（三）各主体迥异、经验推广难度大

在质量管理数字化转型过程中，不仅市场主体存在显著的行业、区域、个体等差异，各地也存在管理理念、治理能力、财政实力等不同，在推广质量管理数字化典型经验过程中，因各地、各企业千差万别，不能简单"照单全收"，必须因企、因地制宜，这必将加大典型经验推广的难度。

四、推进质量管理数字化转型的对策建议

（一）系统谋划，做好质量管理数字化统筹规划协调

综合考虑产业、区域、企业等差异，系统分析市场主体、政府部门、社会组织等各相关方面在数字化转型过程中的职能定位，前瞻性做好质量管理数字化转型的整体谋划和统筹布局。成立国家和省、地（市）、县、乡质量管理数字化转型工作领导小组、专家咨询组和工作组，负责质量管理数字化转型的统筹规划和组织协调。全面做好质量管理数字化转型的整体规划和实施方案设计，厘清各参与方的职责界面，明确工作分工和具体工作任务，做到既分工明确、各负其责，又协同发力、一体推进。

（二）聚焦发力，发挥质量管理数字化稳企强链作用

以企业质量管理数字化转型为牵引，催生对相关标准规范、方法

工具、系统性解决方案等的需求，促进各类专业服务机构、行业组织、解决方案供应商等主体集聚，创新服务供给。结合不同行业、不同发展阶段企业数字化质量管理提升需求，研制数字化质量管理能力建设指南等标准，推进分行业数字化质量管理场景清单建设，分行业、分区域、分企业类型推广应用数字化质量管理新技术、新方法、新模式。常态化组织开展数字化质量管理诊断对标工作，从不同行业、不同区域等维度进一步摸清数字化质量管理的现状趋势、发展重点、薄弱环节等，建立完善分行业数字化质量管理评价规范和标准。

（三）典型引路，加大质量管理数字化经验推广力度

总结提炼质量管理数字化转型的典型案例，培育和发现一批带动性强、可复制、可推广的典型经验并加强交流推广，以成效显著的质量管理数字化企业标杆引领推动行业整体质量水平提升。建设一批工业互联网创新示范基地，推动企业质量管理数字化在更广范围、更深程度、更高水平融合创新。政府和工业互联网平台企业共建云服务平台，实现"质量平台＋工业互联网平台"耦联赋能，集聚 NQI 服务机构企业服务广大企业，线下优化质量基础设施基地布点，汇聚区域数字化转型和 NQI 企业机构服务能力，实现一窗受理，线上线下融合办理。建立"质+"数字化学院，探索建立基于首席质量官层级的质量管理数字化转型课程体系，努力实现质量管理数字化转型的理念推广。

促进中小企业高质量发展的数字赋能策略

吴长军[①]

"十四五"时期，我国数字经济转向深化应用、规范发展、普惠共享的新阶段。2022年2月初，国务院办公厅印发《关于进一步加大对中小企业纾困帮扶力度的通知》，要求落实好各项中小企业促进政策措施。以数字化、网络化、智能化赋能中小企业，助力中小企业可持续发展。支持"专精特新"中小企业发展，促进数字赋能中小企业发展是应有之义。我国数字经济产业的高质量发展需要法律保障，中小企业数字经济建设亦需要加强法律政策保障。经济高质量发展的基石是企业高质量发展。数字时代背景下，中小企业要实现高质量发展，离不开数字赋能。中小企业高质量发展需要管理、技术、资金等高质量要素投入，以及合理的质量定位、有效的质量管理体系等良好的外部因素。只有加快信息化与数字经济建设，为中小企业发展提供技术与制度支撑，才能加快中小企业高质量发展。

一、科技赋能：支持中小企业信息化建设

作为数字经济的核心动能与基础设施，信息技术的发展面临着诸

[①] 吴长军，北京物资学院法学院院长、教授、研究生导师，中国商业法研究会副秘书长，中国人民大学法学博士，北京师范大学公共管理学博士后。本文系司法部法治建设与法学理论研究部级科研项目《〈优化营商环境条例〉实施背景下市场主体信用监管机制构造研究》（20SFB2026）的阶段性研究成果。

多挑战[1]。基于数字经济时代"空间的多元化""主体的平台化"以及"行为的信息化",迫切需要完善数字经济带来的法律规制[2]。中小企业高质量发展的本质是创新;没有创新就没有高质量。技术、制度、政策与文化创新,为高质量发展提供重要支撑;当前信息化建设是中小企业创新的重要措施之一。

目前,一些中小企业已经开始重视智能科技、信息化技术的应用,重视利用现代信息技术管理生产。中小企业数字化技术的应用将会越来越普及,迫切需要加快完善中小企业数字化和智能化管理制度。当前重视科技赋能、加强信息化建设对中小企业发展尤为重要,有利于系统性地解决中小企业面临的劳动力严重不足的问题。政府进一步支持中小企业运用线上办公、财务管理、智能通信、远程协作、视频会议、协同开发等产品和解决方案,尽快恢复生产管理,实现运营管理数字化,鼓励数字化服务商为中小企业减免使用费。

无论是产品创新还是服务创新,都需要信息技术支持。政府职能部门应当完善中小企业信息化发展环境,推进中小企业信息社会化服务体系建设,加大政府信息化支持政策推进力度,同时发挥中小企业的主体作用,落实中小企业信息化工作的保障措施。当前特别要加强中小企业相关法律环境建设,发挥电子商务法、数据安全法、个人信息保护法、网络安全法等法律的规范与促进功能,为中小企业的信息化建设提供法治保障。

聚焦中小企业信息化建设需求,搭建信息化服务平台,解决中小企业信息化建设的现实需求,是推进中小企业信息化建设工作的出发点和归宿。推进社会服务体系建设,打造完善的信息化技术体系。政府构建健全的信息化服务机构,依法加强财税金融科技政策支持,提供低成本的信息化服务项目。"建立健全体制机制,坚持预防控制、资源保障、服务支持、应急处置、监督检查等一体推进,完善常态化支持中小微企业经营的工作机制"[3]。用好中小企业发展专项资金、科技型中小企业技术创新基金等财政支持政策;强化责任担当,勇于开拓创新，帮助中小企业应对困难，推动中小企业向"专精特新"方向发展。政府职能部门要落实信息化建设成本摊销和列支、快速折旧、税收优惠、财政补贴等信息化支持政策；全面落实资金、土地、税收、金融等促进法律政策，积极支持中小企业标准化、信息化等项目建设；要引导银行业金融机构在风险可控、商业可持续的前提下，加大对中小企业的信息化建设的信贷支持力度。

推进中小企业信息建设进程之中，需要加强网络和数据安全保障。推动中小企业落实《中华人民共和国网络安全法》等法律法规和技术标准的要求，强化网络与数据安全保障措施。建设工业互联网安全公共服务平台，面向广大中小企业提供网络和数据安全技术支持服务。鼓励安全服务商创新安全服务模式，提升安全服务供给能力，为中小企业量身定制全天候、全方位、立体化的安全解决方案。

二、智能治理：数字赋能中小企业高质量发展

高频度创新与颠覆性竞争正成为智能时代的新竞争高地。当前互联网重塑商业形态，智能科技持续改造传统服务业，智能化不断向制造业延伸。我国中小企业是市场主体中的重要组成部分，中小企业在数字化转型方面面临的生存困境和经营难题值得高度关注。数字经济环境下个人、企业乃至整个社会实现实时互联，中小企业应当更加重视利用协作软件、通信资源、云计算等数字化技术，积极推进数字化转型，把数字技术、网络平台作为环境、工具与基础设施。

目前我国中小企业开始重视智能科技的应用，中小企业数字化技术应用越来越普及；中小企业在迈向高质量发展的进程中亟须进行数字赋能。中小企业数字化发展过程中一定要进行三大转变：从人工治理到智能化治理、从单向管理到协同治理、从国内治理到全球协同。中央及地方政府应当持续制定与实施一系列支持企业数字化转型、强化智能制造水平等惠企政策，针对中小企业的数字化改造专项扶持资

金要及时到位，以稳固企业现金流，更好应对风险，促进中小企提升数字化建设水平。按照"企业出一点、服务商让一点、政府补一点"的思路，加大对中小企业数字化的资金支持；加快建设中小企业公共服务体系，助推企业通过数字化、网络化、智能化赋能实现转型升级。

在价值导向上，数据是数字时代的生产要素，应追求数据保护与数据开发的平衡；在目标设置上，应充分鼓励数据有序流动，培育中小企业发展新兴产业，推动经济高质量发展；在路径选择上，应支持鼓励中小企业自主创新、自主探索；在治理理念上，应促进中小企业创新，落实"放管服"改革措施，实施依法治理、数字治理、科技治理、系统治理；在全球协同上，要积极鼓励中小企业参与全球数据治理，自觉融入全球数字经济发展大潮之中。

当前经济逐步恢复向好形势之下，国家应当从财政、金融、税收等政策上助推中小企业上云用云。引导数字化服务商面向中小企业推出云制造平台和云服务平台，支持中小企业设备上云和业务系统向云端迁移，帮助中小企业从云上获取资源和应用服务，满足中小企业研发设计、生产制造、经营管理、市场营销等业务系统云化需求。加快"云＋智能"融合，帮助中小企业从云上获取更多的生产性服务。鼓励数字化服务商向中小企业和创业团队开放平台接口、数据、计算能力等数字化资源，提升中小企业二次开发能力。

支持中小企业进一步创新数字化运营解决方案。针对不同行业中小企业的需求场景，开发使用便捷、成本低廉的中小企业数字化解决方案，实现研发、设计、采购、生产、销售、物流、库存等业务在线协同。推广应用集中采购、资源融合、共享生产、协同物流、新零售等解决方案，以及线上采购与销售、线下最优库存与无人配送、智慧物流相结合的供应链体系与分销网络，提升中小企业应对突发危机能力和运营效率。

从财政、金融、税收政策维度支持广大中小企业进一步加强数据资源共享和开发利用。支持基于产业集群和供应链上下游企业打通不同系统间的数据联通渠道,实现数据信息畅通、制造资源共享和生产过程协同。支持发展新型数据产品和服务,鼓励探索专业化的数据采集、数据清洗、数据交换、数据标注等新商业模式,发展弹性分布式计算、数据存储等基础数据处理云服务和在线机器学习、自然语言处理、图像理解、语音识别、知识图谱、数据可视化、数字孪生等数据分析服务,帮助中小企业提升数据开发和应用水平。

三、智慧税收:中小企业纳税服务智能化

智慧税收服务体系建设中,在算法应用层面,智能客服机器人、智能办税服务、智能纳税人权益保护、智能纳税风险管理、智能社会协作平台得到长足发展;在数据应用层面,核心征管、纳税咨询、政府部门、发票系统、金融系统、社会中介机构、办税服务厅提供全方位智慧税收服务;在算力应用层面,云计算、人工智能、物联网、机器学习、数字孪生、区块链、量子计算、移动支付应用更加智能化。中小企业纳税信息安全可靠,涉税信息更加安全,信用体系更加完善,社会协作更加广泛。新一代信息技术体系构筑智慧税收底层基础设施,为推动税收文明进步带来源源不断的动力[4]。在智慧赋能企业发展过程中,中小企业一定要跟上智慧税收时代的步伐,适应智能化的纳税服务体系要求。中小企业一定要诚信为本,在智慧税收的信用生态体系中,打造良好的品牌形象,赢得税务监管部门的信任。

智慧税收政策制定要科学化。应用数字孪生、人工智能、大数据等智能技术,重视前置性政策效果评估,提升税收政策精准度。运用大数据、云计算、区块链、人工智能技术进行税收深度分析,助力国家及中小企业税收决策科学化。加强社会协同,中小企业纳税人及涉税相关人参与税收政策制定、实施、效果评价程序。

税务部门要跟上数字时代的浪潮,适应数字时代的变化,精准决策和深度分析。促进政府财税数据实时共享,提升中小企业纳税遵从

水平。在中小企业税收服务方面，依法减少中小企业负担，通过税收优惠措施激励中小企业加大技术研发投入，加大智能化、自动化生产管理系统的科技投入。

四、平台治理：优化网络经济平台法律治理

网络经济平台是多元主体参与的平台生态系统，具有虚拟性、开放性、多边性、网络性、功能性。中小企业作为网络经济平台内的重要经营主体，应当主动融入网络经济平台内外部治理之中。平台内中小企业经营者与平台经营者、消费者、政府监管者、利益相关者等主体之间，应当在法律规则、自治规则下形成良好的网络平台生态系统。

为维护中小企业经营者的合法权益，网络经济平台治理必须贯彻多元共治原则，形成政府负责、社会协同、企业自治、行业自律、公众参与、法治保障、数字赋能的平台治理格局。《中华人民共和国电子商务法》第七条明确规定，国家建立符合电子商务特点的协同管理体系，推动形成有关部门、电子商务行业组织、电子商务经营者、消费者等共同参与的电子商务市场治理体系。电商平台经济治理要求多元主体参与，包括政府管理、行业自律、企业内部治理、消费者维权、新闻监督、公众参与等多元治理主体力量。政府监管部门应当推进监管创新，推进信息共享、监管互认、执法互助改革；构建政府、行业协会、平台经营者信息共享合作机制。

鉴于网络经济平台的复杂性、公共性、负外部性特征，需要多法共治，相互配合，协同治理，形成合力，实施依法、综合、系统、全面治理体制机制。面对巨型网络经济平台的垄断趋势及规避法律现象，当前特别需要加强反垄断法、数据安全法、网络安全法、电子商务法、个人信息保护法等法律之间的对接与协同，基于维护公平竞争秩序和消费者福祉的价值目标达到最佳治理效果。

贯彻执行《中小企业数字化赋能专项行动方案》，强化供应链对接

平台支撑。建设产业供应链对接平台，打造线上采购、分销流通模式，为中小企业提供原材料匹配、返工人员共享、自动化生产线配置、模具资源互助、防护物资采购、销售和物流资源对接等服务。基于工业互联网平台，促进中小企业深度融入大企业的供应链、创新链。支持大型企业立足中小企业共性需求，搭建资源和能力共享平台，在重点领域实现设备共享、产能对接、生产协同。

当前网络经济平台规制，需要加大平台内中小企业经营者权益保障力度，优化网络经济平台法治规制机制，改革市场监管方式，贯彻监管与促进并重原则，加强与完善合作监管、协同监管、系统监管、柔性监管、社会监管、数据监管、信用监管，规范与促进网络经济市场要素自由流动，畅通网络经济循环系统，保障网络经济循环安全与效率。为保障网络平台内众多中小企业的合法权益，网络经济平台企业有很大的利益驱动，将其在核心业务中的支配地位拓展到临近市场以获得竞争优势。因此，加强网络平台外部政府监管的同时，网络平台企业内部治理责任需要刚性化。网络经济平台企业应当履行平台社会责任与法定义务，切实履行内部平台监管责任；政府公共监管与平台自我监管应相互补充，形成合力，实现共赢，共同实现网络经济平台法律治理的目标[5]。

国家应当从政策上进一步支持中小企业进一步夯实数字化平台功能。搭建技术水平高、集成能力强、行业应用广的数字化平台，应用物联网、大数据、边缘计算、5G、人工智能、增强现实/虚拟现实等新兴技术，集成工程设计、电子设计、建模、仿真、产品生命周期管理、制造运营管理、自动化控制等通用操作系统、软件和工具包，灵活部署通用性强、安全可靠、易二次开发的工业App，促进中小企业生产要素数字化、生产过程柔性化及系统服务集成化。打造工业App测试评估平台和可信区块链创新协同平台，为中小服务商和中小企业提供测试认证服务。

当前，需要进一步提高产融对接平台服务水平。促进中小企业、数字化服务商和金融机构等的合作，构建企业信用监测、智能供需匹配、大数据风控等服务体系，提供基于生产运营实时数据的信用评估、信用贷款、融资租赁、质押担保等金融服务，为企业获得低成本融资增信，提升中小企业融资能力和效率。打造促进中小企业融资增信的公共服务平台，应用新一代信息技术，提供合同多方在线签署、存证服务，传递供应链上下游信用价值，激发中小企业数据资产活力。[6]

新发展格局下，政府应当依法支持中小企业数字化建设，支持中小企业抓住网络经济平台发展契机，为中小企业发展提供平台基础设施保障；政府应当加强以5G、大数据、人工智能为核心的新兴基础设施建设，营造稳定、依法、公平、透明、可预期的网络经济平台营商环境，为维护中小企业合法权益提供网络法治保障体系。

参考文献：

［1］梅宏.大数据与数字经济［J］.求是，2022（2）.

［2］张守文.数字经济与经济法的理论拓展［J］.地方立法研究，2021（1）.

［3］李良志.切实提升中小微企业金融服务能力［J］.金融博览，2021（10）.

［4］郭锦辉.中小企业高质量发展须加速数字赋能［N］.中国经济时报，2022-01-07.

［5］王淼.数字经济发展的法律规制［J］.中国流通经济，2020（12）.

［6］工业和信息化部办公厅.中小企业数字化赋能专项行动方案的通知［EB/OL］.2020-03-18.https://www.miit.gov.cn/zwgk/zcwj/wjfb/zh/art/2020/art_8af103f9fefe45fdbfbc9140955b3c31.html.

工会如何参与社会治理

李 芳　　朱晨朔[①]

一、问题提出

随着社会现代化程度的不断提高,社会治理逐渐由政府单一主体的治理结构向多元主体共治转型。工会作为社会整合的重要中介组织,越来越成为社会治理的重要参与者。这不仅是推进社会治理现代化发展的需要,也是促使工会自身转型升级的要求。

一方面,社会治理现代化需要工会组织的参与。随着社会治理现代化的推进和现代政府治理体系的构建,政府进行了职能转型、权力下放的改革。在社会不断赋权增能的过程中,社会治理重心逐渐下移[②],越来越多的社会主体参与到治理当中。目前,社会领域除社会组织和公众外,还有一类重要治理主体,即群团组织。群团组织不仅是党直接领导的群众组织,具有较强的政治性,而且与党委、政府等国家机构建立了相关的沟通机制。这些沟通机制既为治理主体充分表达意见提供了新的途径,又为多元主体协同共治提供了良好的沟通渠道和协商平台。工会作为密切联系职工群众的群团组织,既具有一般群

[①] 李芳,北京科技大学马克思主义学院教授、博士生导师。朱晨朔,北京科技大学马克思主义学院博士研究生。本文系国家社科基金重点项目"乡村振兴背景下空心村复活潜能评估与推进路径研究"(19AGL002)阶段性成果。

[②] 黄家亮,刘伟俊.社会组织参与基层社会治理:理论视角与实践反思[J].杭州师范大学学报(社会科学版),2022,44(4):118-127.

团组织的优势，又具有自身独特性；既能够为广大职工群众参与国家治理和社会治理打开更广阔的通道[1]，又能够作为平台吸纳政府资源、孵化培育社会组织，为社会治理培育更多社会力量。

另一方面，工会需要在参与社会治理过程中实现自身发展。安东尼·吉登斯（Anthony Giddens）曾指出，结构与行动之间是相互作用的，结构不仅对行动具有制约作用，同时还是行动得以开展的媒介[2]。就此而言，工会参与社会治理的过程既可以看作是工会在社会治理结构中的行动，也可以看作是社会治理结构经由特定规则和资源来塑造、促进工会发展。因此，工会组织的优化升级不仅受到工会本身主动性和创造性的影响，而且受到社会治理结构的制约，这是在顺应社会治理发展方向的基础上发挥自身能动性的结果。

目前学术界主要围绕工会参与社会治理的价值意义、问题困境、途径方式等议题展开研究。工会是社会治理体系建设的重要依靠力量，具有激发社会活力、整合社会力量[3]，化解社会矛盾、优化服务供给[4]，重新调整和分配社会利益、推动社会管理创新[5]，完善国家治理体系、推进国家治理能力现代化[6]等重要作用。因此创新社会治理，提高社会治理的效能和水平，需要工会组织的参与。但是，工会参与社会治理面临一些问题，影响了其治理效能的提升，主要有：工会从政治性

---

[1] 李妍妍.中国共产党对马克思主义工会理论的创新[J].科学社会主义，2022，208（4）：140-144.

[2] 郭忠华.主客体关系的对立与融通——诠释吉登斯的"结构化理论"[J].东方论坛，2008（2）：100-105.

[3] 汪杰，汪锦军.社会治理体系创新视野下的工会组织角色[J].治理研究，2019，35（1）：31-36.

[4] 韩升，高健.新时代工会的职责使命、组织变革与经验启示——基于推进社会治理现代化的研究[J].学习论坛，2020（10）：52-60.

[5] 曹荣.国家与社会关系视角下的工会参与社会管理[J].中国劳动关系学院学报，2013，27（3）：6-10.

[6] 张善柱.国家治理体系现代化中的工会参与[J].天津行政学院学报，2018，20（2）：74-80.

团体向社会法人团体转型的体制困境[1]；工会自身职能落实、经费运转的问题[2]；工会体制内建制性内设机构的性质影响工会的社会影响力[3]等。如何打破工会参与社会治理的桎梏，有效释放和激发工会组织的活力，提高工会参与社会治理的能力，研究者们提出了创新组织结构和运行机制[4]、创新组织体系和运行模式[5]、加强协同治理[6]、优化内外部环境[7]、智慧工会建设[8]等多种途径。

上述研究在特定领域围绕工会参与社会治理展开了较为充分的理论论述，对工会参与社会治理的外部政策背景、独特组织优势、角色功能定位等进行了深入剖析，为本文研究提供了研究基础。但仍需指出，目前较少分析工会参与社会治理的阶段性演进以及在不同阶段工会与其他治理主体的协同协作关系。现代社会的复杂性以及不确定性推动着政府从粗放式管理向精细化治理转型。在这一过程中，多元治理主体资源共享、协调配合已经成为不可逆转的趋势。因此协同其他社会主体共同治理社会是工会参与社会治理的重要方式。基于此，本文运用系统观念和协同理论，将工会置于社会治理体系中，划分工会参与社会治理的发展阶段，分析不同阶段中工会参与社会治理的协同

---

[1] 涂永珍.工会组织参与社会治理的机遇、体制困境与立法完善[J].学习论坛，2015，31（8）：68-72.

[2] 邵彦敏，赵龙.工会参与社会治理的困境与对策探究[J].理论导刊，2020（9）：63-68.

[3] 汪杰，汪锦军.社会治理体系创新视野下的工会组织角色[J].治理研究，2019，35（1）：31-36.

[4] 同[3].

[5] 韩升，高健.新时代工会的职责使命、组织变革与经验启示——基于推进社会治理现代化的研究[J].学习论坛，2020（10）：52-60.

[6] 余茜.自适应协同：工会枢纽型社会组织参与社会治理创新的协同机制[J].天津行政学院学报，2016，18（6）：15-21.

[7] 同[2].

[8] 刘祺.整体性治理理论视野下的智慧工会改革路径研究[J].学习论坛，2020（12）：53-60.

策略及其主要特征，为进一步完善工会参与社会治理的工作机制、优化社会治理体系、推动社会治理现代化提供思想启迪。

二、分析框架与研究方法

（一）分析框架

系统观念是一种运用系统论的观点和方法来把握事物的有机整体，在动态中探索事物中要素与要素、要素与系统之间的互动作用和变化规律，以期达到最优处理结果的思维方法。协同性是系统观念的内在特点，它是指系统在发展运行过程中各要素协作和合作的关系，促进事物间属性互相增强，使事物向积极方向发展。因此，协同性是系统形成有序结构的必然要求。[①] 党的二十大报告指出，"必须坚持系统观念""为前瞻性思考、全局性谋划、整体性推进党和国家各项事业提供科学思想方法"[②]。社会治理作为党和国家事业发展的重要内容，同样需要运用系统观念来进行整体把握。采用系统观念的思想方法全面推进社会治理要求对社会治理进行整体考察、对社会治理体系进行系统完善，工会作为社会治理体系的子系统则需要与其他子系统实现协同、协作的关系。因此，运用系统观念和协同理论研究工会参与社会治理是完善社会治理体系、推进社会治理现代化的内在要求。

纵观新时代以来工会参与社会治理的发展历程，发现工会参与社会治理的中心工作随着党和国家发展任务的不断推进而转变，呈现出三个阶段：构建和谐劳动关系阶段、参与公共服务供给阶段、整合社会组织资源阶段。

在构建以维权为基础的和谐劳动关系阶段，工会主要是顺应党和国家在社会领域治理要求的需要。党的十八大报告指出"社会和谐是

[①] 董振华.治国理政思想方法十讲 [M].北京：人民出版社，2017：127.

[②] 习近平.高举中国特色社会主义伟大旗帜为全面建设社会主义现代化国家而团结奋斗——在中国共产党第二十次全国代表大会上的报告 [M].北京：人民出版社，2022：20-21.

中国特色社会主义的本质属性"[①]，并提出"加强和创新社会管理"[②]的战略任务。发展和谐劳动关系既是构建和谐社会的重要基础，又是加强和创新社会管理、推进社会建设的重要内容。因此工会通过促进和谐劳动关系的方式推进党和国家工作任务。

在参与公共服务供给阶段，工会主要是顺应党和国家对工会依法参与公共事务管理、缓解政府治理压力的期待。现实治理问题倒逼政府加快转变职能，优化职责体系。2015年中共中央印发的《关于加强和改进党的群团工作的意见》指出，群团组织是创新社会治理的重要力量，支持其依法参与社会治理，依法承接部分社会管理服务职能。[③]工会作为群团组织的重要组成部分，其主动承接政府转移的公共服务职能和服务项目，能够提高社会公共服务供给水平，响应党和国家关于充分发挥工会参与社会治理效能的要求。

在整合社会组织资源阶段，工会主要是基于党和国家加强社会组织建设、激发其内在活力的要求。改革开放以来，市场经济催生了越来越多以社团、基金会以及社会服务机构为主要组成部分的社会组织，这些社会组织在我国经济、社会、外交等领域的建设中起到了积极作用。但由于社会组织自身存在制度建设滞后、自身建设不足、支持引导不够等问题，使其难以有效发挥参与社会治理的治理效能。2016年，中共中央、国务院印发《关于改革社会组织管理制度促进社会组织健康有序发展的意见》，指出社会组织在我国社会主义现代化建设中发挥着重要作用，当前需要改革社会组织的管理制度来解决社会组织发展面临的问题，以推动社会组织稳健发展、有序活动。作为联系、引导社会组织来为职工群众提供服务的工会组织，既有联系社会组织购买

---

① 胡锦涛.坚定不移沿着中国特色社会主义道路前进为全面建成小康社会而奋斗——在中国共产党第十八次全国代表大会上的报告[M].北京：人民出版社，2012：15.

② 胡锦涛.坚定不移沿着中国特色社会主义道路前进为全面建成小康社会而奋斗——在中国共产党第十八次全国代表大会上的报告[M].北京：人民出版社，2012：38.

③ 中共中央关于加强和改进党的群团工作的意见[M].北京：人民出版社，2015：18.

其服务的需要，也有联系、引导社会组织的能力。

同时，社会治理是多种要素优化组合、协同共生的过程。运用协同理论分析新时代以来工会参与社会治理的现实实践，发现工会在参与社会治理过程中的协同协作突出表现在主体、规则、机制等关键要素的协同。主体协同是指工会在确定党委的领导地位、政府的核心地位的前提下，党委、政府、社会组织、企业、家庭以及公民在内的多元社会主体通过耦合结构、共享资源、协调行动等方式参与社会公共事务治理的过程；规则协同是指政策法规等正式制度及其制定过程中体现出多方治理主体的共同意志，其内容既为工会协同多方治理主体参与社会治理提供依据，也为各方社会主体明晰权责边界；机制协同则是指多元社会治理主体基于共同遵守的社会治理协同规则，以构建制度化沟通渠道和参与平台等方式，实现不同治理主体的运行机制契合、组织结构耦合和治理资源互递，来达到各方治理主体协调有序处理社会公共事务、共享信息资源目标的过程。

综上所述，基于工会参与社会治理的三个阶段和主体、规则、机制三个协同要素的分析，本文建立"阶段—要素"分析框架（见图3-1），以此深入分析不同阶段工会参与社会治理的协同策略在主体协同、规则协同、机制协同中的不同实践形式。

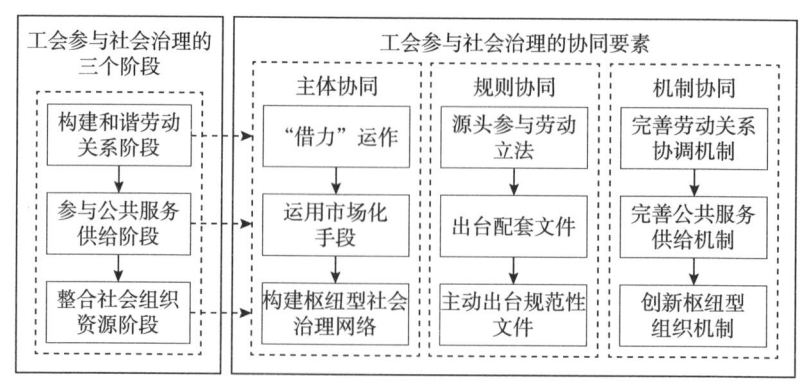

图 3-1 "阶段—要素"分析框架

（二）多案例研究方法

学术界目前关于工会参与社会治理的某些研究带有"个案倾向"，较少通过多案例研究方法进行深入分析。多案例研究方法能够从多个方面对事物进行深入剖析，具有较高的可靠性。本文采取多案例研究方法，以刊登在报刊上工会参与社会治理的典型案例为主要资料来源，从中严格筛选出符合本文内容，具有较强真实性、代表性的案例作为研究材料。这些案例大部分也被其他学者引用，出现在知网 CSSCI 期刊论文中，具有一定的典型性。本文引用案例主要包括东莞裕元鞋厂群体性纠纷、中国海员建设工会"货车司机职业发展与保障行动"项目、南京东路党建带共建、北京总工会购买北京温暖基金协会服务、上海工会构建大数据信息平台、深圳总工会构建枢纽型社会组织平台、东莞市横沥镇总工会协调联动群团组织和政府部门、江苏省总工会职工之家建设等。

三、新时代以来工会参与社会治理协同策略的演进过程

协同其他社会主体共同治理社会，不仅是工会参与社会治理的主要方式，也是社会治理现代化发展的要求。如上文所述，新时代以来工会参与社会治理经历了构建和谐劳动关系、参与公共服务供给、整合社会组织资源三个阶段。在这三个阶段的演化过程中，工会参与社会治理的协同策略也顺势而变，表现出不同的实践样态。

（一）以维权为基础推动和谐劳动关系构建

在构建和谐劳动关系阶段，由于工会难以依靠自身力量解决劳动纠纷，其参与社会治理遵循一种政府"在场"的逻辑，通过贯彻政府

意图来实现对劳动关系领域的治理。①有研究称此过程为"借力"。②"借力"这一策略在主体上表现为工会借助党政体制内资源实现主体协同，在规则上表现为工会源头参与法律法规制定实现规则协同，在机制上表现为工会完善劳动关系协调制度实现机制协同。

1. 工会"借力"运作实现主体协同

在这一阶段，工会实现主体协同的主要方式是借助政府行政权力，通过政府下达相关行政命令的方式要求相关部门协助工会就劳动关系事宜与企业、劳动者协商，及时主动化解劳动争议，实现劳动关系的规范有序、和谐稳定。具体来说，一方面，工会积极联系党委和政府，获得党委的支持、争取政府的批示，再根据实际工作需要加强与具体部门的联系，借助政府部门的权力推动工会工作落实到位。另一方面，工会通过情感和伦理等非制度化方式来协调和维系与借力部门及企业的关系，保证"借力机制"的有序推进和落地见效。③广东裕元鞋厂职工因社保问题与资方产生矛盾，为缓解社会矛盾、维护职工权益，省总工会在省政府的支持下，组建省市镇三级联合工作组，工会、社保局、公积金中心、人力资源局、资方五个部门就职工意见进行沟通协商，最终资方承诺足额为职工缴纳社保，并补齐拖欠的社保。从此案例来看，工会能够有效维护职工群众的劳动权益，其中一个重要的前提是党委的支持以及各部门的协调配合。在党政的帮助下，工会作为职工群众的代表能够与资方进行协商沟通，并最后达成一致。④

2. 工会加强源头参与实现规则协同

在我国，群团组织有体制内的沟通、联结通道，能参与公共政策

---

① 李戈.社会转型与中国工会的改革路径探析[J].社会主义研究，2015(6)：67-73+66.

② 吴建平.地方工会"借力"运作的过程、条件及局限[J].社会学研究，2017，32(2)：103-127+244.

③ 同②。

④ 黄岩，祝子涵.突破"官民二重性"：广东省工会的改革路径[J].华南师范大学学报（社会科学版），2017(3)：93-99+191.

的制定、执行、修订。[①]《中华人民共和国工会法》规定了国家机关在组织起草或者修改直接涉及职工切身利益的法律、法规、规章时，应当听取工会意见。因此工会在此阶段实现规则协同的方式主要是在争取党委同意许可的前提下，积极参与涉及职工切身利益的法律、法规、规章制定和修改，同时协同政府，借助其行政权力和行政资源出台劳动关系领域政策性意见来实现劳动关系领域治理规则的协同，进而维护职工合法权益，促进劳动关系朝着公正合理、互利共赢的方向发展，完成社会主义和谐社会的治理目标。自党的十八大以来，中华全国总工会（简称"全总"）积极参与中共中央、国务院《关于构建和谐劳动关系的意见》《关于进一步做好农民工服务工作的意见》等多项涉及职工切身利益法律法规和政策文件的制定。同时，全总联合人社部等下发的《关于进一步加强劳动人事争议调解仲裁完善多元处理机制的意见》指出，要建立党委领导、政府主导、政法协调、人社部门牵头的劳动人事争议多元处理机制，实现劳动关系领域多元主体协同共治。因此，在构建和谐劳动关系阶段，工会参与涉及职工切身利益法律的制定，协同政府具体部门下发政策意见来制定各主体行动的共同规则。

3. 工会完善劳动关系协调机制实现机制协同

这一阶段，工会完善劳动关系相关制度、实现机制协同的具体策略主要是就劳动关系协同协调、矛盾调解等方面向党委、政府建言献策，借助党政的政策资源完善劳动关系领域协调协作机制、矛盾调解机制以提供制度化的对话协商平台和参与途径，实现多元主体在劳动关系领域治理行动的协调有序。2015年，中共中央、国务院颁布的《关于构建和谐劳动关系的意见》提出了涉及劳动关系协调机制和劳动关系矛盾调处机制的一系列制度。这些制度提供了多元治理主体协商对话的制度化平台。除工会外，各级人民政府具体部门、各级检察院、人民法院、企业联合会、工商联合会、劳动争议调解委员会等都是这

[①] 康晓强.论习近平的群团观[J].社会主义研究，2017（1）：20-26.

一制度化平台的参与者。同时全总也积极参与了该文件的制定工作，为维护职工合法权益建言献策。借助党委、政府的政策资源，工会搭建多元主体协同治理的制度化框架来实现不同社会治理主体的相互作用、相互配合，促进了劳动关系和社会的和谐有序。

（二）以维权、服务为主要内容参与公共服务供给

在参与公共服务供给阶段，工会参与社会治理的内容不再局限于劳动关系范畴，而是突破领域限制，逐渐拓展到公共服务方面。这一阶段工会参与社会治理的协同策略具体表现为：运用市场化手段实现主体协同，贯彻党政要求出台配套文件实现规则协同，完善公共服务机制实现机制协同。

1. 工会运用市场化手段实现主体协同

在这一阶段，工会实现主体协同的主要方式是通过市场化、社会化运作，以向社会组织购买职工服务项目的形式将社会组织纳入党和政府的社会公共服务领域内、整合到党和政府的社会公共服务体系中，实现社会公共服务领域多元治理主体的协同。具体地说，就是工会以项目招标的形式面向全社会，从报名者中遴选出组织能力强、服务态度好、专业能力硬的社会组织作为项目的购买对象，由它们来为职工群众提供针对性的、多元的专项服务[1]。同时，工会加强制度化建设来保障这一系列流程能够顺利推进、扎实落实。在这一过程中，社会组织按照党和政府的政策精神被工会有效吸纳到公共服务工作中，实现了党委领导、政府负责、工会运作、社会组织参与的治理主体协同。

中国海员建设工会发起的"货车司机职业发展与保障行动"项目是以购买社会组织服务为方式实现工会协同社会组织的优秀案例之一。

---

[1] 徐选国，王寒温，杨彬.社会组织参与基层社会治理生态构建的机制研究——以上海市Y街为例[J].社会治理，2023（3）：1-12.

2020年年底，中国海员建设工会协同中国交通运输协会、中国道路运输协会、中国物流与采购联合会、中国职工发展基金会等社会组织，为货车司机提供广泛性、针对性、公益性的职业发展与保障服务，既有效协同社会组织，使其纳入公共服务治理工作中，又借助社会组织的资源为职工群众提供优质、专业、便捷的服务。

2. 工会贯彻党政要求出台配套文件实现规则协同

由于党委、政府下达的政策文件、指令要求往往具有宏观性、战略性，其内容大多为总体的行动指南和目标方向，较少设定不同治理主体贯彻落实工作的具体行为方案和实施意见，需要工会在治理任务总体框架下制定各治理主体的具体行动措施来保证政策精神的贯彻落实，其中的重要方式就是制定相关配套文件。因此在参与公共服务供给阶段，工会通过出台配套文件以及配套措施来实现公共服务供给领域多元治理主体的规则协同。具体地说，就是工会在具体实施意见中以规定治理主体行动内容和主要职责的方式来调整多元治理主体的权责关系，在治理目标和治理内容上实现规则协同。

《中华全国总工会关于工会购买社会组织服务的意见》（以下简称《意见》）就是全总为贯彻落实中央党的群团工作会议精神、《中共中央关于加强和改进党的群团工作的意见》和《关于改革社会组织管理制度促进社会组织健康有序发展的意见》而出台的配套文件。《意见》指出了工会购买社会组织服务的总体工作要求和具体实施意见，以及如何与政府财政部门、民政部实现协同。从《意见》中可以得出，工会通过出台政策配套文件和具体实施意见的方式构建了工会、政府部门以及社会组织的共同行为规则，通过规则规范各治理主体间的治理责任和治理任务，减少协同治理过程中的混乱和失序，从而使社会治理产生协同增效的功能。

3. 工会完善公共服务供给机制实现机制协同

在这一阶段，工会实现治理机制协同的主要方式是完善工会参与公共服务供给的工作机制以协调不同治理主体的治理活动，保证公共服务领域治理的和谐有序。根据其具体适用的对象，工会参与公共服务供给的协同机制分为党建带工建机制、职工类社会组织培育机制、数字化信息平台建设机制。

第一，党建带工建机制。该机制是针对社会治理资源较少的基层工会组织，依托基层党组织的组织阵地，搭建基层工会服务职工的平台，以优化基层工会自身组织结构，实现工会与党委、政府、社会组织协同参与公共服务供给。南京东路总工会依托街道楼宇内的党建服务站建立楼宇工会工作室。该工作室由基层党委、政府部门、工会以及专业律师组成，为楼宇职工提供社会公共服务。第二，职工类社会组织培育机制。该机制服务于不能固定加入某个工会以致无法享受工会服务的流动务工人群，其主要内容是工会在同级民政部登记备案设立一个能够对接社会组织的机构，工会对其进行资金支持。之后此机构代替工会对职工服务类社会组织进行资助、孵化，使其直接对流动务工人群进行服务，流动务工人群无须加入工会即可享受工会的服务。例如北京市总工会通过购买北京温暖基金会的服务项目为流动人群提供公共服务。[1]第三，数字化信息平台建设机制。该机制服务于工作方式相对灵活、难以与企业直接确认劳动关系进而难以纳入工会保障的新就业形态劳动者（网约配送员、网约车驾驶员等），其主要内容是工会依托网络新平台和物联网、云计算、大数据等网络信息技术，搭建多主体信息交流、共享网络阵地，为多元治理主体协同提供网络服务和技术支撑。例如上海市总工会搭建工会基础性数据库，与人社、公安等政府部门信息资源互通共享，全面对接职工社保、身份证等信息，实现平台"一站式"服务职工。[2]

---

[1] 宋道雷.国家与社会之间：工会双重治理机制研究［J］.上海大学学报（社会科学版），2017，34（3）：121-133.

[2] 刘祺.整体性治理理论视野下的智慧工会改革路径研究［J］.学习论坛，2020（12）：53-60.

（三）以培育、引导社会组织为重点实现社会资源整合

在整合社会组织资源阶段，工会参与社会治理的内容进一步拓展，逐渐涉及社会组织领域，其协同策略也在进一步创新发展，主要表现为：在主体上，工会构建枢纽型社会治理网络以协同多元治理主体；在规则上，工会主动出台规范性文件实现多方治理意志协同；在机制上，工会创新枢纽型组织协同机制，实现各治理主体协作有序、共同治理。

1. 工会构建枢纽型社会治理网络实现主体协同

在这一阶段，工会实现主体协同的具体方式主要是工会凭借其作为党和群众桥梁纽带的独特地位和枢纽型社会组织的组织特性，构建一个以工会为中心节点，向上联通党委、政府，左右联结社会组织、职工群众的协同治理网络[1]。在这个网络中，工会接收到党政资源，以政策扶持、市场运作等方式传递到社会组织；社会组织通过工会这个枢纽，为职工群众提供专业服务；职工群众通过工会向党委、政府以及社会组织提出社会治理意见和建议；党委、政府通过工会向职工群众传达治国方略和政策意见等。这个网络将社会组织和职工群众联结到党政社会治理结构中，使多元治理主体的治理行动协同、治理资源传递。

深圳市总工会先行先试，率先对构建枢纽型社会治理网络进行了探索。在省总工会和同级党委、政府的支持下，深圳总工会在源头治理劳资纠纷试验区内以社区（园区）工会联合会为枢纽节点构建基层工会的协同治理网络[2]，该网络具有联合企业、上通下达的重要作用。工会依托枢纽型社会治理网络，将党委、政府、工会、社会组织等多

---

[1] 褚松燕.基层治理中的群团组织：组织社会的嵌入型桥接[J].治理研究,2023,39（2）：20-32+2+157.

[2] 岳经纶,陈泳欣.中国工会改革的"第三条道路"[J].探索与争鸣,2019（3）：81-89+143.

方主体资源互通互联，促进了体制内外主体的多方联动。

2. 工会主动出台规范性文件实现规则协同

这一阶段，工会实现规则协同的主要方式是工会在党委的领导下，在充分尊重政府部门、职工群众等治理主体的运作方式和组织结构基础上，以主动出台规范性文件的形式构建多元治理主体的共同行为规则，明晰权责边界，实现不同治理主体之间协同合作。

为更好履行党和政府赋予工会引导和联系劳动关系领域社会组织的重要政治要求，2021年，中华全国总工会办公厅印发《中华全国总工会关于工会联系引导社会组织为职工提供专业化服务的指导意见》，这是工会主动响应党的号召出台的规范性文件，其内容要求各级工会加强与党委、两新组织工委、民政和财政等部门协同协作，并规划了不同治理主体的工作内容以实现协同治理。因此，在整合社会组织资源阶段，工会在坚持党的领导和听取各方治理主体意见的基础上，积极主动出台规范性文件来实现多元治理主体的治理规则协同，达到治理行动协同有序和治理资源合理分配的目标。

3. 工会创新枢纽型组织机制实现机制协同

在这一阶段，工会实现机制协同的具体方式是工会基于自身枢纽型社会组织的组织结构，以创新多元主体共同处理复杂公共事务机制的形式，实现多元治理主体合作协调和共同行动。工会创新枢纽型组织机制具体表现为实践载体机制、协调联动机制、激励机制。

第一，实践载体机制。该机制是指鼓励支持基层工会创新平台、阵地、载体建设，利用工人文化宫等工会服务职工阵地来为多元社会治理主体提供协同治理场所、搭建协商平台、整合社会资源。目前，全国各地工会都在积极进行基层服务实践载体建设，据全总发布的数据，截至2023年6月，全国已建立12.17万个户外劳动者服务站点[1]。

第二，协调联动机制。协调联动是指各级工会在涉及社会组织信

---

[1] 任欢. 全总. 建成户外劳动者服务站点12万个[N]. 光明日报, 2023-07-11 (4).

息共享和政策指导方面加强与党委、政府等部门的协调联动，统筹用好党政支持的社会治理资源[①]。东莞市横沥镇总工会在镇委的支持下，与同级群团组织、政府部门协调联动，实现各主体治理资源共享，提高服务职工的质量和水平[②]。

第三，激励机制。激励机制是指上级工会评选出关于工会联系、引导社会组织的经典案例和优秀项目，通过奖励或表扬的方式激励各级工会组织积极联系同级党委、政府以及人民群众实现对社会组织资源的整合。江苏省总工会积极探索基层工会职工之家建设，加强长效管理和激励约束机制建设，同时对模范职工之家进行表彰和奖励，以达到激励、鼓励其他基层工会的目的。[③]

四、结论与展望

以系统观念、协同理论为视角，观察分析新时代以来工会参与社会治理的行动策略，发现工会在参与社会治理过程中与其他治理主体实现了以耦合结构、资源共享为主要内容的协同共治。这种协同共治经历了三个阶段的发展，表现出以下三个方面的特征。

第一，协同治理是工会在参与社会治理过程中为了适应自身发展条件所做的策略选择。党赋予工会在国家政权结构中的重要地位，使之成为国家政权的重要组成部分，这使工会在一开始就具有了参与社会治理的政治合法性。同时中央党的群团工作会议也为工会参与社会治理提供了广泛的治理空间和政策支持。但由于工会本身的政治权力

---

① 宁德鹏，李继兵.困境与出路：社会组织参与社会治理的多维度思考[J].广西大学学报（哲学社会科学版），2020，42（3）：151-156.

② 文宏，林仁镇.多元如何共治：新时代基层社会治理共同体构建的现实图景——基于东莞市横沥镇的考察[J].理论探讨，2022（1）：62-69.

③ 丁泽英，程谊，李春爱.创新职工之家建设创优职工服务体系——以职工之家为载体发挥工会在社会治理体系中的作用[J].中国劳动关系学院学报，2015，29（6）：37-42.

较弱，其资金主要来自职工工资和政府的补贴。对于大部分经济不太发达地区的工会来讲，仅有的资源只限于维持日常运转和维护职工权益，进一步参与社会公共服务供给和整合社会组织资源就难以满足了。因此工会参与社会治理需要克服的首要困难就是如何解决社会治理资源短缺的问题。而协同其他治理主体、借助其治理资源实现工会社会治理目标则是工会在现有结构体制条件下，解决工会治理资源短缺问题的可行方式。

第二，透过新时代以来工会参与社会治理协同策略发展的考察，发现工会参与社会治理的协同策略随着工会参与社会治理的中心任务演进而发展，并表现出渐进的特点：在治理主体上，从依靠党委、政府、上级工会等体制内的力量转向协同党委、政府、各级工会以及社会组织等体制内、外的力量；在治理规则上，从协同政府，借助其部分行政资源完善劳动关系领域法律，到贯彻党政精神出台宏观政策的配套文件，再到主动出台规范性文件实现党政、社会组织各方治理规则的协同；在机制协同上，既不断建立与其他治理主体的新的制度来创新协同机制，又充分利用平台、信息技术等手段创新不同主体协同方式。同时，工会参与社会治理的内容也从单一的劳动关系领域向公共服务、资源整合等其他社会领域拓展。不过需要注意的是，这种协同策略的渐进发展，是一种圈层式发展，在继承已有协同策略优势和精华的基础上，不断拓展协同内容，凝聚社会治理主体，完善协同规则，创新协同机制，在适应社会发展的过程中实现其自身的阶段性发展。

第三，工会参与社会治理协同策略的不断发展，揭示了工会组织主动应对社会结构深刻变化的实践探索。工会参与社会治理的协同策略本质上讲就是在党委的领导和政府的推动下，充分发挥主体能动作用，创新工作机制，以资源聚集和组织内嵌的工作方式，充分调动党、政府、社会组织的力量，提升工会治理能力，提高工会参与社会治理效能与作用，进而推进社会治理现代化。这种协同策略其实就是工会在特定时代背景下，主动应对社会结构深刻变化以及由此引发的新的社会问题的实践探索。这种实践探索在主体、规则、机制、内容方面，都随着实践的发展表现出社会化的特点，而且其演变也体现着党对社会治理规律的认识不断深化。

关于工会参与社会治理协同策略的具体实践中，也留下了一些需要深思和进一步探讨的问题。首先，工会在日常工作中如何协调并维护好职工合法权益的基本职责和参与公共服务供给、整合社会组织资源的社会职能之间的关系。维护职工合法权益是工会作为工人阶级联合体最基本的工作，提供公共服务和整合社会组织资源是工会作为国家政权重要社会支柱的社会责任。如何协调好基本职责与社会职能，是新时代以来工会参与社会治理应该理顺的关系。其次，工会参与社会治理的治理水平在全国呈现出不平衡发展态势。工会参与社会治理协同策略是工会在参与社会治理过程中的实践创新，需要充分发挥地方工会的主动性与创造性，激发工会内在活力。同时这种实践创新与地方党委、政府对工会工作的重视程度，以及经济发展水平，第二、第三产业发展水平，劳动关系发展状况都有着密切关系。无论是协调工会的本职职能和社会职能，还是解决工会参与社会治理的治理水平地区发展不平衡问题，都需要运用系统观念和协同理论，整体推进，重点突破，在发展中寻找履行基本职责和社会职能的平衡点，在改革中解决工会参与社会治理的治理水平不均衡问题，在社会治理现代化过程中增强工会协同力量。

第四章

社会高质量治理的重难点与行动对策

建设社会主义法治文化的四个着力点

石　伟[①]

建设社会主义法治文化是建设中国特色社会主义法治体系和法治国家的战略性、基础性工作，是建设社会主义文化强国的重要内容。习近平总书记多次强调："建设社会主义法治文化。"党的十八届四中全会《决定》也提出："必须弘扬社会主义法治精神，建设社会主义法治文化。"[②]习近平总书记关于建设社会主义法治文化的重要论述，是习近平文化思想的重要组成部分。蕴含、体现和彰显法治精神的法治文化，对法治国家、法治政府和法治社会一体化建设起着不可替代的基础性作用。唯有让法治成为一种文化、一种信仰、一种核心价值，内化于心、外化于行，才能真正实现良法善治，建成法治中国。[③]近年来，社会主义法治文化建设是社会各界在全面依法治国领域关注的热点问题。迈上新征程，建设社会主义法治文化要把握以下四个着力点。

一、始终坚持党对法治文化建设的领导

党的领导是中国特色社会主义法治之魂，是推动社会主义法治文

---

① 石伟，中央党校（国家行政学院）报刊社副总编辑，法学博士，编审，硕士生导师。
② 中共中央关于全面推进依法治国若干重大问题的决定 [M]. 北京：人民出版社，2014：26.
③ 全国干部培训教材编审指导委员会.建设社会主义法治国家 [M].北京：人民出版社、党建读物出版社，2019：185.

化建设的根本保证。习近平总书记强调，党和法的关系是一个根本问题，处理得好，则法治兴、党兴、国家兴；处理得不好，则法治衰、党衰、国家衰。① 抓住了这个问题，就抓住了中国特色社会主义法治的本质和核心。

社会主义法治文化建设必须坚持党的领导。坚持党的领导，是社会主义法治文化建设的根本要求，是全面推进依法治国的题中应有之义。我们党历来重视法治文化建设。在革命、建设、改革的不同历史时期，党一直带领人民在法治实践中推进法治文化建设，取得了丰富的经验。早在新民主主义革命时期，我们党就领导制定了大量法律法令，创造了"马锡五审判方式"、人民调解制度等。新中国成立后，我们党在不长时间内领导人民制定了1954年宪法和一批法律法规，确立了我国政治制度、法律制度、立法体制、司法体制，确立了社会主义法制原则。改革开放后，党的十一届三中全会总结了我国民主法制建设正反两方面经验，提出了发展社会主义民主、健全社会主义法制的重大方针。新时代以来，党的十八大以来，以习近平同志为核心的党中央从坚持和发展中国特色社会主义的全局和战略高度定位法治、布局法治、厉行法治，把全面依法治国纳入"四个全面"战略布局，放在党和国家事业发展全局中来谋划、来推进，就社会主义法治文化建设作出一系列重大决策、提出一系列重要举措。

坚持党对社会主义法治文化建设的领导，一方面，要坚持党总揽全局、协调各方的领导核心作用，统筹依法治国各领域工作，确保党的主张贯彻到法治文化建设全过程和各方面。另一方面，要改善党对依法治国的领导，不断提高党领导法治文化建设的能力和水平。党既要坚持依法治国、依法执政，自觉在宪法法律范围内活动，又要发挥好各级党组织和广大党员干部在依法治国中的政治核心作用和先锋模

---

① 中共中央文献研究室.习近平关于全面依法治国论述摘编［M］.北京：中央文献出版社，2015：33.

范作用。[1]

坚持党对社会主义法治文化建设的领导，具体体现在党领导立法、保证执法、支持司法、带头守法的实践中，用具体实践教育人民，推动全民守法。其一，坚持党领导立法。完善党委领导、人大主导、政府依托、各方参与的立法工作格局。坚持科学立法，推进党的领导入法入规，把党的主张依照法定程序转化为国家意志，把社会主义核心价值观融入法律法规的立改废释全过程，使法律法规、司法解释等更好体现国家价值目标、社会价值取向和公民价值准则，以良法保障善治。其二，坚持党保证执法。对执法机关严格执法，只要符合法律和程序的，各级党委和政府都要给予支持和保护。强化严格规范公正文明执法意识，促进提高依法行政能力和水平。其三，坚持党支持司法。保证司法机关依法独立公正行使职权。党对政法工作的领导是管方向、管政策、管原则、管干部，不是包办具体事务。健全公正高效权威的司法制度，促进司法文明，努力让人民群众在每一个司法案件中感受到公平正义。其四，坚持党带头守法，保证全党在宪法法律范围内活动，要求各级党组织、各级领导干部必须带头依法办事，带头遵守法律。推动全民守法，让依法工作生活真正成为一种习惯，任何组织和个人都不得有超越宪法法律的特权。

二、树立宪法法律至上的法治理念

法治是一种规则之治。建设社会主义法治文化，树立宪法法律至上的法治理念，是题中应有之义。与人治精神不同，法治精神推崇宪法法律至上。宪法法律至上，顾名思义，是指在国家治理和社会生活中，宪法法律具有至上的效力和权威。换言之，人们在思想深处认知

---

[1] 中共中央宣传部，中央全面依法治国委员会办公室.习近平法治思想学习纲要[M].北京：人民出版社、学习出版社，2021：19.

宪法法律，尊崇宪法法律，将其摆在至上的位置：任何权力都要在宪法法律的框架内行使，任何组织或者个人都必须遵守宪法法律，宪法法律是纠纷解决的最后底线。

宪法法律在权力之上，意味着任何权力都要在宪法法律的框架内行使。权力是指"特定主体因为拥有一定的资源或者优势而具有的支配他人或者影响他人的力量"[①]。在终极意义上，国家的权力来源于人民，又由人民来行使。法律是记载权力和授予权力的关键文本。通过宪法法律，人民将权力赋予国家机关，由其代为行使。我国《宪法》第二条规定，"中华人民共和国的一切权力属于人民……人民依照法律规定，通过各种途径和形式，管理国家事务，管理经济和文化事业，管理社会事务。"[②] 同时，人民也通过宪法法律，直接或者间接的方式监督权力的运行。我国《宪法》第三条规定，"全国人民代表大会和地方各级人民代表大会都由民主选举产生，对人民负责，受人民监督。国家行政机关、审判机关、检察机关都由人民代表大会产生，对它负责，受它监督。"[③]

在权力配置的意义上，公权力可以大致分为立法权、行政执法权和司法权，国家机关也分为立法机关、行政机关和司法机关。依据宪法法律规定，不同国家机关具有不同的权力行使范围。一种权力不能越界到其他权力领域，更不能越界到社会自治领域。这是现代法治文明的基本要求，也是权力有效运行的重要条件。虽然，从权力属性上看，公权力是中性的，非人格化的，其本身并没有价值立场。但是，人都是主观的，有自己的价值判断和利益立场。由于人性的弱点，公权力的行使主体使得权力运行很容易偏离公益取向，超越法定的边界。因此，社会主义法治文化要体现宪法法律至上的法治理念，必须将宪法法律置于权力之上，将任何权力纳入宪法法律的框架。这也正是提

---

① 卓泽渊. 法政治学研究[M]. 北京：法律出版社，2011：160.
② 《中华人民共和国宪法》第二条。
③ 《中华人民共和国宪法》第三条。

出"把权力关进制度的'笼子'里"之用意所在。

宪法法律面前人人平等,意味着宪法法律要平等地约束所有人的行为,也即任何人都不得超越于宪法法律,任何人都不允许有例外。先秦法家的代表韩非子就曾言:"法不阿贵,绳不挠曲。法之所加,智者弗能辞,勇者弗敢争,刑过不避大臣,赏善不遗匹夫。"马克思也曾指出,"平等,作为共产主义的基础,是共产主义的政治的论据"[①]。我国《宪法》第三十三条第二款规定:"中华人民共和国公民在法律面前一律平等。"[②] 宪法法律面前人人平等,具体表现为:宪法法律对于任何社会成员都一律平等地适用而无因人而异的区别对待;任何社会成员都平等地享有法的权利,履行法的义务;对于任何社会成员的违法犯罪行为都平等地予以追究或处罚,任何人都不得享有违法犯罪而不受应有制裁的特权。

三、传承中华优秀传统法律文化

推动中华优秀传统法律文化创造性转化、创新性发展。中华优秀传统法律文化蕴含着中华民族绵延几千年的文明智慧和文化底蕴。先秦时期,法家主张"以法治国",春秋战国时期出现了成体系的成文法典,汉唐时期形成了比较完备的法典,唐律更是广泛影响东亚。中华文化的精神观念、文明理念熔铸在传世法典之中,中华法系源远流长、灿烂辉煌,时至今日依然焕发着文化光辉。[③] 面向未来,要传承中华法系的优秀思想和理念,研究我国古代法制传统和成败得失,挖掘中华传统法律文化精华,根据时代精神加以转化,加强研究阐发、公共普及、传承运用,使中华优秀传统法律文化焕发出新的生命力。

注重提炼古代法制经验的国家治理意义。法制兴则国势兴,法制

---

① 马克思.1844年经济学哲学手稿[M].北京:人民出版社,2018:259.
② 《中华人民共和国宪法》第三十三条第二款。
③ 邓健.持之以恒推进社会主义法治文化建设[N].光明日报,2020-11-13(11).

衰则国势衰。中国古代有众多的有识之士意识到了这一规律。先秦时期《韩非子·有度》指出，"国无常强，无常弱。奉法者强，则国强，奉法者弱，则国弱。"汉代王符《潜夫论·述赦》指出，"国无常治，又无常乱，法令行则国治，法令弛则国乱。"北宋王安石《周公》指出，"立善法于天下，则天下治；立善法于一国，则一国治。"回望历史，从西周时期的"成康之治"、西汉的"文景之治"、唐代的"贞观盛世""开元之治"，到清代的"康乾盛世"，中国古代的"盛世"，无一例外，都与法制的勃兴密切相关。在国家统一、民族团结、经济发展、百姓富庶、政治开明、文化繁荣等原因推动国力昌盛之外，制定善法、良吏执法、万民守法等法制元素同样不可忽视。可以说，每一个盛世的开启、维系和衰落，都伴随着法制的兴起、完善和败坏。尤其是在朝代更迭之时，这一点体现得尤为明显。[1]

继续汲取儒家、法家等优秀法律文化。中国古代长期以来，儒家思想占据中国传统法律文化的主流。很多儒家优秀法律文化，在今天仍然具有强大的生命力和现代价值。比如，民为邦本的思想。面对儒家思想中的民本思想，仍然需要我们结合实际情况继续创造性转化，坚定地学习和借鉴，这对在法治文化中进一步树立保护权利的取向有很大帮助。重视发掘法家的优秀法律文化。比如，法家的"尚法""明法""尚公""变法"等思想。另外，墨家、道家等诸家的某些法律文化也值得我们批判性地发掘和继承。比如墨家"兼相爱，交相利"的原始平等观念，道家的和谐思想，进而注重纠纷根本化解的理念等。

加强对我国法律文化历史遗迹的保护，弘扬代表性人物的事迹和精神，因地制宜建立基地，免费向社会开放。加强对法律文化典籍、文物的保护和整理，让书写在古籍里的文字活起来、传下去。挖掘善良风俗、家规家训中的优秀法治内容，倡导传承优良家风。

---

[1] 法制兴国势兴——中国政法大学终身教授、著名法制史学家张晋藩答本报记者问[N]. 学习时报，2015-09-24（1）.

四、深入开展法治宣传教育，增强全民法治观念

法治宣传教育工作，是法律行为承载法治文化的一条重要路径。1985年11月，中共中央、国务院转发《关于向全体公民基本普及法律常识的五年规划》，这是我国第一个五年普法规划。自此，我国正式开始了全国性的有计划的普法活动。2021年6月，中共中央、国务院转发了《中央宣传部、司法部关于开展法治宣传教育的第八个五年规划（2021—2025年）》，并发出通知，要求各地区、各部门结合实际认真贯彻落实。至今，我国已经发布了八个普法（法治宣传教育）规划。法治宣传教育工作需要在多个方面予以强化。

完善中国特色社会主义法治理论。把马克思主义法治理论与中国具体实际相结合，不断推进马克思主义法治理论中国化、时代化、大众化。在新时代坚持和巩固马克思主义法治理论的指导地位，最重要的就是牢固确立习近平法治思想在全面依法治国中的指导地位。深化学习教育，抓好领导干部这个重点，把习近平法治思想作为党委（党组）理论学习中心组学习重点内容、党校（行政学院）和干部学院重点课程，不断深化思想认识、筑牢理论根基，提高领导干部运用法治思维和法治方式开展工作的本领。加强宣传解读，通过媒体报道、评论言论、理论文章、学习读本、短视频等形式，运用各类融媒体手段和平台，推动习近平法治思想深入人心。把中国特色社会主义法治理论学习宣传同普法工作结合起来，同法治政府建设示范创建活动等结合起来，发挥好各类基层普法阵地的作用。

大力弘扬宪法精神。深入持久开展宪法宣传教育，维护宪法权威。落实国家工作人员宪法宣誓制度，组织好"国家宪法日""宪法宣传周"系列宣传，推动宪法宣传教育常态化、制度化。抓住"关键少数"，把宪法纳入各级领导干部学法清单，作为领导干部学法基本任务、法治素养评估和年度述法基本内容，增强领导干部宪法意识，促进领导干部带头以宪法为根本活动准则，带头尊法、学法、守法、用

法，提高运用法治思维和法治方式深化改革、推动发展、化解矛盾、维护稳定、应对风险的能力。落实《青少年法治教育大纲》，把宪法纳入国民教育，融入校园文化，增强青少年宪法观念。

加大全民普法力度，在针对性和实效性上下功夫，落实"谁执法谁普法"普法责任制，加强以案普法、以案释法，发挥典型案例引领法治风尚、塑造社会主义核心价值观的积极作用，不断提升全体公民法治意识和法治素养。广泛开展民法典普法工作，让民法典走到群众身边、走进群众心里，大力弘扬平等自愿、诚实信用等法治精神，教育引导公民正确行使权利、积极履行义务。强化依法治理，从人民群众反映强烈的问题改起、从细节抓起、从小事做起，积极引导公民在日常生活中遵守交通规则、做好垃圾分类、杜绝餐饮浪费、革除滥食野生动物陋习等，培养规则意识，培育良好法治环境。突出学习宣传党章，深入开展党规党纪教育，教育引导广大党员做党章、党规、党纪和国家法律的自觉尊崇者、模范遵守者、坚定捍卫者。完善社会矛盾纠纷多元预防调处化解综合机制，把非诉讼纠纷解决机制挺在前面，引导人们理性平和协商解决矛盾纠纷。把法治文化建设纳入公民道德建设工程、社会信用体系建设中，推动完善市民公约、乡规民约、学生守则、行业规章、团体章程等社会规范。繁荣发展社会主义法治文艺。落实媒体公益普法责任，综合运用"报、网、端、微、屏"等资源和平台，推动法治融媒体建设，建立以内容建设为根本、先进技术为支撑、创新管理为保障的法治全媒体传播体系，创建法治品牌栏目、节目。加大法治文化惠民力度，充分利用"三下乡"活动，组织丰富多彩的法治文艺下基层，在重大节庆日、法律法规实施日等时间节点，组织开展群众性法治文化活动。

新发展阶段对社会质量建设的
新要求

黄海燕[①]

治国之道，富民为始。在我国，从"天道均平"的共同富裕思想萌芽，到"权有无，均贫富，不以养嗜欲""闻有国有家者，不患寡而患不均，不患贫而患不安""适其时事以致财物，论其税赋以均贫富"的治国理政主张，再到"大同主义"对世界大同的憧憬，"共富"的价值追求古而有之。中国共产党自成立以来，始终团结带领中国人民不断为美好生活而奋斗，在改革发展的实践中，坚持将马克思主义与中国具体实际和中华优秀传统文化相结合，以追求共同富裕为政治遵循，不断为人民谋幸福、为民族谋复兴。

随着我国社会主要矛盾转化为人民日益增长的美好生活需要和不平衡不充分的发展之间的矛盾，以习近平同志为核心的党中央立足新发展阶段，从全局高度谋划，作出促进全体人民共同富裕的战略决策。我国已经进入扎实推进共同富裕的历史阶段，涉及一系列重大理论和实践问题亟待研究阐释，并建构起中国自主的共同富裕知识体系。本文尝试从社会质量的视角切入对共同富裕的研究，探讨共同富裕视域下的社会质量"测量谁""测什么""怎样测"，理解共同富裕历史背景下社会质量建设的自身特色。

---

① 黄海燕，北京师范大学社会发展与公共政策学院2017级博士生，中国社会科学院科研局主任科员、助理研究员。

一、测量谁：社会质量与共同富裕的相因一致性

从社会质量理论角度切入共同富裕的路向研究，其中的理论与现实可行性来源在于，社会质量与共同富裕在产生背景、价值追求与整体主张的三重契合，实现共同富裕能够为提高社会质量奠定坚实基础，社会质量研究的深入和指标体系的完善对推进共同富裕研究又具有能动的反作用。

（一）社会质量的基本内涵

"社会质量"作为社会发展研究范式，有两个独立的起源一直受到国内外学者的持续关注，他们从各自的视角将其代入不同研究领域，讨论社会质量理论框架在社会建设中的转化、发展。

中国早期对社会质量的研究，侧重于对社会质量概念的辨析和范畴的讨论。王沪宁提出，所谓社会质量，是指社会非政治有序化程度，即社会各个环节、各种运动和各种因素自我组织的程度，或者说在没有政治控制和协调下它们的自组织达到何种程度，并将现代社会分为政治的有序化社会和非政治的有序化社会[1]。吴忠民认为，社会质量作为社会机体在运转、发展过程中满足其自身特定的内在规定要求和需求的一切特性的总和，具有本体性、效能性、调适性、畅通性、协调性、稳定可靠性等基本特性[2]。杨晓莉从评价尺度的角度，论述对本土化社会质量的构想[3]。随着对欧洲社会质量概念的吸收借鉴，景天魁、林卡、张海东、任丽颖、李炜、崔岩、周小毛、杨泉明等学者不断探讨社会质量理论的本土化命题，研究社会质量在社会保障、基层治理、社会评价等方面的应用情况。

---

[1] 王沪宁.中国：社会质量与新政治秩序[J].社会科学，1989（6）.
[2] 吴忠民.论社会质量[J].社会学研究，1990（4）.
[3] 杨晓莉.社会质量：社会进步的评价尺度[J].扬州大学学报（人文社会科学版），1999（5）.

最初提出欧洲社会质量理论，是为了更全面地衡量现代社会的发展，用社会质量的分析框架来考察经济社会发展状况。[1]随着欧洲一体化进程中对经济政策与社会政策的平衡研究的不断深入，这一历史背景和语境下的社会质量，主要是指"人们在提升他们的福祉和个人潜能的条件下，能够参与社区的社会、经济与文化生活的程度"[2]，换言之，指公民能够参与社会共同体的社会与经济生活的能力。社会质量随后在欧洲发轫并迅速得到各界认同和传播。社会质量追求个人福祉的提升，认为人的自身潜能具有决定性作用，政府与个体并非简单的管理与被管理关系，公共领域与个体互动是社会建设的深层社会基础，主张社会结构下个体的能动性空间，为开展共同富裕的研究和测量提供一种研究视角。

（二）共同富裕的科学内涵与鲜明特征

共同富裕作为一种状态或结果，体现为中国式现代化的目标要求，意味着全体人民都过上富裕美好的生活；作为一个过程或行为，则体现为中国式现代化的实现路径，意味着全体人民都有追求发展、勤劳致富的共同权利和机会，能够通过共同努力和共同奋斗，最终实现全体人民的共同致富和共同发展。[3]国家"十四五"规划和二〇三五年远景目标的建议明确提出，到2035年，全体人民共同富裕取得更为明显的实质性进展。随着新时代共同富裕阶段目标的确立，其内在要求与重点方向随之呈现新变化、新特点。

共同富裕是社会主义本质要求，是中国式现代化的重要特征。[4]在高质量发展中促进共同富裕，推动新时代共同富裕建设取得更为明

---

[1] 林卡.从生活质量的提升走向社会质量的增进［J］.杭州（我们），2011（5）.
[2] 崔岩.中国社会质量研究理论、测量和政策［M］.北京：社会科学文献出版社，2017.
[3] 高培勇，黄群慧，等.共同富裕论纲［M］.广州：广东人民出版社，2022.
[4] 习近平.扎实推动共同富裕［J］.求是，2021（10）.

显的实质性进展,首先需要从理论上明确共同富裕"是什么""不是什么",明晰扎实推进共同富裕的重大意义。一是涉及主体全民性,共同富裕是在消除两极分化和贫穷基础上,实现人的全面发展和社会进步,而不是少数人的富裕或者平均数的富裕。二是共富内涵全面性,共同富裕是全体人民共同富裕,全面发展的富裕,追求"口袋"和"脑袋"都要富,追求物质财富共享和精神世界共富的统一,而不是整齐划一的平均主义。三是物质基础坚实性,"富裕"和"共同"都是共同富裕的关键词,"富裕"是追求实现人民生活水平的全面提高,"共同"是强调缩小不平衡不平等程度,全社会、全体人民的"普遍富""共同富"需要在生产力高度发展和社会保障水平比较发达的基础上得以实现,不是"空中楼阁"。四是建设路径整体性,促进是全体人民通过辛勤劳动和相互帮助,共同"做大蛋糕"和"分好蛋糕",力求效率与公平相统一,努力形成共建共享共富共荣的社会格局,不是"躺平""搭车""养懒汉"。五是实现过程渐进性,共同富裕是差别有序的富裕,[①]是一个长期理想和奋斗目标,是先富带后富、帮后富,不是同时同步同等的富裕,不可能"一口气吃个胖子",也不是"劫富济贫"。六是制度设计系统性,扎实推动共同富裕,是逐步建立完善"权力不腐败、资本不垄断"一系列更有效的制度安排,不是"穿新鞋走老路"。

(三)社会质量与共同富裕的三重合辙

尝试从社会质量角度切入对共同富裕的路向研究,主要是基于二者在发展背景、价值追求和整体主张方面的相因一致性。

1. 产生背景:适应经济社会发展需要的历史必然

"社会质量"概念最初在欧洲的提出,主要源于 20 世纪 90 年代欧洲联盟由成员国内部的经济整合向社会政策整合的推进,是为了对抗

[①] 张占斌,吴正海. 共同富裕的发展逻辑、科学内涵与实践进路[J]. 新疆师范大学学报(哲学社会科学版),2022(1).

第四章　社会高质量治理的重难点与行动对策

长期以来社会发展研究和实践见物不见人，对抗欧洲整合出现新自由主义趋势背景下社会政策逐渐成为经济政策的附属或者工具的现象，改变对经济的考量和对企业诉求的关注占据主导地位、对社会需求等因素的考虑至多是占据次要地位的情形。1997年，欧洲科学家们共同签署发布《欧洲社会质量阿姆斯特丹宣言》，提出欧洲社会发展社会质量至上的理念。

在"两个一百年"奋斗目标交汇之际启动共同富裕行动纲领，将共同富裕确定为当前及未来相当长时期的重要发展目标，并非简单理论推演的产物，而是中国特色社会主义事业发展的历史必然，具有其鲜明的时代背景。一方面，共同富裕是我国新时代发展的必然目标，也是中国特色社会主义进入新发展阶段后必然的发展举措。党的十八大以来，脱贫攻坚战取得圆满胜利，基本经济制度和运行机制基本成熟，国家生产力快速提升，加上以人民为中心的各项制度安排，决定了推进共同富裕的物质、文化、社会和制度基础。另一方面，作为缓解分配问题的重要举措，促进全体人民共同富裕，正是适应我国社会主要矛盾的变化、更好满足人民日益增长的美好生活需要的着力点。[1]

2. 价值追求：保障和提升人民获得感、幸福感、安全感

社会质量理论从个体是社会存在的前提出发，顺着个体与社会这一组概念，从相互交织的个体的自我实现与集体认同、个人发展与社会发展两对张力中，形成社会质量的三个构成性因素，即建构性因素、条件性因素、规范性因素（见表3-1）。其中，以个人（人类）安全、社会认可、社会反应、个人（人类）能力等社会行动者的建构性要素，阐释个体与社会间的内在关系，并以此为基础分解出对应的社会经济保障、社会凝聚、社会包容、社会赋权组成的条件性因素，最终是为了在三类因素相互影响作用的进程中，不断实现以社会正义（平等）、

---

[1] 谢伏瞻，高培勇. 共同富裕理论探索［M］. 北京：中国社会科学出版社，2022.

社会团结、平等、人的尊严为核心的基本价值理念，即社会发展所追求的规范性因素。社会质量结构见表4-1。

表4-1 社会质量结构

建构性因素	条件性因素	规范性因素
个人（人类）安全	社会经济保障	社会正义（平等）
社会认可	社会凝聚	社会团结
社会反应	社会包容	平等
个人（人类）能力	社会赋权	人的尊严

我国仍将长期处于社会主义初级阶段，是世界上最大发展中国家，发展不平衡不充分问题仍然比较突出，扎实促进全体人民共同富裕，不要求所有地区、所有人同时同地同等地富裕，而是要坚持在高质量发展中力求效率与公平的统一，因时因势因地设定发展目标、作出政策安排。共同富裕所追求的核心价值内涵，不仅是通过经济社会发展规律来激活社会生产力，更重要的是以此为基础促进社会公平正义、增进人民福祉，这也是中国式共同富裕道路较之其他共同富裕模式和标准的自身特色所在。

3. 整体主张：提高人民生活品质

社会质量理论的一个重要特征是它的"整体品格"。[1]主张在自我实现过程与各种集体认同的形成互动过程中，从条件性因素阐发的社会经济保障、社会包容、社会凝聚、社会赋权四个维度，形成系统的社会质量评估指标体系，强调深入政治、经济、社会、文化、生态领域中结合测量指标衡量社会的整体品格，从总体上反映整个社会的共同愿景。

共同富裕是马克思主义的一个基本目标。[2]列宁曾经指出："只有社会主义才可能广泛推行和真正支配根据科学原则进行的产品的社会

---

[1] 范逢春.国家治理现代化的社会质量路向[J].湖南社会科学，2015（2）.
[2] 《求是》杂志编辑部.新发展阶段促进共同富裕的战略擘画[J].求是，2021（20）.

生产和分配，以便使所有劳动者过最美好的、最幸福的生活。"[①] 促进全体人民共同富裕，既是一项长期任务，也是马克思主义的重要追求，是社会主义区别于资本主义的重要标志，从质的规定性上体现着中国特色社会主义的优越性。

因此，基于社会质量与共同富裕二者间内涵、品格的内在逻辑联系，深入研究社会质量的理论框架和指标体系，推进对共同富裕的研究，讨论共同富裕的指标体系，就具备了现实意义与可行性。

二、测什么：新发展阶段对社会质量建设的新要求

共同富裕首先是对全面小康社会的升级，其评价指标体系的构建涉及一系列与经济发展战略和系统政策制定实施相关的理论和实践问题。[②] 社会质量作为社会发展进步的测量维度，从社会经济保障、社会凝聚、社会包容、社会赋权四个条件性因素生成系统的指标体系，现有欧洲社会质量研究对四个维度共提出 95 项二级指标，从社会质量视角开展对共同富裕研究的创新价值之一，在于能够对测量扎实推进共同富裕进程中社会整体发展质量提供一种新的研究范式，同时，共同富裕研究也对社会质量理论发展提出了更高的要求（见表 4-2）。

表 4-2 社会质量指标体系

测量维度	主题	二级指标
社会经济保障	社会风险 生活机会	金融资源、住房与环境、健康与照顾、就业、教育
社会凝聚	基本关系的强弱	信任、整合的规范与价值观、社会网络、认同
社会包容	公民权	公民权利、劳动力市场、服务、社会网络
社会赋权	日益扩展的人类选择的范围	知识基础、劳动力市场、制度的开放性与支持性、公共空间、人际关系

---

① 列宁. 在全俄国民经济委员会第一次代表大会上的讲话（1918 年 5 月 26 日）[EB/OL].（2023-9-26）. https://www.marxists.org/chinese/lenin-cworks/34/055.htm.
② 乔惠波. 试论共同富裕的内涵、基础及推进［J］. 东岳论丛，2022（2）.

（一）社会经济保障：共同富裕的科学理性

与可以用自上而下路径阐释的社会保障不同，社会质量研究领域中的社会经济保障内涵更为复杂和广泛，后者以个人、共同体以及群体的结构作为核心，反映新的社会关系、生产系统和条件。社会经济保障的主题包括应对社会风险和提供生活机会两个方面，测量指标包括金融资源、住房与环境、健康与照顾、就业和教育五个方面。

与社会保险、基本收入保障等定义比较，社会经济保障是一个更为宽泛的概念，是拥有市民身份的先决条件之一[①]。社会经济保障之于共同富裕，既包括充足的物质生活，也包括公民获得的必要的社会服务和在经济、社会、文化权利方面的满足感。一方面，共同富裕的首要含义是富裕，从经济学角度观察，包括财产、收入在内的物质财富生产和分配，基础是生产力的高度发达、经济的可持续增长以及现代产业体系的不断完善。另一方面，共同富裕是所有人的共同发展，从社会发展角度来说，对共同富裕的社会经济保障维度的研究，还须综合考虑制度、政策和发展环境对发展不平衡不充分进行的修正与弥补，指标设计还要关注人的自身发展，要能够体现全体人民公平参与经济社会发展进程、共享发展成果的实际进展。

（二）社会凝聚：共同富裕的价值品质

社会质量理论以家庭、朋友、邻居和当地社团作为社会关系最重要的表述，社会凝聚的主题则主要定义为基本社会关系的强弱。测量指标包括信任、整合的规范与价值观、社会网络、认同四个方面。

社会凝聚作为使社会紧密相连或促进社会团结的黏合剂，是社会

---

① 劳伦·范德蒙森，艾伦·沃克.社会质量：从理论到指标［M］.冯希莹，张海东，译.北京：社会科学文献出版社，2015.

质量的中心所在。①面对新时代我国社会主要矛盾的变化，对共同富裕视域下社会凝聚的考量，要始终坚持人民立场，以实现人民幸福生活作为发展的目的与归宿。一方面，发展为了人民，是马克思主义政治经济学的根本立场，以人民为中心扎实推进共同富裕，是经济社会高质量发展建设的奋斗目标与价值取向，也是满足人民日益增长的美好生活需要的重要内容。另一方面，社会凝聚的特性是团结，具有整合的功能，而共同富裕中的社会关系、整合的规范和价值观等社会凝聚标签设置及子域内容确定，还需要结合共同富裕的自身特色进行更为广泛的讨论。

（三）社会包容：共同富裕的民主特征

欧洲社会质量情境下社会包容的主题就是公民权，其原则建立在由局部联合而成的特定功能指向的交往和行动情境的基础上，涉及参与经济、政治、社会和文化系统及制度的可能性。测量指标包括公民权利、劳动力市场（侧重获得就业与就业质量）、服务和网络四个方面。

在社会质量的情境下，公民权是社会包容的主题。民主是全人类的共同价值观，人民民主是社会主义的生命，而全过程人民民主，是党的二十大对新时代民主政治建设作出的新的部署，是人民民主的崭新形态，同时也是以社会质量范式研究共同富裕的重要课题。一方面，以社会质量指标体系为参考，立足共同富裕建设实际，对共同富裕关涉的相关方面涉及公民权、劳动力市场等一般意义的测量指标。另一方面，全过程人民民主作为社会主义民主政治的本质属性，与社会治理在理论上逻辑相通、价值契合，在实践中互联互动、互相赋能。对共同富裕背景下社会包容维度的研究，同样也需要突破社会质量的研

---

① 劳伦·范德蒙森，艾伦·沃克.社会质量从理论到指标[M].冯希莹，张海东，译.北京：社会科学文献出版社，2015.

究模式，更加聚焦社会质量中嵌入的人民性。

（四）社会赋权：共同富裕的法治思维

社会质量的概念本质上是一个行动者导向的概念，欧盟将赋权的主题定义为日益扩展的人类选择的范围，[1]强调个体是发展进程的主体，而不是被动接受来自外界的慈善干预的客体。测量指标包括知识基础、劳动力市场（侧重工作流动性与协调性）、制度的开放性与支持力度、公共空间、人际关系五个方面。

在社会质量中，赋权是一个核心概念，共同富裕框架下的社会赋权维度，对赋权具体指标的结构和机制进行研究，探讨全面依法治国在共同富裕领域中的逻辑转换、价值向度与实践路径，则有助于对这一社会过程或者说社会关系的深入理解。一方面，党的二十大报告明确作出"全面依法治国总体格局基本形成"的重要论断，这也标志着在法治轨道上扎实推进共同富裕、全面建设社会主义现代化国家具有了坚实的制度基础。另一方面，共同富裕社会赋权维度的研究，也必须结合建设中国特色社会主义法治体系、建设社会主义法治国家的战略要求和制度安排，勾勒出能够确定共同富裕视域下的社会赋权的分析框架，并将具体指标设计工作做实做细。

前述社会质量四个维度之间并非线性的或限定的因果关系，每个因素对其他要素都存在着相互影响，形成社会质量理论问题和测量体系研究的丰富内容。以社会质量理论切入对共同富裕研究的魅力和影响力在于，社会质量虽然并不直接反映共同富裕状况，但社会质量指标体系尝试为解读共同富裕提供一种研究框架，通过运用社会质量研究范式，研究探索反映共同富裕建设的整体性品格。

---

[1] 张海东.社会质量研究：理论、方法与经验[M].北京：社会科学文献出版社，2011.

三、怎样测：以实现人民对美好生活的向往为导向

习近平总书记强调，扎实推进共同富裕，要提出科学可行、符合国情的指标体系和考核评估办法。加强中国社会质量研究，着重探讨扎实推进共同富裕背景下社会质量的自身理论和指标体系，推进社会质量在共同富裕研究中的应用。

（一）坚持习近平新时代中国特色社会主义思想的全面指导

正如中国式现代化不同于其他现代化模式和标准，中国式共同富裕同样具有一系列自身特色，共同富裕的理论研究和实现路径，首先要以习近平新时代中国特色社会主义思想为指导。习近平总书记关于共同富裕的系统思想是扎实推进共同富裕的第一要件，是为实现第二个百年目标统一思想、统一意志、统一行动的重要依据。一方面，进入全面建设社会主义现代化国家新征程，以习近平同志为核心的党中央从满足人民日益增长的美好生活需要出发，赋予共同富裕更加丰富的时代内涵，我们要完整准确地理解，全面系统地落实[1]。另一方面，深入解读习近平总书记关于共同富裕的重大论述，有助于真正深入理解共同富裕的时代背景、重大意义、本质内涵、发展目标与衡量标准，有助于更加清晰地了解什么是共同富裕、如何将共同富裕远景目标化作一步一步具体的实践[2]，更加精准识别社会质量的核心指标。

（二）在高质量发展中提升社会质量，促进共同富裕

习近平总书记强调，共同富裕要坚持以人民为中心的发展思想，在高质量发展中促进共同富裕。坚持以人民为中心的思想，回答了为

---

[1] 厉以宁，黄奇帆，刘世锦，等.共同富裕：科学内涵与实现路径[M].北京：中信出版集团，2022.

[2] 刘元春，宋扬，王非，等.读懂共同富裕[M].北京：中信出版集团，2022.

了谁、依靠谁的问题，[①] 推动高质量发展，要着力解决好当前我国发展不平衡不充分的问题，统筹推进物质文明、精神文明和生态文明建设，不断改善人民生活品质，这一价值追求也正是社会质量的核心内容。实现高质量发展与实现全体人民共同富裕均为中国式现代化的本质要求，二者间相互联系，相互促进。一方面，共同富裕是一个长期的历史过程，坚持在高质量发展中促进共同富裕，核心是要完整、准确、全面贯彻新发展理念，不断提升发展的平衡性、协调性、包容性，在高质量发展中持续提升共同富裕建设的质量和效益。另一方面，扎实推进共同富裕逐步取得实质性发展，为高质量发展奠定了坚实基础。着力促进全体人民共同富裕，强调做大蛋糕和分好蛋糕不可偏废，力求效率与公平的统一，从制度安排上坚决防止两极分化、防止种种起点不平等造成的结果不平等，有效避免贫富差距加大和增长停滞，保障经济社会建设高质量发展更加充实、更有保障、更可持续。

（三）促进共同富裕融入国家经济社会发展战略

习近平总书记指出，全体人民共同富裕与全面建成小康社会同样都是一个总体概念，是对全社会而言的。共同富裕的实现路径是由党团结带领全国各族人民共同推进，从顶层设计、示范区建设以及政府、企业、家庭与个人共同发力推动共同富裕。以经济视角观察，只能看到共同富裕建设的一部分，而在社会发展整体格局中，则可以清晰看到共同富裕建设进程中的社会质量。一方面，协调发展是共同富裕的必由之路，协调发展的新发展理念，既强调不同区域、城乡、产业、企业之间的内部协调发展，也注重经济与社会、文化、民生、生态，发展与安全之间的统筹协调，这也是推进共同富裕题中应有之义。另一方面，统筹推进不同地区、城乡、行业协调发展，是社会主义制度优越性的体现，鼓励先富带动后富，促进共同富裕融入区域协调发展战略，发挥先富带动后富效应；

---

① 魏礼群，孙文营. 坚定不移推进和拓展中国式现代化 [J]. 理论视野，2022（11）.

融入乡村振兴战略，巩固乡村振兴战略；融入新型城镇化战略，优化以城带乡格局，在不断提高人民物质和精神生活水平基础上实现共同富裕。

（四）提高指标体系设计的平衡性、协调性、包容性

社会质量指标体系为尝试解读和衡量共同富裕提供一种研究视角，但事实是，社会质量的评价指标体系有部分指标还没有与国家统计指标形成一致，既包括物质生活富裕，也涵盖精神生活富裕；既有经济社会发展客观衡量标准，也涉及人民生活安全感、幸福感、获得感等主观评价指标；既要考虑到中国式现代化建设对共同富裕目标的全局性、整体性规划布局和战略安排，也要考虑不同地区、不同行业、不同时间阶段推进共同富裕的差异性，这就给以社会质量视角研究共同富裕提出了新的考题。社会质量作为社会发展水平的评价体系，一方面，在侧重以公众主观认知反映社会质量理论内涵和政策指向的同时，如何与经济指标等统计指标等相融合，也值得进一步深入讨论。另一方面，需要通过更多的理论和实证研究，进一步论证质量理论框架如何进一步结合我国发展不平衡不充分的实际，真正反映不同地区、城乡之间的社会发展水平，同时也提升社会质量理论和指标体系在共同富裕研究中的应用空间。

综上，国之称富者，在乎丰民。作为理论，社会质量强调"社会"取向，辩证地看待个体与社会的关系，关注社会发展的整体品质，并旨在推动政策变革；作为愿景，社会质量体现了新的发展理念，为建构社会提供了理论基础，为社会发展指出了路向；作为工具，社会质量又体现为分析模型、构成要素和指标体系。共同富裕有丰富深刻的理论内涵和系统广阔的实践场景，社会质量作为社会指标的统计类型之一，指标体系的范围非常宽泛，在共同富裕的框架下，各种关系被建立，各种过程正在发展，社会质量理论能够为解读共同富裕提供一种新的视角，扎实推进共同富裕，也对社会质量研究的理论深度和实践有效性提出了更高的要求，结合共同富裕实际分析和扩展社会质量理论和测量维度，也是进一步深化研究的方向。

农村养老服务：如何提高供给质量

刘 磊　李巧娟[①]

截至 2019 年年末，山东省 60 岁以上农村老年人口数量约 1 400 万，65 岁以上老年人口数量约 950 万，80 岁以上老年人口数量约 170 万；其中，农村空巢、独居老年人口数量约 700 万，失能老年人约 300 万，其中重度失能老年人约 100 万，留守老年人口数量约 0.8 万。山东省荣成市 60 岁以上老年人口为 204 138 人，占户籍人口的 31.1%。预计到"十四五"末，荣成市老年人口比例将提高到 32%，社会进入超级老龄化阶段，较全国平均水平至少提前 15 年。从荣成市农村来看，荣成市农村人口有 286 262 人[②]，60 周岁及以上老年人口有 165 344 人，其中，70 周岁及以上老年人有 73 193 人，占农村老年人口的 44.3%；80 周岁及以上老年人有 24 624 人，占农村老年人口的 14.9%；90 周岁及以上老年人有 3 501 人，占农村老年人口的 2.1%。[③] 荣成市农村人口老龄化率已高达 57.8%。这表明，荣成市农村已进入到重度人口老龄化阶段。近年来，为应对农村养老服务供给不足问题，荣成市在党和政府的主导下，通过政策实施和顶层领导建立起了政府、家庭、社会、市场共同参与的"综合支持型"农村养老服务供给体系。

---

　① 刘磊，北京师范大学管理学博士，现就职于中国言实出版社。李巧娟，北京师范大学社会学院博士研究生。
　② 数据来源：《荣成市统计年鉴（2019）》第 24 页。
　③ 数据来源：荣成市民政局统计数据。

一、治理模式的选择与发展历程

在中国传统农村社会中,家庭养老是农村养老的基本方式,这是由中国社会存在的"血亲价值论"决定的[1],随着家庭人口结构的变化和生产生活方式的改变,家庭养老功能弱化,贺雪峰提出"中国农村养老的出路在于发展农村互助养老"[2],也有学者基于福利多元主义理论、多中心治理理论,提出了"多元共服"的农村养老模式[3]。荣成市农村养老也基本遵循了中国农村社会传统、人口结构和生产生活方式改变的现实,在家庭养老作为农村基本养老方式的基础上,家庭、政府、市场、社会协同治理,形成了农村养老服务供给的"共建共治共享"治理模式,其大致发展过程如下:2009年6月公布的《荣成市新型农村社会养老保险暂行办法》(荣政发〔2009〕27号),加强了农村养老服务保障的力度。2011年,《荣成市人民政府办公室关于实施2011年十项民生重点工程的通知》等政策,通过进一步加强新农合保障力度和特殊群体救助工程提升农村养老保障水平和农村家庭养老服务供给能力。2013年,荣成市出台《荣成市人民政府关于加快社会养老服务体系建设的意见》,推动养老机构和农村养老服务的发展。2019年,荣成市加快推进信用体系建设和"暖心食堂"建设,并成立"暖心食堂"联席会议协调机制,一方面,提升农村养老服务供给能力,另一方面,提升家庭养老服务功能和推进社会力量参与养老服务工作。截至目前,荣成市农村养老服务供给已经形成"以家庭为基础力量,政府为重要保障力量,市场化养老机构为重要补充力量,社会为重要

---

[1] 姚远. 血亲价值论:对中国家庭养老机制的理论探讨[J]. 中国人口科学,2000(6):29-35.

[2] 贺雪峰. 互助养老:中国农村养老的出路[J]. 南京农业大学学报(社会科学版),2020,20(5):1-8.

[3] 王立剑,金蕾,代秀亮."多元共服"能否破解农村失能老人养老困境?[J]. 西安交通大学学报(社会科学版),2019,39(2):101-108.

参与力量"的农村养老服务供给的"共建共治共享"治理模式。

二、协同治理举措

（一）充分发挥政府在养老服务体系建设中的主导作用

进入 21 世纪以来，荣成市委市政府高度重视养老服务体系建设工作，将发展养老服务业纳入国民经济和社会发展规划，建立健全养老服务工作协调机制，定期研究养老服务体系建设中涉及的重大问题、谋划部署促进养老服务体系建设的重大举措。先后出台了包括《关于加快社会养老服务体系建设的意见》《荣成市加快推进医养结合暨养老服务业转型升级实施方案》等在内的多项政策文件，形成了多层次的养老服务体系建设配套制度体系，有效推动了市场化养老机构发展，使社会力量广泛参与到农村养老服务工作中来。此外，荣成市政府把"暖心食堂"建设作为优化提升农村养老服务供给的重要抓手，先后出台《暖心食堂长效运营保障指导意见》《荣成市 2020 年农村"暖心食堂"建设指导意见》《"暖心食堂"文明实践志愿服务工作实施方案》等文件，推动农村"幸福食堂"建设，计划利用 1—2 年时间，将"幸福食堂"建设拓展到全市 85% 以上的村居。通过两年的建设，截至 2020 年 10 月，荣成市共建成暖心食堂 353 处，已投入运营 309 处（其中：村级互助型 219 处、集中配餐型 87 处、暖心饭盒型 3 处），日均服务老人 6 374 人，缓解了农村家庭高龄老人吃饭难问题。

（二）不断提升家庭养老服务供给能力

家庭是农村养老的基本方式，随着家庭人口结构和农村生产生活方式的改变，独生子女家庭和"就近务工"家庭增多，家庭养老服务供给能力逐步弱化。为切实提升家庭养老服务供给能力，荣成市积极引导农村家庭参加农村合作医疗和农村养老保险，连续 15 年上调居民养老基础养老金标准，2019 年 1 月起，居民养老基础养老金标准上调至130元，居民基本医疗保险财政补助标准上调至530元，居民基本养老保险和医疗保险参保人数分别达到28.3万人和42.8万人，已实现新农村合作医疗和农村基础养老金的农村全体居民全覆盖。

（三）鼓励支持市场化养老机构快速发展

养老机构是农村养老服务供给的重要补充力量。2013年，荣成市出台《荣成市人民政府关于加快社会养老服务体系建设的意见》，对达到规定的新建养老机构床位，在省级一次性补助的基础上再给予4 500元补助；对达到规定条件的改造用房和租赁用房，在省级一次性补助的基础上再给予2 000元补助，并通过税收优惠、土地使用等方面的优惠措施，支持推动市场化养老机构快速发展。截至2020年11月，荣成市共建成市场化养老机构28家，床位9 984张，仅人和镇院夼村就有50多位老人入住，成为荣成市农村养老的重要补充。市场化养老机构根据农村老人对上门养老服务的需求，在人口集中的村居建立养老服务点，为农村老人提供上门助浴、助餐、护理等养老服务，为不同消费层次和不同需求的农村老人提供差异化养老服务。此外，市场化养老机构还通过"公建民营"、政府购买服务的方式为特殊群体老人提供集中供养服务和分散供养服务，助力政府提升养老保障水平。2013年，通过"公建民营"等方式将全市24个乡镇敬老院升级改造为8个区域性养老服务中心，区域性养老服务中心能够提供包括特困人员供养、困难家庭重度失能老人托养、居家上门养老服务、配餐送餐、重度失能家庭养老护理培训、老年人能力评估、养老服务指导等在内的综合性养老服务，已为全市1 200多名孤、寡、特困老人提供集中供养服务，为部分农村老人提供上门服务。

（四）引导社会力量积极参与农村养老服务体系建设

2012年起，荣成市持续推进信用体系建设，推动志愿服务力量发展。截至2020年10月，全市注册登记志愿服务组织达350多家，注册志愿者超过 10 万人。一方面，荣成市农村地区普遍建立起网格志愿服务队和特色志愿服务队。例如，斥山街道盛家村有 10 支特色志愿服务队和 10 支网格服务队。其中与农村养老直接相关的是"巧厨娘"志愿服务队和"伴老同行"志愿服务队，"巧厨娘"志愿服务队是专门在"幸福食堂"为老人做饭的志愿者，队员通过"个人自愿报名—村委会挑选"而产生，服务队一般保持在 10 人左右规模，根据就餐老人数量，轮流为老人志愿做饭；"伴老同行"志愿服务队则会根据本村老人的实际情况经常探望老人，或者为老人组织一些活动，关爱老人身心健康。老人在生活上遇到一些困难，还可以找"纾难解困"志愿服务队。另一方面，志愿者通过社会志愿服务项目等平台，以志愿服务、捐款、捐物等多种方式参与农村养老服务，为农村老人提供包括助餐、助娱、家务、代办手续、代买生活用品、情感关怀等丰富的养老服务，切实解决农村老人生活中的困难。例如，农村居民通过"幸福食堂"义务为老人做饭，义务维持"幸福食堂"的运营，并为"幸福食堂"捐米、面、油、蔬菜等生活用品和捐款，积极参加互助养老互动，在一定程度上弥补了家庭养老功能的弱化。此外，政府还通过"四清整治""环境整治"等专项活动，整合公办养老资源等措施，推动社会力量参与农村养老，帮助提升家庭养老服务供给能力，提升政府农村养老保障水平和对特殊群体老人养老的兜底功能。

三、对我国农村养老服务供给体系建设的主要建议

农村养老服务供给是重要的民生工程，涉及广大农村老人和千千万万农村家庭的切身利益和我国经济社会发展长期稳定发展。在人口老龄化趋势背景下，系统反思荣成市探索农村养老服务体系建设的历程，可以发现和揭示一些规律性认识和启示，这将有助于我们遵循客观规律，有效提升农村养老服务供给能力和水平，切实解决老龄化社会中面临的农村养老问题。

（一）解决农村养老服务供给问题必须建立健全顶层领导体制机制

党和政府在农村养老服务供给体系建设中居于主导地位，党和政府的领导是重要的政治保障。农村养老问题是一个涉及面广、紧迫性强、解决难度大的重大课题，解决农村养老问题需要增加政府养老服务供给，提高家庭养老服务能力。推动社会参与力量及养老机构的发展，需要党和政府以及社会各界的广泛参与，建立健全顶层领导体制机制，有利于提高对农村养老服务问题的重视，协调各方资源，加快推进农村养老服务供给体系建设，解决农村养老服务供给问题。农村养老问题的形成是农村人口老龄化的必然结果，它的形成经历了一个长期的历史过程，在未来很长一段历史时期内，农村养老问题将会随着农村人口老龄化的发展而进一步发展，解决农村养老服务供给问题，也需要一个层层推进、综合施策的过程。建立健全顶层领导体制机制，有利于为解决农村养老服务供给问题提供借鉴与指导，保持解决农村养老服务供给问题战略在历史过程中的稳定性，也有利于保持相关政策的长期性、连续性和政策调整的灵活性。未来十年，20世纪60年代初到70年代初生育高峰期内的出生人口将陆续步入老年行列，我国将进入急速人口老龄化阶段，养老服务需求将集中爆发性增长，农村养老服务供给将面临更加严峻的挑战。为此，必须紧紧把握未来5—10年战略窗口期，[1] 加快建立健全农村养老服务体系建设顶层领导体制机制，加快提升农村养老服务供给能力和水平，有效应对深度人口老龄化趋势带来的挑战。

---

[1] 刘磊."十四五"时期完善农村养老服务体系的挑战与任务[J].行政管理改革，2021（5）：79-87.

（二）解决农村养老服务供给问题必须打通治理主体之间的信息沟通壁垒

农村养老相关信息的共享是精准提高农村养老服务供给能力、解决农村养老问题的重要前提，为此要建立信息沟通的机制，打破政府、家庭、社会、养老机构治理主体之间信息沟通的壁垒。一是要建立农村养老数据调查。数据是科学决策的重要依据，丰富、全面、准确的农村人口相关数据信息是科学制定农村养老政策、提升农村养老服务供给能力、解决农村养老问题的重要前提，为此应建立健全老龄社会调查体系和数据集成平台，长期跟踪调查我国人口老龄化发展状况，全面系统掌握老年人特别是农村老年人数量分布、家庭状况、健康状况、生活状况等信息，并通过统一数据平台对外发布，为人口老龄化和养老问题相关研究和政策制定提供可信数据支撑。二是要建立政府、家庭、社会、养老机构间信息交换、分享平台。通过建立包括数据反馈子系统、信息收集子系统、信息反馈子系统等在内的信息交换、分享平台，减少政府部门、家庭、社会力量、养老机构的信息沟通成本，提升养老服务供给决策科学性和养老服务供给效率。

（三）解决农村养老服务供给问题必须创新社会治理

农村养老服务供给是社会治理的重要内容，提升养老服务供给水平，既需要经济社会整体发展水平的提高，也需要推动社会治理创新。在广大农村地区，农村养老服务供给问题既是重要的社会治理问题，也与其他诸多基层社会治理问题紧密联系。推动解决农村养老服务供给问题有利于推动诸多其他社会治理问题的解决，反之创新社会治理也有利于推动解决农村养老服务供给问题。纵观中国人口老龄化 20 年的发展历程，21 世纪以前，社会治理发展不足，农村养老服务供给不足；21 世纪之后，社会治理快速发展，农村养老服务水平不断提升；特别是进入新时代以后，我国全面建设小康社会加快推进，乡村振兴战略全面实施，社会治理能力快速提升，农村养老服务体系不断完善，农村养老服务供给能力和养老服务水平显著提升。当前，我国社会治理问题复杂交织，各种问题相互影响，社会治理任务艰巨，这些问题直接影响农村养老服务供给和农村养老问题的解决。解决这些治理难题，必须进一步创新社会治理方式，进一步激活社会治理主体的治理活力，进一步完善社会治理体制机制，充分发挥政府、市场、社会、家庭、个人的治理能力，提升基层社会治理能力和治理效果。

（四）解决农村养老服务供给问题必须加强理论创新

理论来源于实践，又对实践具有指导作用。在实践基础上的理论创新是我们党在革命、改革、发展中不断取得胜利的法宝。"实践是检验真理的唯一标准"，理论在实践过程中得到检验，并在实践中得到丰富、发展和创新。理论创新又对实践具有指导作用，推动实践的发展。如果理论创新不及时、不到位，不仅不会推动实践的发展，还会阻碍实践的发展。新时代以来，我们党继承和发展了马克思主义，提出了"人民中心论""新发展理念"等一系列新观点、新方法、新理论、新战略，形成了习近平新时代中国特色社会主义思想。在习近平新时代中国特色社会主义思想的指导下，我们党带领人民全面建设小康社会，实施"乡村振兴"伟大战略，取得了举世瞩目的伟大成就，这充分说明了理论创新对实践的巨大推动作用。应当看到，农村养老服务供给基础弱、任务重、挑战大，不同地区之间差异大，很多地区对治理方式进行了不少有益的尝试，但是尚缺乏理论的指导。因此，在即将全面建成小康社会宏伟蓝图的伟大背景下，我们必须在习近平新时代中国特色社会主义思想的指导下，在实践中总结经验，提高认识，推动理论创新，破解改革和发展中遇到的难题顽疾。

"人达峰"之后：如何构建生育友好社会

黎娟娟[1]

一、青年生育率持续走低

2023年5月，习近平总书记在二十届中央财经委员会第一次会议上强调，人口发展是关系中华民族伟大复兴的大事，必须着力提高人口整体素质，以人口高质量发展支撑中国式现代化。人口关系到中华民族的复兴和祖国的未来。当前我国人口发展呈现少子化、老龄化趋势。中国人口学会副会长、中国人民大学副校长杜鹏曾建议从战略上关注和促进生育率的提升或稳定。青年是生育的主力军，提升青年的生育意愿和生育水平，是应对少子化人口发展趋势的重要途径。

然而，当前，青年生育率持续走低，既表现在总和生育率下降，也表现在青年生育意愿不断走低。1992年，我国总和生育率为2.00，到2016年全面放开二胎政策时，总和生育率降至1.77，到2021年，又降到1.15[2]，低于美国的1.7、英国的1.6、日本的1.3[3]。中国计划生育协会调查数据显示，2019年以来，我国二孩生育率从0.7跌至0.39，

---

[1] 黎娟娟，北京大学政治学博士，首都师范大学马克思主义学院讲师，研究领域：政治心理学、社会治理。

[2] 由于青年是生育的主力军，总和生育率也能反映青年的生育率现状。

[3] 世界银行，https://data.worldbank.org.cn/indicator/SP.DYN.TFRT.IN?view=chart.

二孩出生比例从46.4%下降至38.6%[1]。女性现有子女数由2019年的1.63下降到2022年的1.19。在总和生育率、二孩生育率持续走低的同时，育龄女性的生育意愿也持续走低。国家卫生健康委调查显示，2021年育龄妇女平均打算生育子女数为1.64个，低于2017年的1.76个和2019年的1.73个，作为生育主体的"90后""00后"育龄妇女的生育意愿更低，打算生育子女数仅为1.54个和1.48个[2]。

在生育率持续下降的同时，是青年的初婚年龄不断推高，离婚群体、不婚群体数量日益增多，这会进一步影响生育。中国女性平均初婚年龄从20世纪80年代的22岁持续上升至2020年的26.3岁，初育年龄推迟到27.2岁[3]。根据育娲人口研究机构发布的《中国婚姻家庭报告2022版》，2021年全国结婚登记对数下降到763.6万对，连续8年下降，相比2013年峰值数据减少583万对，为1986年以来最低。与出生人口密切相关的初婚人数，从2013年的2 385.96万人峰值持续下降至2020年的1 228.6万人，下降幅度达48.5%。离婚率则从2000年的0.96‰上升至2020年的3.1‰，最高点2019年为3.40‰，相比最低点2002年的0.9‰，飙升近3倍[4]。女性终身无孩率快速上升，2015年为6.1%，2020年接近10%[5]。

当今青年生育率持续走低，在低生育率的同时，青年结婚意愿也持续走低。青年群体中出现"不恋爱、不结婚、不生娃"的"三不"一族。青年群体的婚育问题直接关系着中国未来的人口结构，也关系着中国式现代化进程的推进，政府相关机构需要高度重视青年群体的婚育问题。

---

[1] 参见 https://baijiahao.baidu.com/s?id=1759967110130158393&wfr=spider&for=pc。
[2] 中共国家卫生健康党组.谱写新时代人口工作新篇章[J].人口与健康，2022（8）：6-9。
[3] 参见 https://baijiahao.baidu.com/s?id=1757705993242050301&wfr=spider&for=pc。
[4] 参见 https://baijiahao.baidu.com/s?id=1728533531323413773&wfr=spider&for=pc。
[5] 参见 https://m.thepaper.cn/topicword_6746。

二、青年群体低生育率的原因分析

当个别青年出现不婚不育现象时，这是个人选择问题，但是当整个青年群体呈现出较低的生育水平时，就不再是个人选择问题，而是值得重视的社会问题，甚至在一定程度上是政治问题。由于青年群体的生育不仅是个人选择，而且关系到一个家庭的生活方式，其背后是整个社会变迁的结果。因此，对于青年群体低生育率原因的分析，需要从宏观社会结构、中观家庭结构、微观青年群体的思想观念等多个方面来进行分析。

（一）宏观层面：社会转型带来的青年际遇和压力变化

中国改革开放以来四十余年的经济社会快速发展，一方面带来了人民生活水平的普遍提高，另一方面带来了社会结构的快速转型，这使青年的际遇和压力发生了前所未有的变化，这些变化对青年的婚育观念产生了重要的影响。

第一，经济社会快速发展使青年被迫卷入加速社会的潮流，这种加速运动的压力带来的是更为严峻的生存压力和挑战，从而使青年迫于应对各类生存压力，而对于生育后代这种人类社会最原始、最本初的生命体验缺乏相应的从容。中国经济社会的快速发展，使整个社会的生活节奏不断加快，每个人都变得越来越忙，尤其是青年人，在求学、就业、自我提升、家庭建设等多重任务中寻求平衡，特别是在就业压力不断加剧的情况下，使青年群体不得不牺牲更多休息时间投入工作，无论是互联网大厂的"996"，还是"大小周"，反映的都是青年群体紧张的工作节奏和日益疲惫的生活状态。这种生存压力大大降低了青年群体的生育意愿。

第二，中国经济进入新常态，在追求经济高质量增长过程中，适度放低对经济增长速度的追求，这意味着社会发展对于青年的要求和挑战更多，青年面临的责任和压力更大。以大学生就业为例，在改革开放之初，由于各行各业都急缺建设人才，大学毕业生非常紧缺，所以就业并不是难事。经过几十年的快速发展，产业结构正面临着转型升级，对于人才的要求也越来越高。同时，高等教育的快速普及使大学生面临着"学历贬值""毕业即失业"的压力，2022年，中国高校毕业生人数突破1 000万，达到1 067万，2023年，中国高校毕业生人数达1 158万，再创新高。智联招聘发布的《2023大学生就业力调研报告》显示，3月中旬到4月中旬，2023届毕业生选择单位就业比例为57.6%，慢就业比例为18.9%。一方面，高等教育普及、产业转型升级带来了对于高层次人才的需求和对于普通人才的更高的要求，另一方面，高校毕业生数量不断创新高，社会给予普通大学生、普通青年更多就业选择的同时，也不断推高青年的就业期望，压缩传统的就业空间，这也是近些年来"考研热""考公热"不断升级的主要原因。这种矛盾和冲突会进一步加剧青年的生存压力，影响青年对未来的预期，进而影响其生育选择。

第三，中国经济社会的发展推高了青年对于生活质量的预期。依据《中长期青年发展规划（2016—2025年）》，青年是指14—35周岁人群，按此定义，今天的青年多是"85后""90后""00后"人群，他们的成长过程正值中国经济快速发展的时期，同时也是中国大力推行独生子女政策的时期，他们作为享受改革红利的一代，是成长过程中物质条件相对好的"丰裕一代"，这既让他们拥有比父辈更宽广的视野，同时也让他们对生活有更高的期望和要求，对于"艰苦生活"的耐受力远小于父辈，对于生儿育女艰辛过程的耐受力远小于父辈，这也是为什么"年轻人养孩子越来越难"的一个重要原因。

（二）中观层面：家庭结构变化带来的青年对婚育体验的变化

中国改革开放的历程也可以说是一部家庭演变史。在这个过程中，家庭结构的变化、家庭观念的变化，引起了青年对于"家庭""婚姻""生育"体验的变化，进而进一步影响了青年对于家庭、生育的预期和选择。

第一，家庭规模不断缩小，独生子女不断增多，使得以孩子为中心的家庭观念开始流行，同时在教育市场化等的推动下，家庭的养育负担日益加重。根据第七次全国人口普查数据，全国户均规模为2.62人，比2010年的3.10人减少0.48人[①]。家庭规模缩小一方面与家庭抚育子女数量下降有关，另一方面与家庭流动性有关。自20世纪80年代中国实施计划生育政策之后，独生子女不断增多。有数据统计，1980—2020年，中国独生子女数量已经超过1.8亿[②]。独生子女数量大幅上升伴随着子女在家庭中的地位的上升，也提升了家庭对于子女的成长期待，子女就学、就业都成了家庭要倾其所有来进行的谋求家庭收益最大化的投资，在"再苦不能苦孩子，再穷不能穷教育"的观念影响下，家庭教育投入不断升级，导致家庭养育负担不断增大。对于青年而言，尤其是对于以独生子女身份长大的青年而言，在生育问题上面临着由"集万千宠爱于一身"的角色转向不断对外输出责任和关爱的父母的角色，角色的转换对于青年来说也很难适应。

第二，家庭流动性不断增大，使得家庭的支持网络由原来的家庭、邻里支持，变为以核心家庭为主的支持网络，增加了家庭养育负担的同时，改变了青年对于家庭的体验。家庭流动性既包括家庭的跨地域流动日益频繁，也包括离婚率不断上升，家庭稳定性不断降低。中国改革开放的进程伴随着基础设施大力建设、城镇化迅速推进，这导致家庭的流动性迅速增加。不论是2亿多进城务工的农民，还是每年近千万的大学毕业生，还是跨地区择业的人员，人口的流动半径不断扩大，这带来的是家庭流动性不断增大。与此同时，由于家庭观念的变化，社会对于离异家庭的包容度也不断提高，离婚率持续走高，离异家庭不断增多。这样原来以家族、邻里互助以及单位托育共同支持的

---

① 参见 https://baijiahao.baidu.com/s?id=1768575052038037348&wfr=spider&for=pc。
② 参见 https://m.163.com/dy/article/HU8NSD0P0512W93K.html。

抚育模式日益变成以核心家族子亲两代共同抚育的模式。由于家庭支持网络的不断缩小，核心家庭承担的养育职能和负担日益增大。城市里日益增多的"老漂"一族、日益增高的育儿阿姨的工资和日益增长的托育费用就是典型。离异家庭的增多，使得在离异家庭成长的青年对于家庭的幸福体验并不如完整家庭，这对于他们未来组建家庭、完成生育等人生经历的意愿也有影响。

（三）微观层面：多元价值观念带来的青年认知观念变化

中国改革开放四十余年的历程，也是各种价值观念引进的历程。尤其是对于青年而言，其价值观念受到多元价值观念的影响很大，他们对于生命、生活、生育等问题的认知发生了诸多变化。

第一，个人主义、消费主义观念的兴起，使青年的价值观由"集体主义价值观"转向"个人主义价值观"，青年更加注重自己的生活质量，关注自我感受、自我的目标和生活意义，不像父辈那般接受社会的约定俗成和任劳任怨，青年群体更在乎个人的自由和自我对于生活的定义。因此，对于结婚生育这种在父辈看来"理所当然"的生命历程，青年群体需要再考虑，需要思考结婚的意义、生育的意义。对于青年来说，在经济压力之外，生育问题更是一种生活方式的选择问题，他们是选择不结婚、不生育，而不是条件不允许结婚、不允许生育，一线城市中的高知不婚青年和高收入丁克一族就是代表。中国计生协组织的大学生婚育观念调查显示，"婚姻和事业的稳定"成为青年认为的最重要的生育必备条件，"先立业后成家"成为男女共同的追求，大部分大学生不再视离婚为羞耻。35 岁以下女性只有不到 70% 的人认为"有孩子的人生才完整"。大学生群体的观念与当前已婚群体的观念已经出现很大差别，逐渐进入"内生自主性低生育"[1] 阶段。他们在婚育中追求更深刻的自我价值的实现和幸福生活的体验。

---

[1] 参见 https://baijiahao.baidu.com/s?id=1768683896445140434&wfr=spider&for=pc。

第二，女权主义观念的兴起，女性经济地位的日益提升，使女性对于结婚、生育的认知大大转变，女性不再将生育作为自己的人生价值之一，而更强调个人的独立人格，关注自我价值的实现。尤其是在媒体作用下，诸多事业成功女性被推到台前，大大改变了青年群体对于女性价值的认知。女性群体将更多的精力投入到事业中，更多地关注生活本身，对于家庭、生养的价值排序相对靠后。这直接导致青年女性的生育意愿不断下降。任泽平曾直言，生育无法靠"90后"，还得靠"70后""80后"，因为生育观念不同。

第三，拜金主义观念的兴盛，对于青年的价值观念形成误导。当前社会对于成功人士的评判标准过于单一，更多是以金钱、地位而非家庭幸福作为评价标准，甚至舆论会对"有钱、有地位"的成功男性的婚姻瑕疵给予包容，这种价值观对于青年的价值观念形成误导，对于家庭幸福、子女成长的价值排序要低于事业成功的排序。

三、提升青年婚育水平的对策研究

青年生育问题看似是个人选择问题，实际上在一定程度上反映了社会问题。因此，提升青年婚育水平，需要整个社会的共同努力，共同推动生育友好型社会的构建。

（一）加大生育支持力度

社会发展带来的青年生存压力、成长压力等需要从社会的宏观政策层面加以解决。一是要深入调查研究，摸清当前青年婚育困境，了解青年在面临生育问题时的顾虑，有针对性地出台支撑性的政策。二是加大支持性政策出台力度。在全社会倡导"生育是为国家做贡献"的价值理念，并给予育孩家庭实际的经济支持，如发放育儿补贴等。在税收、住房、推进教育公平和优质教育资源均衡供给、托育等方面出台相应的支持性政策，倡导用人单位对育龄女性采取更为宽容的绩效考核方式、实行弹性工作时间等，并对给予育龄女性支持的单位相应的经济支持，如税收政策、信贷支持等。三是给予有孩子的家庭更多的时间支持，在产假、育儿假等方面给予用人单位更大的支持。

（二）倡导家庭价值回归

家庭作为生育养育主体，是生育的直接承担者和受益者，需要将促进家庭发展上升为国家战略，倡导家庭价值回归，出台相应的促进家庭发展的政策。习近平总书记指出，"无论时代如何变化，无论经济社会如何发展，对一个社会来说，家庭的生活依托都不可替代，家庭的社会功能都不可替代，家庭的文明作用都不可替代"。习近平总书记关于家庭建设的"三个不可替代"的论述，全面肯定了家庭在养老抚幼、情感慰藉、经济支持、抵御风险等方面具有国家和社会无法替代的独特作用，高度概括了家庭在激发社会活力、促进社会生产、强化社会保护、完善社会治理、传承社会文明方面的基石作用。构建生育友好型社会，必然要倡导家庭价值的回归，从政策层面加大对家庭建设的支持力度，重构家庭的政治、社会组织、经济功能，重构家庭支持网络，为青年生育提供完善的支持网络。

（三）加强文化观念引导

要加强对青年人生观、价值观、婚恋观、家庭观方面的引导，倡导用中华优秀传统文化涵养青年的价值观，大力倡导修身齐家、孝悌和睦、代际传承、重视养育等家庭价值理念。加强媒体的价值引导，在主流媒体、网络媒体中树立"生育是对社会的贡献"等价值理念，多宣扬家风、幸福家庭等家庭价值观念，引导青年群体正确看待生育问题，提升青年群体的生育意愿。

老龄化社会如何实现"互助养老"

曹鸣玉[①]

一、"制度—服务—个体"三维框架

（一）协同生产与价值共创：积极老龄化社会的营造路径

协同生产与价值共创的理念将服务使用者视为重要的"资产"，将其技能视为服务递送中至关重要的因素，使服务提供者与使用者最大限度利用各自的优势与资源，在双方的交互关系中共同创造价值，不但从"福祉"的角度改善现时服务效果，而且从"潜能"的角度增强个人与社区应对未来社会需求的能力[②]。

人口老龄化一方面是生物学意义上的衰老过程，体现为身体功能的衰退、疾病与死亡风险的增加，另一方面还根植于社会环境之中，如由家人和朋友组成的社交网络，以及由国家提供的养老资金与服务。老年人既是一个独特的社会群体，也是群体内部具有异质性的个人；老龄化既是一个老年群体人口比例增长的发展过程，也包含着多种个性化的个人经历；老年期既是生命历程中的一部分，也是具有多样性和差异性的个体生活状态。基于此，老年人口的特征体现在生理、心理、关系三个维度，从个人思想情感与行动的微观层面、群体与组织

[①] 曹鸣玉，北京社会管理职业学院（民政部培训中心）助理研究员，研究方向：社会治理、公共服务、老年福利。

[②] Osborne, S. P., Radnor, Z., and Strokosch, K.. Co-Production and the Co-Creation of Value in Public Services: A Suitable Case for Treatment?[J]. Public management review. 2016, 18 (5):639–653.

的中观层面、文化与社会价值的宏观层面反映出来。

从生理维度看，老年人在不同程度上存在生理机能衰退，个体间的身体与精神状态存在差异；因年龄、健康、财富、声誉水平和潜力差异而影响社会交往、合作与互惠水平；技术和医学的进步一方面延长了人口寿命，另一方面使老年人不再是"适者生存"的代表，而常常与虚弱、疾病、残疾相联系。从心理维度看，老年人在生命周期的持续发展中形成智慧积累，同时对疾病与死亡存在焦虑心理，对老龄群体自身持消极态度；由于年轻一代对其存在提供可继承资源、对共享资源消耗的最小化、维持与年龄相匹配的象征性身份等期望而形成代际冲突；随着现代化的推进，老年人的知识积累由于科技进步而逐渐落后，相对年轻人而言地位下降。从关系维度看，老年人期望建立群体内与群体间的积极身份认同，共情能力强而竞争欲望弱；因教育、家庭、工作等阶段性差异而形成年龄群体隔离，因权力、资源、福利等现实性威胁以及世界观、价值观等象征性威胁而形成群体间的分裂与冲突；随着城市化和家庭结构核心化的发展，代际联系逐渐减弱。

老年人作为服务的使用者、社区成员、志愿者、社会公民参与公共服务的协同生产与价值共创，在服务提供者的协助下将其自身的需求、体验、智慧、声誉、社会关系、个人经历、个性特征、能力素养、生活期望等资源与公共服务递送过程进行交互。这不仅实现了当下服务使用体验的提升与福祉的增进，而且推动了老年人的技能开发、能力提高、经验学习、身份认同与自信提升，对其个人发展、个性培养与观念塑造具有积极意义。这些积极影响不仅在个人层面，而且会对社区和更广泛的社会发展产生长期深远影响，具有积极老龄化意义。

（二）制度—服务—个人：协同生产驱动路径的三维框架

协同生产与价值共创的理念更加注重公共服务的整体性与系统性，这一理念使得公共服务生态系统成为越来越有影响的概念，为公共服务管理者提供了一个新的视野。公共服务系统强调管理者如何在公共服务生态系统的制度层面、服务层面、个人层面上工作，以促进各层面的相互作用与系统整合，在公共服务的价值创造中发挥有效作用。公共服务系统超越了新公共管理的事务性、线性的方法，转向关系性模式，其价值由上述各维度之间的相互作用决定，尤其由更广泛的社会背景和支撑它的价值观决定。① 公共服务生态系统概念为老龄化社会协同生产驱动路径提供了"制度—服务—个人"三维分析框架。

制度层面关注社会信仰、规范、价值观、规则对公共服务供给的影响，这些价值观念往往在一开始存在争议，需要通过协商才能达成一致，② 并渗透在公共政策之中，由此将社会价值输入政策影响下的公共服务，并反过来通过公共服务过程将这些社会价值真正创造出来。

服务层面关注服务过程、组织行动者、社区在价值创造中的作用。③ 服务过程要求公共服务管理者积极参与服务的协同设计、协同生产、协同递送，组织行动者由公共服务组织网络构成，常常与社区发生相互作用④。服务层面是公共服务生态系统中最需要管理者与服务组织、服务递送过程、关键利益相关者进行交互的层次。服务层面的价值可以通过对公共服务的有效治理和学习来改进和创新服务递送系统，从而优化公共服务内部的价值创造过程。

个人层面关注个人与公共服务递送之间的关系。主要关注服务使用者个人的价值创造，也涉及其他关键利益相关者（如亲属、朋辈、照顾者等）、服务提供者和除使用者以外在公共服务递送过程中创造价

---

① Strokosch, K., and Osborne, S. P.. Co-Experience, Co-Production and Co-Governance: An Ecosystem Approach to the Analysis of Value Creation［J］. Policy and politics. 2020, 48(3): 425−442.

② Best, B., Moffett S., and McAdam R.. Stakeholder Salience in Public Sector Value Co-Creation［J］. Public management review. 2019, 21(11):1707−1732.

③ Laitinen, I., Kinder. T., and Stenvall J.. Street-Level New Public Governances in Integrated Services-as-a-System［J］. Public management review. 2018, 20(6): 845−872.

④ Trischler, J., and Trischler J. W.. Design for Experience-a Public Service Design Approach in the Age of Digitalization［J］. Public management review. 2022, 24(8): 1251−1270.

值的个人（如志愿者等）[①]。

二、C 市 P 区"时间银行"互助养老服务

C 市 P 区"时间银行"采用"政府引导、机构运作、居民参与"的模式，通过智能平台连接志愿服务和养老服务，多元化回应老年居民的日常养老需求。这种新型社区互助模式不仅能够为需要帮助的社区居民提供服务，还能拉近居民之间的距离，改善邻里关系。在内部架构上，P 区"时间银行"采用银行管理模式，区民政局为总行，负责划分和管理"时间银行"的职责；街道为分行，负责管理和推广工作；社区为储蓄所，负责资源梳理和运营监管。

P 区"时间银行"提出的"社区互助养老模式"由社区、企业、社会组织和志愿者共同参与。社区作为推广平台和监管方，负责对整个模式进行监管；企业提供智能平台支持，负责软件开发和维护，并支持整体运营；社会组织主要负责建立模式的体系架构和日常运营管理；志愿者是模式运营的主要动力。

这种社区互助养老模式由社区牵头发起，专业服务团队提供服务，并以商业化运营模式进行运转。第一阶段是社区牵头启动试点运营，在社区落地后收集居民反馈意见，调整平台和运营方式，并完成相关平台和制度建设。第二阶段引入专业团队，提供多样化和专业化的康养、医疗等服务。第三阶段建立商业化运营模式，吸引更多商家参与，打破传统社区养老服务由政府兜底的局面。

该模式于 2020 年 10 月在 P 区民政局的指导下在 S 社区开始封闭试运行，目前已开展宣传活动 7 次，为社区老年居民提供了 400 余次服务，完成了 100 人的服务对象注册和 60 余人的居民志愿者注册，还

---

① Musso, J. A., Young M. M., and Thom M..Volunteerism as Co-Production in Public Service Management: Application to Public Safety in California [J]. Public management review. 2019, 24(4): 473−494.

吸引了 200 余名高校志愿者加入，志愿者总数达 290 余人。同时，"时间银行"还与专业医疗、康养、眼科、牙科等志愿者队伍建立了联系，并由提供高品质服务的社区合伙人提供专业化和高品质的服务。该模式依托的"安心养老：P 区时间银行"客户端板块的信息化管理后台已完成建设，提供了 49 种服务，完成了 46 次服务。在服务过程中，多方联席会议梳理确定了《时间银行管理制度》《时间银行用户注册协议》《商家入驻服务告知书》《时间银行服务对象须知》等制度，完善了运营机制的建设。

三、以社区资源为导向的驱动路径

（一）"匠人"与"老漂族"资源驱动

老年人互助服务的人力资源储备与强烈的志愿服务意愿是互助服务得以开展的重要因素。C 市 P 区聚集了许多具有服务技艺的"匠人"资源和随子女搬迁并定居本地的"老漂族"，他们或是在当地土生土长，希望用传承的手艺回馈当地社区，或是随迁至当地，期望通过参与志愿服务增强群体凝聚力并融入当地社区。他们以低廉的费用或免费的方式为当地更加年长的老年群体提供服务，形成了一个完整的志愿服务体系。

C 市养老服务指导中心主任说："P 区老年群体对参与志愿服务的意愿非常强烈。在当地社区形成了'十八匠'品牌，当地方言中将具有手艺的人称为'匠人'，例如理发匠、磨刀匠等。老社区中有许多这样的匠人，在每月或每周的志愿服务日，他们会前往小区为居民提供志愿服务。收费非常便宜，磨一把刀只收 1 元钱，这不仅体现了居民对服务的认可，也能够覆盖必要的开支。对于 80 岁以上的老年人，他们还会提供免费的服务。这些匠人的年龄大多在 60 岁左右，拥有各种技能，乐意参与志愿服务，传承他们的手艺，从而形成了一个志愿服务队伍。"

C市P区S社区书记说:"S社区是P区的试点之一,社区里都是新楼盘,居民多是来自'华为''京东方'等企业的员工,他们的父母也随之搬迁过来,形成了'老漂一族'。这些'老漂'聚在一起时,由于与当地老年人接触较少,他们形成了一个自己的团体。在服务社区的过程中,他们快速融入当地的文化,从而形成了'老漂一族'志愿服务队。社区里的志愿服务以为老年人服务为主,因为在社区里留守的居民基本上都是老年人。"

(二)"品牌文化"与"积分机制"塑造

互助服务的文化氛围是由社区来培育和挖掘的。在P区,各社区基于当地的互助服务资源和文化积淀,通过塑造志愿服务的品牌文化、建立"时间银行"的积分机制来挖掘和培育服务资源,并探索建立推动互助服务可持续发展的制度路径,将以老年人为主要参与主体的互助服务向以大学生为重要参与力量的全龄群体拓展。

C市的互助养老服务在品牌文化中注入了"时间银行"的积分制度,将原本以老年人为服务提供主体的老年互助服务扩大到更广泛的年龄群体,规定任何年满18岁的公民都能参加,吸引了C市20多万名大学生成为"时间银行"的志愿者,为老年人提供服务。大学生在大学就读期间的志愿服务,可以在60岁之后兑换为养老服务。鉴于大学生毕业后可能变换工作的城市,志愿者可以选择将志愿服务时间以捐赠形式贡献给慈善会建立的"时间银行志愿服务基金",由慈善会将时间转赠给困难群体,让他们享受更多志愿者提供的服务,慈善会也可以按小时计算志愿服务的工资标准,对志愿者提供现金补贴。

C市养老服务指导中心主任说:"社区的志愿服务文化主要还是看各地怎样去挖掘和培育。例如'十八匠'品牌的匠人都拥有专业技能,通过宣传推广,居民愿意选择'十八匠'来为他们提供服务,这些匠人因此成为志愿服务的提供者,吸引许多人报名成为'时间银行'志愿服务的受益者。实际上,每个社区都有这样的匠人,每个村都有自己的特色和文化，关键是采取何种方式去挖掘、培育和组织，将其打造成一个品牌。"

C市P区S社区书记说："'老漂一族'是外来的老年人，也是新建社区中最多见的居民。在老漂社区稍加动员，就有100至200人响应号召，他们还能吸引隔壁社区的'老漂'加入，形成几百人的团队，大家一起参与各种活动。有人号召参加政府倡议的'时间银行'，共同为服务当地社区做贡献，一旦形成这样的志愿服务团队，自然而然就更容易推动服务的开展。"

（三）资源导向的互助文化培植

社区工作者在培植互助文化过程中，紧紧抓住社区自身的资源特色。他们不仅发挥专业社会工作能力，还结合自身的成长经历，充分发掘社区中外来老年群体的力量。这种做法不仅壮大了社区的志愿服务团队，还提高了外来老年人的融入感和社区凝聚力，将老年人自身的需求与社区的公共需求融为一体。建立互助服务机制和培植互助文化是以社区自身的资源特点为导向的，通过充分挖掘资源、建立稳定的互助服务机制来推广互助文化。

C市养老服务指导中心主任说："社区干部全都是年轻人，很多只有20多岁，社区书记也只有30多岁，社工队伍的工作能力很强。社区书记自小随父母举家搬迁到当地，经历过外地人逐渐融入当地生活的过程，对此有深刻的感受。他一直关注'老漂'群体，与他们交朋友，组织各种文化活动，建立了深厚的情感联系。'老漂'群体非常愿意参与志愿服务，他们的内在动力是与当地人交朋友，志愿服务就是与当地人打成一片的最好方式。全国每个城市、每个社区肯定都有外来人员，关键在于社区工作者如何关注、挖掘、培育他们，并根据各地实际情况找到可挖掘的亮点。然后建立适当的运作机制，让这支力量得以发扬光大。"

（四）和谐共融的情感价值创造

互助服务要求供需双方的实际需求相匹配。在跨年龄服务中，服务的形式应该灵活多样，切实结合青年人和老年人的生活习惯，使互助服务真正融入双方的现实生活，从情感上和生活方式上促进双方的深度融合。同时，青年人在接触新生事物和知识文化方面的广泛性，可以在交流中潜移默化地将新的知识和技术传播给老年人群体，对于精神文明社会的创建起到积极推动作用。

低龄老年人在为高龄老年人提供服务方面具有优势，他们通常拥有更多的空闲时间，能够及时回应高龄老年人的需求，而且两者之间的年龄代沟较小，由于都进入了老年阶段，所以在社会认知方面有更多的相似之处。面对类似的困难，他们相对地有更多共同话题，可以一起回忆过去的生活，交流探讨有年代感的话题，增进彼此的友情，相互陪伴。

四、结论

本文选取了 C 市 P 区"时间银行"互助养老服务这一案例，以考察老龄化社会公共服务协同生产的驱动路径。研究发现，老龄化社会公共服务可以以社区资源为导向，通过社区禀赋引导制度规划与服务设计来实现公共服务的价值。在个体层面，可聚焦本地资源禀赋并发动外地迁入人员参与，为公共服务提供人力资源基础；在服务层面，可以通过专业社会组织的运营与政府管理部门的政策规划，明确公共服务协同生产与价值创造的实现路径；在制度层面，政府部门可根据社区特色因地制宜地进行文化培植，将志愿互助的社会价值融入公共服务体系。通过上述三维驱动路径，可以使服务使用者在协同生产中实现和谐共融的情感价值创造，在跨年龄群体中建立互动融洽的代际关系，通过老年人之间的友好交往加深老龄群体的朋辈友情，从而实现老龄友好型与全龄友好型社会建设。

老旧小区改造：如何实现多赢

李振锋　　王翔君[①]

一、问题的提出

老旧小区的改造更新是社区治理的重要议题，也是政府、市场与社会合作构筑社区治理共同体的重要契机。国务院印发的《关于全面推进城镇老旧小区改造工作的指导意见》指出，城镇老旧小区改造是重大民生工程和发展工程，对满足人民群众美好生活需要、推动惠民生扩内需、推进城市更新和开发建设方式转型、促进经济高质量发展具有十分重要的意义。[②] 通过对老旧小区进行改造提升，实现居民居住条件的改善，进而推动在基层构建"纵向到底、横向到边、共建共治共享"[③]的社区治理体系[④]。

本文以北京市老旧小区改造案例为研究对象，以探究社区治理实践中多元协作参与主体的社团结构、协同治理的行动秩序和多方参与

[①] 李振锋，管理学博士，中国人民解放军战略支援部队信息工程大学讲师；王翔君，北京师范大学社会发展与公共政策学院博士研究生。

[②] 国务院办公厅《关于全面推进城镇老旧小区改造工作的指导意见》（国办发〔2020〕23号）[EB/OL]．(2020−07−20)．http://www.gov.cn/zhengce/content/2020−07/20/content_5528320.htm.

[③] 国务院办公厅《关于全面推进城镇老旧小区改造工作的指导意见》（国办发〔2020〕23号）[EB/OL]．(2020−07−20)．http://www.gov.cn/zhengce/content/2020−07/20/content_5528320.htm.

[④] 魏礼群.中国社会治理通论[M].北京：北京师范大学出版社，2019：120.

力量之间的协同治理效能,旨在通过对老旧小区改造中呈现的协同治理模式特征的分析,为完善构建共建共治共享社区治理共同体的政策提供借鉴。

二、新的研究进路

相比于普通社区治理,老旧社区治理的难度和复杂程度要高很多,老旧社区治理肩负着城市社会管理革新[1]、城市公共服务提供[2]和城市社区营造[3]等多个任务,可以说,老旧社区治理是综合性的公共政策执行与落实的过程,老旧小区的改造更新必须是各利益关涉主体协同治理[4]。共建共治共享的社会治理理念提出以来,我国不仅在协同治理的理论研究方面取得了较大的成果[5],还将相关成果应用于老旧小区改造的公共政策实践[6]。

学界目前关于城市社会治理和社区改造的研究逻辑思路主要聚焦于单一学科或者是某一理论视角,如在公共行政视角下分析行政权威主导的社会公共产品的生产,在新公共管理视角下研究市场机制给公

---

[1] 李红娟,胡杰成.中国社区分类治理问题研究[J].宏观经济管理,2019(11):143-157.

[2] 周亚越,唐朝.寻求社区公共物品供给的治理之道——以老旧小区加装电梯为例[J].中国行政管理,2019(9):62-66.

[3] 曹飞廉,万怡,曾凡木.社区自组织嵌入社区治理的协商机制研究——以两个社区营造实验为例[J].西北大学学报(哲学社会科学版),2019(2):121-131.

[4] 孙涛,董永凯.利益关系网络变迁与社区治理多元模式的形成[J].湘潭大学学报(哲学社会科学版),2019(5):20-24+121.

[5] 胡杰成,银温泉."十四五"时期完善城镇社区治理体制的思路与举措[J].改革,2020(7):55-66;汪欢欢,姚南.未来社区:社区建设的未来图景[J].宏观经济管理,2020(1):22-27.

[6] 胡颖廉.精细、协同、法治:城市社区治理的深透个案[J].理论探讨,2017(2):140-142;张平,商爽.城市社区权力结构的现实样态及其优化——基于社会网络分析的视角[J].北京行政学院学报,2019(1):28-35;林雪霏.协商民主与老旧社区的"集体危害品"治理[J].国家行政学院学报,2018(2):128-133+138.

共服务供给带来的经济、效率、效益的提升，在公共治理理论视角下讨论创新社会治理体系和提高治理效能的制度设计，以理论整合视角探讨社会治理的研究相对较少，现实中也无法单独抽出问题的一个面向进行治理，必须以整合的理论构架来整体推进社区治理。现有老旧小区协同治理研究思维偏重于结构分析，缺乏成长的视角，研究成果大多是对社区协同治理现状进行结构剖析，缺乏以发展的视角对行动秩序进行成型过程的考察。静态的结构分析难以判明多主体协同行动秩序的形塑机理，无法对现实社会问题关联性的变动做出适应性的调整，无法阐明社会现象背后的深层次隐藏机制，也就难以在实证研究和理论演绎之间构筑起互助互益的适当路径。[1] 尽管已有研究对多主体协同的路径选择、协同治理中政府与社会的互动关系、互动平台和载体等宏观问题做了初步的探讨，但对于协同治理的具体实现机制，以及特定模式下各种治理协同力量之间的互动关系、协同行动秩序等微观基础问题，尚缺少清晰的界定和描述。[2] 因此，本文尝试在老旧小区改造全周期中，考察各治理参与力量的行为转变，以辨明合作型协同治理行动秩序的成型过程。

鉴于治理结构和治理过程是理解城市基层治理（社区层面）的两个关键面向[3]，本文提出从社团结构和行动秩序两个维度衡量老旧小区改造协同治理机制：第一，社团结构是联结老旧小区改造中各个治理主体的组织结构，行动秩序则是旧改工程中协同治理力量能否发挥出作用的规则保障；第二，社团结构的形成和存续是开展老旧小区改造工作的前提和基础，是促成高效能协同治理的起点，行动秩序的适用

---

[1] 应星."田野工作的想象力"：在科学与艺术之间以《大河移民上访的故事》为例 [J]. 社会，2018（1）：30-53；李友梅. 治理转型深层挑战与理论构建新方向 [J]. 社会科学，2020（7）：3-8.

[2] 赵岩，孙涛. 国内社区治理研究知识图谱分析：基于CSSCI论文（2005-2015）[J]. 中国行政管理，2016（5）：32-37.

[3] O'Toole, K., Burdess, N.. New Community Governance in Small Rural Town: Australian Experience [J]. Journal of Rural Studies, 2004 (20): 433-443.

与否及程度高低是影响旧改协同治理成效的核心要素,在很大程度上关系着协同治理能否达成预期成效;第三,将老旧小区改造中涉及的利益相关主体联结成协同治理的社团结构,能够提高旧改工作的统一领导程度,便于有秩序地推进老旧小区改造的行动开展。若仅从社团结构的视角分析协同治理机制,容易将老旧小区改造工作纠结于治理参与力量的组织和结构,有"只讲力量存在,不讲行动开展"的嫌疑;若仅从行动秩序视角分析协同治理机制,容易忽视老旧小区改造的力量构成,疏忽改造方案的协调会商,造成疏漏治理行动中的某些利益主体,没有顾及甚至损害该群体的利益,无法发挥多主体协同治理的效用。社团结构和行动秩序之间的逻辑关系表现为:一是社团结构是治理力量进行协商的平台,是行动秩序产生的必要条件;二是行动秩序形成之后,会对社团结构的形态产生影响;三是在治理行动中,社团结构和行动秩序是相互作用的存在。

(一)社团结构与行动秩序

社团结构[①]是复杂网络研究中的核心概念,主要用于分析复杂网络中各行为主体之间的关联机制[②],用以描述老旧小区改造行动中治理参与力量之间结成协同合作组织的结构状况。社团结构是指政府机构、社会组织、市场企业、公民群众和其他力量等利益相关主体在老旧小区改造中形成的团体构造,也是用于总结和区分诸种不同的协同治理类型的重要维度,可以细分为组织与结构两个具体的指标。老旧小区

[①] 在英文文献中,对于多主体组成的社团结构的研究,较多地使用 network 表示群体参与者之间形成的网络关系形态;在本文对于老旧小区改造中多方利益主体协同合作结构的研究中,笔者使用 structure of stakeholder 表示治理团队参与力量是老旧小区改造中的利益相关主体,而不是普通的行动参与者。参见 Laurence J.O'Toole, Jr, Kenneth J.Meier and Sean Nicholson-Crotty.Managing upward, downward and outward: Networks, hierarchical relationships and performance [J]. Public management review, 2005 (01): 45-68.

[②] 章祥荪.运筹学在复杂网络社团结构分析中的应用[J].运筹与管理,2013(5):1-11.

改造是涉及多个部门联合行动的公共事务，在治理研究中引入社团结构的分析维度，一是能够从治理行动的组织方面联通各参与力量，避免出现集体行动中的部门化现象和分割效应[①]，二是能够从治理行动的结构方面，将各利益关涉主体联合为一个行动体，减少不同主体间的竞争与消耗，发挥团体的聚合效用。

行动秩序是指在社会治理行动的开展中，重视依靠价值和规则来促成协同与治理的耦合性，而非仅凭借规则去谋求团队行动的步调一致性[②]。协同治理团队在老旧小区改造行动中所议定和遵循的协同规则，可以细分为分工与合作两个具体的指标。在老旧小区改造行动中，行动秩序即是多方治理参与力量以一种合理有序的方式进行协同合作，政府、市场、社会和公众等多元主体相互合作，协同治理社区公共事务，是对"政府治理，公众参与"模式的超越与完善[③]，以发挥"整体大于部分之和"的治理效能。

（二）协同治理类型与演变

本研究的协同治理是指在城市老旧小区改造更新过程中，以政府出台的老旧小区改造公共政策为规范，以小区居民的改造意愿和更新需求为指向，改造涉及的多方参与主体以协同合作的形式开展旧改行动和提供公共服务的治理方式。社团结构的操作性指标为组织和结构，行动秩序的操作性指标为分工与合作，依据四个衡量指标在治理行动中强弱程度的实然表现的异同，对四个指标进行排列组合，得到不同的协同治理形态。依据四个判别指标强弱组合的差异，可以将十六种协同治理形态分为五种类型（见表4-3）：合体型、代理型、同构型、合作型和融合型。

[①] 皮埃尔·卡蓝默.破碎的民主：试论治理的革命[M].高凌瀚，译.北京：生活·读书·新知三联书店，2005：20.

[②] 张康之.论集体行动中的价值、规则与规范[J].天津行政学院学报，2014（4）：3-11+2.

[③] 张康之.合作治理是社会治理变革的归宿[J].社会科学研究，2012（3）：35-42.

表4-3 协同治理类型的判别指标、特征及演变过程

编号	类型	组织	结构	分工	合作	类型特征描述	演变过程
1	融合型	强	强	强	强	融合型： 完善的社团结构； 规范的行动秩序	↑
2	合作型	强	强	强	弱	合作型： 强社团结构；强行动秩序	
3	合作型	强	强	弱	强		
4	合作型	强	弱	强	强		
5	合作型	弱	强	强	强		
6	同构型	强	强	弱	弱	同构型： 中等水平的社团结构； 中等水平的行动秩序	
7	同构型	强	弱	强	弱		
8	同构型	强	弱	弱	强		
9	同构型	弱	强	强	弱		
10	同构型	弱	强	弱	强		
11	同构型	弱	弱	强	强		
12	代理型	强	弱	弱	弱	代理型： 弱社团结构；弱行动秩序	
13	代理型	弱	强	弱	弱		
14	代理型	弱	弱	强	弱		
15	代理型	弱	弱	弱	强		
16	合体型	弱	弱	弱	弱	合体型： 无社团结构；无行动秩序	

合体型协同治理是一种弱组织、弱结构、弱分工、弱合作的形态，是老旧小区改造中协同治理的发展起点，是指除了党委政府外无其他治理参与力量的协同治理类型。在市场力量、社会力量程度不同地参与社区协同治理的新时代，合体型协同治理很难找到现实案例。代理型协同治理的特征是社团结构和行动秩序的程度都比较强，是协同治理的初级发展形态，存在于老旧小区改造中协同治理的起步阶段。同构型协同治理的特征是社团结构和行动秩序的程度都处于中等水平，是协同治理的中级发展形态，存在于老旧小区改造中协同治理的前期过渡阶段。合作型协同治理的特征是社团结构和行动秩序的程度都比

较强，此类形态的协同治理在组织、结构、分工、合作四个指标上有三个指标达到强程度，一个指标为弱程度，该种类型是协同治理的高级发展形态，是当前阶段老旧小区改造中协同治理的主要形态。融合型协同治理是协同治理的理想状态，在组织、结构、分工、合作四个指标上都达到强程度，属于理想化的协同治理形态，尚未在老旧小区改造实践中找到对照原型。

三、以合作型协同治理为案例的研究

合作型协同治理是当下老旧小区改造中协同治理的主要形态。根据北京市老旧小区分布的现实情况[①]，结合旧改更新理念，研究拣选以基础类[②] 改造为主要内容的朝阳区 J 小区（见表 4-4）作为实证案例，分析合作型协同治理模式的形成机制，研究在旧改进程中多方参与主体结成的社团结构和形塑的行动秩序，剖析该型治理机制对旧改实践产生的效用。

表 4-4　J 小区的基本情况

案例小区	协同类型	协同特征	J 小区介绍	J 小区的普遍性	J 小区的典型性
朝阳区 J 小区	合作型	强组织、弱结构、强分工、强合作	北京市 20 世纪 70 年代建造的第一批楼房住宅区。2018 年 7 月，启动了北京市首个引入企业资金开展老旧小区改造的尝试，取得了良好的改造成效	J 小区在北京市范围内代表改造起步较晚、发展相对较快的老旧小区的情况	J 小区以民营企业资金开展早期旧改工程，形成老旧小区改造的"J 模式"

---

① 搜狐网.北京市超过 80% 的老旧社区集中分布于城六区［Z/OL］.（2020-07-13）. https://www.sohu.com/a/407279053_120076177.

② 2020 年 7 月发布的《关于全面推进城镇老旧小区改造工作的指导意见》将城镇老旧小区改造内容分为三大类：基础类、完善类、提升类，其中基础类改造内容是大多数老旧小区的共性选择。

（一）社团结构：组织程度高，结构程度低

在组织上，J小区以政府机构为枢纽力量，建构起"政府统筹、条块协同"的组织机制，将老旧小区改造中涉及的各方利益主体统合起来。街道办在2018年9月以"街乡吹哨、部门报到"的形式，主动邀请朝阳区领导和各委办局参与J小区物业管理与综合整治问题的联席会议，区委响应成立老旧小区更新提升工作专班。依托"居委会—居民议事会—楼门组长"的小区内部网络结构，先后组织开展群众问需会10余场，集中征集群众意见200多人次，开展共商议事会15次；成立由40余名党员群众组成的议事小组，先后召开20余次党小组会、居民议事会、楼门长会；邀请专业机构设计旧改各事项的操作方案，但最终使用哪一套方案是由居民代表评选决定的。整体来看，组织程度高。

在结构上，J小区旧改项目参与主体多，涉及面广，街道以党建引领为载体和机制，力求旧改"行有所依"、各方"力出一孔"。各方力量之间虽然结成了治理共同体，但联结的基础是各主体对利益的诉求和对预期所得的计算，并非公共精神倡导的价值理念和公共政策谋求的公共利益，这种情况不仅广泛存在于各方主体之间，在单方治理力量内部也是如此，治理结构呈现出协同程度低的表现：一是小区停车位供需矛盾相对突出。在J小区居民饱和情况下需要停车位873个，现有划线车位仅能满足同时停放车辆611辆，供需矛盾相对突出，无法解决的主要原因在于各类治理参与主体之间难以达成利益的协调。二是旧改后居民对于现有停车位和公共资源利用的矛盾。有居民提出意见，认为2号楼的居民不仅单独享有一个小花园的公共空间，还要把他们的车停到小区的公共停车位，挤占其他楼居民本来就很小的空间，对其他楼的居民来说是有失公平的。

（二）行动秩序：分工程度高，合作程度高

在分工上，J 小区协同治理每类主体都有自身特有的资源和专长，有其擅长处理和解决的问题领域，按照工作量大小、任务属性和工期阶段性进行任务分工。为改变以往物业管理的"政府兜底、街道代管"模式，提高老旧小区物业服务专业化、精细化水平，J 小区在旧改中引入了专业物业服务管理公司，其以"先服务、再体验、后收费"的方式入驻，让居民逐步接受了服务付费理念。市场企业以资金、专业技术和服务承担旧改工程的投资、设计施工和物业服务的任务，社区居委会和物管会作为居民自治组织，与居民有着天然的联系，以居民代表的身份承担组织居民议事、汇聚居民意见的任务。此外，为了更好地向居民提供高质量的生活服务，物业公司将其管理的经营性空间，依据居民对业态的需求，租给职业商户进行经营，以向居民提供餐饮、日用品、蔬菜水果、糕点、缝补衣物、配钥匙、换电池等服务项目。这里需要说明的是，政府或者其他治理主体都不能做到在任何场景中都是最优的资源配置决定力量[①]，老旧小区改造中的权威不是固定不变的，而是随着旧改的进展和应对事项的变动呈现出流动性的转变。J 小区旧改中分工的存在也是对协同治理团队中权威流动性的回应。

在合作上，对合作的理解可以分为两个维度，一是对协同治理规则有正确的认知，多主体主动进行协作；二是改造结果的优劣程度也反过来反映出多主体合作的水平。在 J 小区改造更新中，街道办事处按照政策程序申请市、区两级财政资金进行基础类项目改造，Y 集团以自有资金投入自选类项目的更新，从资金和项目两个维度上实现交叉互补，合作共进。在政府力量内部，街道办事处和朝阳区房管局合作授权 Y 集团对 J 小区内的低效闲置公有房产进行改造提升，引入小

---

① 竺乾威.行政生态与国家治理能力：政治——行政角度的分析[J].求索，2021（1）：122-129.

区缺少的便民业态，Y集团以物业费、停车管理费、空间租金收入、政府购买服务以及未来可能落地的其他付费产业，实现一定期限内的投资回报平衡，破解了政府没有足够的资金进行老旧小区改造更新的困局。J街道协调房管局将其管理的低效闲置空间交给Y集团运营，引入居民生活所需的业态，恰是这样的现实情况，促成了几方力量之间的合作。

综上，基于对社团结构和行动秩序两个维度的考量，合作型协同治理最主要的表现是对话与多赢。第一，政府部门、市场企业、社会力量和公众结成高组织程度的社团结构，多方力量之间通过不同形式的对话，表达和交流彼此的利益关切，在竞争中实现利益诉求的"妥协"，达成对于老旧小区改造方案和行动秩序的共识。第二，在老旧小区改造合作型协同治理中，治理参与各方之间的竞争既促进了较为充分的治理参与，也提高了彼此之间的相互协作，政府执行了公共政策，企业获得了经济收益，社区力量得到了培育，居民享受到了公共服务。

四、合作型协同治理模式评判

根据合作型协同治理在J小区旧改中的运行状况，下文将从机制吸纳力、制度整合力和策略执行力三个维度进行评估，判断合作型协同治理在老旧小区改造中的效用。

（一）机制吸纳力

基于对J小区旧改中合作型协同治理所具有的对话共识、公共服务的属性特点的分析发现，合作型协同治理表现出协同团队内部的对话共识高，对促进公共服务的实现程度高，表明合作型协同治理对老旧小区改造的效用程度高。J小区旧改中合作型协同治理的高吸纳力表现为，围绕改造更新使命，以社团结构为组织形式，将改造更新涉及的所有利益相关主体结构化地纳入协同治理团队。一方面，基于畅通的对话机制，团队成员进行充分合作。治理参与主体得以在合作中充分表达观点和建议，对公共政策、改造内容、改造方案和专家建议等进行以公共利益最大化为目标的谈判，通过彼此间的"妥协"以调和利益分歧。另一方面，公共服务导向的治理凝聚多方主体合力，旧改工作始终以多元主体共同利益为导向，旧改目标并未忽略某一方主体的利益诉求。同时，J 小区旧改是以公共政策为导向的公共服务过程，这一过程关注并期待每一位小区居民的参与，居民不仅是公共产品和公共服务的终端"消费者"，还是服务项目的参与"设计者"和协同"生产者"，大部分旧改成果都有居民或深或浅的参与印迹。

（二）制度整合力

基于对 J 小区旧改参与主体的整体性、协同治理团队的信任关系结构的属性特点的分析可知，旧改参与主体的高整体性、协同治理团队的信任关系的强结构，带来了合作型协同治理对老旧小区改造的高效用结果。J 小区旧改中合作型协同治理的高整合力表现为多方参与主体以合作团队面对改造任务，以团队集体为力量输出单元，避免单方力量独立应对或是孤军突进，不仅无法解决问题，反而可能激起负向的连锁问题。这种高程度的制度整合力表现为参与主体之间既建构了整体性，又发展了信任关系。一方面，整合性思维能够将多方参与力量团结起来，以集体行动回应旧改，以整合性方式应对老旧小区改造更新，借助多元主体集成视角充分认识旧改的复杂性，摒弃简化主义认识。另一方面，J 小区旧改中高程度的制度整合力建构了参与主体间的信任关系结构，这种基于"合同协议＋公共利益"的关系形式所产生的制度整合力阻遏了参与主体之间"踢皮球"，提高了旧改对于公共服务的效用。

（三）策略执行力

基于对 J 小区旧改参与主体的民主协商、协同治理团队在协同规则方面的属性特点的分析可知，合作型协同治理表现出的旧改参与主体的民主协商程度较高，协同治理团队对协同规则的认同程度高，说明合作型协同治理对老旧小区改造的效用程度高。在 J 小区旧改中，治理参与主体基于协商共识基础的治理方案和行动策略，凭借拥有的资源和专业技术以互相协作的方式执行和落实旧改任务，达成改造更新的预期目标。这种高程度的策略执行力在两个方面得到了很好的体现。第一，协同行动开展的前提是各主体对协同规则的认知，正确理解协同治理的内涵和行动准则，建构起旧改项目的改造规则。第二，各主体在协同团队内部对旧改项目进行民主协商的过程，也是对各自所关切利益诉求进行协商的过程，在公共政策的目标指引下，各治理参与主体在社团结构内经民主协商，达成了小区旧改在改造内容、改造方案和行动策略等方面的共识，制定了团队成员共同认可并且自愿践行的行动方案。小区改造更新中，协同团队中的政府单位、社会力量、小区居民都能平等地表达对改造更新的想法，社区居委会和物管会等居民自治组织在参与旧改的过程中，自身得到了成长和发展，更有能力代表和组织居民进行自我管理和自我服务。小区居民对公共政策有了新的认识，从以前的等待被服务到现在的参与服务的设计、生产与供给，从单纯的公共服务消费者转变为兼具生产者与消费者两重身份。

五、结论与思考

（一）对话与多赢：合作型协同治理模式

合作型协同治理是指在老旧小区改造中，具有社团结构组织程度高、结构程度低，行动秩序分工程度高、合作程度高的协同治理类型。在 J 小区旧改项目实施中，合作型协同治理最主要的表现是对话与多赢。政府部门、市场企业、社会力量和公众结成高组织程度的社团结构，多方力量之间通过不同形式的对话，表达和交流彼此的利益关切，在竞争中实现利益诉求的"妥协",达成对于老旧小区改造方案和行动秩序的共识。在合作型协同治理过程中,治理参与各方之间的竞争既促进了较为充分的治理参与,也提高了彼此之间的相互协作,政府执行了公共政策,企业获得了经济收益,社区力量得到了培育,居民享受到了公共服务。对于合作型协同治理的效用评估表明,老旧小区改造这样的整体性社区治理议题不可能是单一力量的"独角戏",政府、市场、社会均需要在老旧小区改造中发挥作用,协奏旧改"交响曲"。

对老旧小区改造中协同治理机制的研究是在社区层面对"建设人人有责、人人尽责、人人享有的社会治理共同体"[①]的一种积极有益的探索,也是对国内大循环发展策略在城市基层的实践。在新时代解决社会发展主要矛盾的过程中,"搞好社区治理是社会治理的基础环节,是创新社会治理的重要突破口"。[②] 只有将城市治理的重心落到社区层面,城市治理才有坚实的基础,社区公共治理和公共服务的能力才能得到切实加强。本文致力于从"社团结构"和"行动秩序"两个维度构建并阐释合作型协同治理模式,分析如何将多元参与主体紧密关联起来结成责任体系,形成治理合力。研究表明,多元主体能否达成互信共利[③],是协同治理能否获得预期成效的关键。

(二)对于促进社区治理的思考

1. 提升互信共利理念,摒弃党政单干思维,"众人的事情众人干"

首先,需要街道、乡镇党委政府更新观念,从政府层面上主动倡导互信共利理念,增强社区多元主体对互信共利理念的认知度和接受度。其次,以社区居民自治为基础推动社区治理创新,在党政引领、

---

① 习近平. 在经济社会领域专家座谈会上的讲话[Z/OL].(2020-08-24). http://www.xinhuanet.com/politics/2020-08/24/c_1126407772.htm.
② 魏礼群. 一字之差体现新飞跃[N]. 北京日报理论周刊,2019-03-18.
③ 笔者提出的"互信共利"概念,与夏建中先生提出的"平等互利"概念有相通之处。参见夏建中. 中国城市社区治理结构研究[M]. 北京:中国人民大学出版社,2012:前言(5).

企业及社会组织参与下，构建社区社会治理共同体。其中，政府应该扮演好引领和支持的角色，鼓励和促进社区组织、居民和企业等力量参与社区治理，形成多元合作格局；社区党支部、村委会、居委会等应协调各方资源，组织和发动居民参与社区治理，促进社区共建共治共享；居民应该发扬自治和自我管理的精神，理性表达自己的利益诉求，积极参与社区公共事务决策；企业应该承担社会责任，参与社区建设和治理，推动社区的和谐与进步。

2. 搭建互信共利平台，运用智慧治理技术，吸纳多元合作力量

首先，加强社区治理的信息化建设，利用互联网、大数据等技术手段，建立社区治理的信息化平台，推进社区治理的数字化和智能化建设。通过提供信息服务、便民服务等多种方式，增强社区居民的获得感和参与感，推动社区治理的现代化和智能化；建立智慧治理平台，实现信息共享、多元合作和协同管理，提高社区社会治理的效率和精准度。其次，在社区共治中，需加强社区治安管理、环境保护、文化建设等各方面工作，提高社区居民的参与度和满意度，推进社区治理创新；加强与社会组织、企业等力量的沟通和协调，发挥各方优势，构建具有"互信共利"特点的多元合作平台。

3. 完善互信共利机制，保障利益表达权利，定期开展监督评估

在整合资源的过程中，加强对各方力量的引导和协调，确保各方利益得到平衡和协调，促进各方之间的信息共享和协作，共同推动社区治理现代化。首先，建立利益表达机制，让社区企业、社会组织及广大居民能够及时充分地表达自己的利益诉求，确保社区治理重点任务体现各方共同意志。其次，建立和完善监督评估机制，通过多元主体协商建立标准和指标，引入第三方机构，定期开展对社区治理项目的评估，强化对评估结果的应用，确保社区治理的公正、透明、高效。

网格化发展的二十年：
历程、逻辑和推进路径

朱 瑞　张青青[①]

网格化技术和理念最早于2003年被运用于我国城市管理实践，经过20年的建设和发展基本覆盖全国城乡社区，"社区网格化"已经成为推动基层社会治理现代化的重要抓手。虽然这个被誉为"世界级案例"[②]的中国基层社会治理方案已经建设和发展了20年，但这20年的发展特征和规律是什么？从历史变迁视角来看，网格化的未来走向以及如何推进其进一步健康可持续发展等问题目前还需要进一步系统梳理。本文站在较为宏观的层面试图回答好这些问题，希望整体把握网格化发展形势，站在下一个20年的起点上，更好地推动中国自主创造的网格化理念和模式行稳致远。

一、网格化建设和发展的历程

把网格化技术运用到管理城市的探索始于2003年，共经历了初创、拓展、整合和定型四个发展阶段，每个阶段呈现出各自特征。

[①] 朱瑞，北京师范大学中国社会管理研究院副院长，管理学博士，主要研究领域：政府社会治理、市域社会治理、社会治理数字化。张青青，北京师范大学中国社会管理研究院研究助理，《社会治理》期刊编务。

[②] 新浪财经.移动数据业务中心创新文化综合成果［EB/OL］.（2009-8-26）［2023-9-28］. http://finance.sina.com.cn/hy/20090826/16186667720.shtml.

（一）2003—2009年初创阶段：网格技术运用到城市管理

2003年是我国网格化建设和发展的元年。网格并不是新生词汇，生物学、信息学、地理学等学科早在20世纪就广泛使用这一概念，虽然各有其义，但大体还是把网格作为一种空间分析技术或方法，希望在空间范围内整合相应资源。网格在我国被广泛关注和使用是2003年，一种说法是起源于上海。上海市政府为抗击"非典"，基于"两级政府、三级管理、四级网络"的城市管理体制，实践探索出网格化管理模式，之后，在取得抗击"非典"胜利的基础之上，2004年上海市正式提出"网格化管理"的概念，并在《中共上海市委常委会2004年工作要点》中将"网格化管理"概念及其运作方式作为重要内容下发，安排部署相关工作[1]。另一种说法则认为网格首创于北京市东城区，当时主要是为了解决北京市这样千万级人口的超大城市如何管理好一个"井盖"的问题。从网格化管理对我国后来的影响来看，北京东城区将网格技术运用到城市管理的创新性做法无疑是重要和影响巨大的。2003年，北京市东城区成立了以区委书记为组长的创新城市管理模式课题组，对《依托数字城市技术创建城市管理新模式》课题进行了深入调查研究，之后提出了加强城市管理的"万米单元网格管理法"。[2] 在实践倒逼下，学界也开始从数字城管、政府电子政务等研究视角转移到关注和研究城市网格化管理的内在机理和行动逻辑，并由此提出"网格化管理"理论。本阶段后期该理论在实践中被应用到改善区域环境、处置突发事件等社会事务工作中，并有学者开始讨论网格中的公众参与问题，这也就意味着网格化开始从解决"超大城市，小井盖"的部件管理向"事件网格"或"社会事务网格"转移。但总体来看，无论是源于上海还是首创于北京，2003年网格化管理正式在我国城市

---

[1] 魏礼群.当代中国社会大事典（1978—2015）：第1卷[M].北京：华文出版社，2018.

[2] 陈平.解读万米单元网格城市管理新模式[J].城乡建设，2005（10）：10-13+4.

管理中启动建设，在之后的20年里几乎覆盖全国城乡基层社会，并成为继单位制、街居制和社区制之后中国自主研创的又一种新型基层社会组织模式。因此，从其意义和价值来看，2003年可以被认为是中国开启网格化管理的元年。

这一时期的网格化发展离不开住房和城乡建设部从国家层面的推动。2005年，住房和城乡建设部敏锐地捕捉到网格化管理对于中国城市建设和发展的重要价值，率先在国家层面作出部署安排，将其正式列入"十五"国家科技攻关计划，同年4月城市网格化管理模式取得了科技成果鉴定证书。与此同时，住建部发布了《关于公布数字化城市管理试点城市（城区）名单的通知》，首次确定在北京市朝阳区、上海市长宁区、南京市鼓楼区和武汉市江汉区等10个城市进行网格化管理试点；天津市河西区、重庆市高新区和万州区、合肥市、石家庄市、郑州市等地先后在2005年、2006年成为第二、第三批试点城市。截至2008年，也就是试点工作的最后一年，住建部共在全国51个城市（区）积极推行网格化管理模式，并取得了显著成效。[①]住建部的政策推动和试点工作开展，使得全国各地开始关注并探索这一新型城市治理模式。

（二）2010—2013年拓展阶段：从城市管理延伸到社会治理

这一时期北京市持续发力把网格化运用范围从城市管理拓展到社会管理。2010年10月，中央政法委、中央综治委确定全国35个市、县（市、区）作为全国社会管理创新综合试点。北京市东城区是试点单位之一，在以往城市网格化管理成果和经验基础上，东城区开拓创新把"人、地、物、事、组织"等融入网格化体系，在全区街道和社区划分出社会管理网格500多个，形成了以信息技术为支撑的"区—

[①] 住房和城乡建设部城建司.住房和城乡建设部关于加快推进数字化城市管理试点工作的通知[EB/OL].（2008-5-7）[2023-9-28]. https://www.mohurd.gov.cn/gongkai/zhengce/zhengcefilelib/200805/20080507_167507.html.

街道—社区—网格"四级管理组织体系。这样的模式也分别在北京市朝阳区和顺义区进行了两年试点，之后北京市出台了《关于推进网格化社会服务管理体系建设的意见》，至此，网格化社会服务管理开始在北京全市推进，在建设发展过程中取得了实效并得到了中央的肯定和重视。2012年11月党的十八大召开以来，全国政法综治战线全面推进县（市、区、旗）、乡镇（街道）、村（社区）综治中心建设，创新网格化服务管理，完善基层治安防控网，夯实社会治理基础，在维护稳定、化解矛盾、服务民生等方面发挥了重要作用[①]。2013年11月，党的十八届三中全会提出推进国家治理体系和治理能力现代化的新的决策部署，"管理"转变为"治理"，对于社会的管理也被"社会治理"取而代之。这次全会也同时提出了"网格化管理、社会化服务"的基层治理方向，"网格化管理"首次出现在党最高级别文件中，体现了中央对这一模式的肯定和重视，也正是在中央宏观政策主导推动下，网格化理念和技术从城市部件管理延伸到社会综合治理，从城市延伸到乡村，从政府管理革新延伸到社区网格化治理。社会建设范围广、内容丰富的特点为网格化技术和理念的运用提供了广阔的应用空间和舞台，网格化社会治理实践创新至此在全国范围百花齐放。2013年上海市比较早地以政府令颁布了规章制度《上海市城市网格化管理办法》（上海市人民政府令2013年第4号），这也标志着网格化管理在北京以外的地区开始规范化建设。

这一时期关于网格化的理论研究是奠基性的。学者们基于实践提出了一系列新认识和新观点，为之后的研究者奠定了学理基础，也为之后的实践发展提供了理论支撑。研究者除了继续讨论北京网格模式以外，大多还是以地方实践案例为样本，总结提炼了仙林模式、宜昌经验等，并以北京市朝阳区为案例研究丰富和完善了西方提出的无缝

[①] 平安中国.夯实基础加强综治中心和网格化建设［EB/OL］.（2017-9-23）［2023-9-28］.中国法律政策网. http://www.chinalporg.cn/newsitem/278038578.

政府理论[①]，对浙江舟山的"网格化管理、组团式服务"经验进行分析研究，创新性地提出了网格具有"再组化"的观点，以及对政府有"流程再造"的新认识[②]等，这些观点和思想认识，直到10年后的今天依旧得到理论界的认可和实务界的运用。

（三）2014—2019年整合阶段：社会治理网格化蓬勃发展

在思辨中期待以网格为载体整合多元主体力量参与基层社会共建共治共享。经历了拓展阶段以后，人们逐渐认识到网格化管理不仅仅是以数字化手段创新城市管理的新型模式，更是后单位时代的一种新型的基层社会整合方式[③]。这一时期，大家理性和辩证地看待网格化，认为网格化模式的核心问题与我国先前的居委会一样，无法逃脱行政主导过强、自治不足的问题。理论界提出了"网格泛化"的概念[④]，指出应该使网格化管理模式与社区自治相互协动[⑤]，在基层形成多元主体良性互动局面。与此同时，由于网格化管理被广泛复制到农村地区，在一片叫好的同时也有部分人士较为理性地看待其在农村的适应性问题，认为城市网格化管理的方式不能简单地复制到农村[⑥]，以熟人社会、空心化和大面积农田或山地为主要特征的农村地区是否同样需要网格化引发了大家对农村网格的重新审视。在这些辩论中不乏有

---

① 杨宏山，皮定均.构建无缝隙社会管理系统——基于北京市朝阳区的实证研究[J].中国行政管理，2011，311（5）：66-69.

② 竺乾威.公共服务的流程再造：从"无缝隙政府"到"网格化管理"[J].公共行政评论，2012，5（2）：1-21+178.

③ 吕方，田毅鹏."后单位时代"的城市社会治理[J].新视野，2015，187（1）：47-53.

④ 刘安.网格化社会管理及其非预期后果——以N市Q区为例[J].江苏社会科学，2014（3）：106-115.

⑤ 田毅鹏，薛文龙.城市管理"网格化"模式与社区自治关系刍议[J].学海，2012（3）：24-30.

⑥ 田雄，曹锦清.县域科层组织规则与农村网格化管理悖论——以长三角北翼江县为例[J].现代城市研究，2016（10）：38-45.

人思考网格化的未来,认为应该从网格化"管理"向网格化或网络化"治理"转变,要吸纳更多社会力量和群众自治力量参与到"网格"这个更小的治理单元中,把网格作为基层社会的组织载体,推动基层社会形成多元主体共治的局面。

当理论界还在思辨地讨论依托网格整合多元主体力量的时候,各地实践也在忙于健全政策体系,推动城市网格与社会服务网格平台整合。在北大法宝,以"网格"为标题,查询到2003—2023年中央仅出台7项政策文件,而地方相对活跃,出台了900多项法规(见图4-1)。其中2014—2019年共出台518项,和其他三个时期相比是最多的一个阶段,初创阶段2003—2009年出台35项,拓展阶段2010—2013年出台226项,定型阶段2020年至今共出台108项。再具体来看,2015年、2016年是这20年政策法规出台比较多的两个年份。以北京市为例,2015年北京市先后颁布了《关于加强北京市城市服务管理网格化体系建设的意见》和《北京市城市服务管理网格化体系建设基本规范(试行)》《北京市城市服务管理网格化体系建设指导目录(试行)》《北京市社会服务管理精细化测评指标(试行)》等"1+3文件",这一系列文件不仅回应了党的十八届五中全会关于社会治理精细化的安排部署,更加体现了北京市以网格化打造精细化管理和精准化服务的先进理念和创新做法。文件同时面向全市提出"社会服务、城市管理、社会治安"三网融合的决策部署,把分散的城市管理网格化和社会服务网格化从体制机制和技术上进行整合,这标志着网格化管理开始从单一的城市管理走向社会领域业务融合化发展。2018年,习近平总书记视察上海时强调"既要善于运用现代科技手段实现智能化,又要通过绣花般的细心、耐心、巧心提高精细化水平,绣出城市的品质品牌"。[1]随后,上海市以网格化为基座开始探索"一网统管"——城市管理业务融合到一个

---

[1] 习近平在上海考察[EB/OL].(2018-11-7)[2023-9-28].中央政府网,https://www.gov.cn/xinwen/2018-11/07/content_5338215.htm.

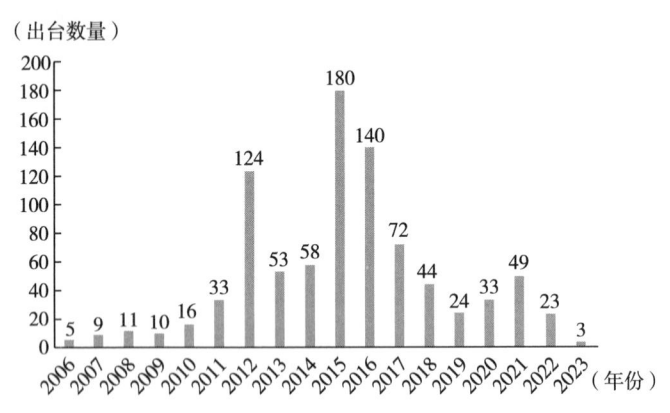

平台建设的模式，这一做法后来也被推广至全国。

图 4-1　北大法宝关于"网格化"政策文件的年度数量分布图

（四）2020 年至今定型阶段：全面建设社区网格化

社会治理网格化落到基层实处就是社区网格化。从中央到地方的众多的宏观指导，落到基层社会之后实际上推动了网格化技术手段在社区治理中的应用。随着多年来社区网格化体制机制建设逐步成熟定型，其价值和作用也逐步显现，特别是在疫情防控的三年时间中发挥了第一道防线的重要作用。2020 年 2 月 3 日，习近平总书记在部署疫情防控工作时要求"强化社区防控网格化管理"[1]，全国各地纷纷以"小网格"迎接"大战役"，积极细化网格，形成横到边、纵到底、全覆盖、无死角的疫情防控工作格局，社区网格因此被誉为"超级网格"[2] 和"整体网格"[3]。这一时期，以网格为前身和底座，浙江的整体智治、北京的"街道报道、部门吹哨"以及后来的接诉即办等崭新模式

---

[1]　在中央政治局常委会会议研究应对新型冠状病毒肺炎疫情工作时的讲话［EB/OL］.（2020-2-17）［2023-9-28］. 中国政协网，http://www.cppcc.gov.cn/zxww/2020/02/17/ARTI1581898350256106.shtml.

[2]　田毅鹏. 网格化管理的形态转换与基层治理升级［J］. 学术月刊，2021，53（3）：125-132.

[3]　容志，秦浩. 再组织化与社会治理现代化：重大公共卫生事件中社区"整体网格"的运行逻辑及其启示［J］. 上海行政学院学报，2020，21（6）：66-77.

和经验开始出现。2022年，党的二十大提出畅通和规范群众诉求表达、利益协调、权益保障通道，完善网格化管理、精细化服务、信息化支撑的基层治理平台，健全城乡社区治理体系，及时把矛盾纠纷化解在基层、化解在萌芽状态[①]。当前，虽然北京的网格工作还是由城市管理运行部门主导推进，但重点也逐步从网格化建设转移到"民有所呼，我有所应"的接诉即办。从全国实践来看，社区网格大多以民政部门为主导，网格员和社区工作者趋于融为一体，网格职能和社区服务趋于融为一体，网格原有的城市管理和监管部门执行的职能几乎消失殆尽，服务民生、为民办事成为网格员主要业务内容。与此同时，部分地区出现了"微网格""网格实体化"等做法，但主要还是在社区范围内以服务民生及激发更多社会力量和群众力量参与为主。

二、网格化发展的演变逻辑

网格化在我国建设和发展了20年，从最开始的城市管理网格化到现在的社区网格化，其演变逻辑整体呈现螺旋上升和实践倒逼政策和理论发展的态势。网格化以数字技术迭代升级为基层和底座，关键在于政府主动求变，其未来必将趋于深度融合。

（一）螺旋上升的发展态势

20年的网格化发展之路，整体可以说是螺旋上升的发展态势。从最初的城市管理拓展到社会治理，从社会治理落实并定型到社区治理，网格化管理不断找寻最适合自己生长和应用的场景，这种变化不是跳跃和冒进的，而是经历了初创、拓展、整合阶段的循序而进的盘旋上升，才使得网格化在20年的时间内逐步演化成为继社区制之后我国基

---

① 习近平：高举中国特色社会主义伟大旗帜为全面建设社会主义现代化国家而团结奋斗——在中国共产党第二十次全国代表大会上的报告［EB/OL］.（2020-10-25）［2023-9-28］.中央人民政府网，https://www.gov.cn/xinwen/2022-10/25/content_5721685.htm.

层社会新的组织形式。当然这样的螺旋上升是有一定实现条件的。首先，北京、上海早在 21 世纪初就开展了网格化工作，建立了运行体系和制度保障体系，其经验和做法形成样板被其他地区广为复制，并在全国范围实践，这为网格化之后的发展创造了条件。其次，2013 年党的十八届三中全会把网格化管理纳入了党的最高级别文件，国家的鼓励倡导使各地铆足干劲积极作为，无论城市和乡村地区都积极实践，呈现了欣欣向荣的发展局面。最后，由于网格的统筹属性，大部分地区的网格建设是"一把手"工程，得到了各级政府高度重视，地方聚合优质资源大力推进，把其当作重点工作和亮点工程来抓，展现出了强劲的干事创业激情，并取得了丰硕成果。在这样的条件和环境下，全国网格化实践取得了显著进展。比如各地基本构建了"市—区—街道—社区—网格"的五级基层治理体系；"微网格"成为组织社会力量和群众的新型单元；网格技术和平台系统使政府实现了结构扁平化和部门协同化，拓宽了政府与群众上下双向互动的渠道；网格模式推动了政府将社会资源和力量下沉到社区，有力提升了为民服务的效率和精度，使得各项工作更实、更细等。

（二）实践倒逼政策和理论发展

网格化在我国的建设和发展很好地印证了"实践出真知"以及"智慧来自民间"的道理。网格技术虽然被较早地应用于生物、地理等领域，但是真正广为人知主要还是在 2003 年被运用到城市管理的实践探索之后。从政策发展来看，十八届三中全会至今，几乎历次中央委员会全体会议以及全国人民代表大会都提出了网格化要求（表 4-5）。与此同时，学者们先后对网格技术运用到城市管理的内在机理进行探讨，提出"网格化管理"理论，运用西方公共管理理论分析论证，以及近两年我国学者基于实践提炼出具有一定体系的"界面理论"等。虽然理论还在"跟跑"实践，体系建设还不够完备，但我国基层实践能够孕育出中国自己的知识体系和理论体系这一事实已经清晰可见。

总体来说，网格化源于我国基层实践，是我国基层社会和群众的自主创造，符合中国地方实际，具有中国特色，对构筑中国自主知识体系和理论体系、发展马克思主义中国化理论都具有深刻意义。

表 4-5 国家历次重要会议对网格化建设的部署

年份	会议	内容	意义
2013	党的十八届三中全会	提出"以网格化管理、社会化服务为方向，健全基层综合服务管理平台"	"网格化管理"首次出现在党的最高级别文件中
2015	党的十八届五中全会	社会治理精细化	网格化管理被首次赋予了精细治理的内涵
2019	党的十九届四中全会	提出"构建基层社会治理新格局，健全社区管理和服务机制，推行网格化管理和服务"等要求	明确社区网格化管理服务机制建设
2020	党的十九届五中全会	《中共中央关于制定国民经济和社会发展第十四个五年规划和二〇三五年远景目标的建议》明确要求，"构建网格化管理、精细化服务、信息化支撑、开放共享的基层管理服务平台"	网格化管理纳入"十四五"规划和二〇三五年远景目标，标志着这是我国未来5到15年的发展任务
2022	党的二十大	强调"完善网格化管理、精细化服务、信息化支撑的基层治理平台，健全城乡社区治理体系，及时把矛盾纠纷化解在基层、化解在萌芽状态"	明确社区网格化建设任务

（三）数字技术迭代升级直接推动

这 20 年也是全球数字技术蓬勃发展的 20 年，数字技术作为继工业革命之后新一轮技术革命，给全球经济社会发展带来了结构性变革。网格化技术是新型数字技术的一种，在大数据、云计算、物联网等新兴技术的配套迭代升级下直接推动了网格化应用变革。这样的技术变革推动，使得网格化技术从最开始运用到城市"部件"管理到逐步与社会领域各业务场景深度融合从而形成"事件"管理，从最初的城市监督员（网格员）上门收集数据建立数据库、建立系统平台，发展到如今以网格为"底座"构建了城市大脑、"数智城"等，从最初的运用手机端城市通发现问题到当今把微信群作为与居民群众沟通工具，以及最近一些技术公司运用"ChatGPT"技术让机器人来取代网格员等，都是由技术变革带来的网格化应用方面的变革，进而推动了基层社会各方面变革。

（四）政府主动求变是关键力量

网格建设和发展缘起于现实需求，但蓬勃发展于政府自身的主动求变，即政府自我变革。这样的变革有外界环境的驱动，但更重要的是"刀刃向内"，是政府自身的积极应变和主动求变。网格系统平台依托先进技术突破数据壁垒，可以实现数据共享和业务流程再造，能够让政府科层结构更加扁平化，让利益林立的部门共享数据更加协同。但是如果没有政府自身在思想认识上和在体制上主动寻求突破，即尝试着从内部打破鸡蛋，那就很难孕育出生命和新机。目前各地政府已经认识到自我革命的重要性，主动拥抱数字化技术手段，希望数字技术为发展带来新的增长点。但需要重申的是，和技术相比，变革的关键还在于政府是否愿意改变现有的体制机制。如安徽芜湖主动回应数字时代数据治理要求，建立以市委、市政府领导为组长的工作小组，在全市范围内统筹推进市域社会治理一体化建设，在纵向层级和部门之间打通部门和数据壁垒，推进数据共享。政府的自我变革同时也是引擎，这样的"先变"可以辐射带动生产生活方方面面的变化。比如城市网格时期主要是通过网格监督员"扫街"发现问题，社会治理网格化以及社区网格时期的网格演化为了解民众诉求的一个渠道，增加了政民互动的机会，为满足多样化的群众诉求提供了新路径。

（五）未来趋向是深度融合发展

融合是网格化未来发展方向。按照整体治理理论，融合一般包括横向部际协调、纵向层级整合和部门功能整合三个层面。其中横向部际协调主要通过线上系统平台和线下联席会议制度来实现部门之间业务协同。纵向层级整合是依托数字平台建设，实现自上而下各个层级的一体化运行。这两个层面的融合目前在一些经济社会较发达的地区，如上海、浙江、深圳等基本实现。部门功能的融合主要体现在相关业务和相关人员的深度融合，这些方面将会是下一个发展阶段要完成的任务。在相关业务的融合方面，北京市将打造"网格+接诉"，即网格业务和呼叫业务融合，共同发挥处理公共事务和个体事务的作用。在人员融合方面，目前仅个别省份或地区建立了专职网格员制度，大部分地区受财力限制并没有招聘专职人员，常常让社区内的工作人员兼任网格员，有些地区即使招聘了专职网格员，也多赋予其社工身份。这就导致在具体社区工作中网格员和社工身份相互融合。

三、网格化建设和发展的推进路径

历史不会熔断，"它是一个构造，一个时空和事件相融合的体系"[①]。通过以上分析发现网格化发端于城市管理，现阶段定型于社区网格化，未来将趋向于业务和人员融合。这样的过程必然存在历史对现在的种种影响以及现在对未来的铺垫和准备，那么就需要进一步厘清传承下来的一些问题和各种关系，同时因势利导选择适合的路径，唯有如此才能站在下一个20年的起点上开好局、起好步。

（一）单一与多元：增强多元参与

多年来无论是理论界还是实务界，都普遍关注网格化中行政与自治的关系，如政府单一推动与多元力量参与不足的问题。这一问题实际在发展的前10年并不显著，因为城市管理网格化主要是针对城市部件管理，通过对地区科学划分网格和平台系统建设，来促进部门间协同管理各个区域以及提升各个部门解决公共问题的效率，由政府主导推进，运用行政手段和技术手段解决城市管理问题，这样的运行逻辑基本不涉及

---

① 朱嘉明.历史不会熔断[M].北京：中译出版社，2023.

单一和多元的问题。但是后 10 年，网格化理念和技术运用到社区治理从而形成了如今的社区网格，大家从基层社会再组织视角出发，行政和自治的问题也就成为关系未来网格能否健康发展的关键问题。

社区网格化实际上就是利用网格技术手段将辖区划分为若干"格"，在每个小网格内配备网格长、巡查员、警务员以及网格员等，让他们共同为小网格服务，共同维护小网格社会的安定和谐与发展繁荣。在小格内参与社区治理的不仅仅有公安、司法、民政等政府公职人员，同时还包括各种社会组织、各领域社会专家以及热心于公益的人民群众。通过小小的网格，调动大大的资源和力量，使党组织、政府、社会组织以及群众力量得到整合。换言之，区域越小越容易组织和动员。通过网格技术手段突破地理空间限制，将居民密集的居住社区、辖区划分成更小的治理空间，借助网格化微单元的这一优势，短时间内就可以把分散的个人或组织整合并动员起来。在微小的网格中基于公共或个人事务，党组织发挥领导核心作用，政府担任主导者角色，社会组织辅助，群众志愿服务，大家齐心协力共同致力于构建和谐稳定的小网格，使每个小网格都得到有效治理。而每个网格的合作治理又能带动社区的有效治理，从而带动整个社会的有效治理。例如，青岛市南区湛山街道在网格内建立了网格自管会，把网格员、楼长、志愿者等先组织起来，用自管会力量再动员和组织、服务和管理原子化的居民群众。由此可见，和原来的城市网格管理相比，社区网格被赋予了新的内涵，处理好单一与多元的关系，要着重增强多元参与，构建政府、社会、市场多元主体共同参与的网格化社会治理机制将会是社区网格未来发展方向和重点。

（二）管理与服务：促进有机融合

以管理为主的城市管理和以服务为主的社区治理，由于其业务重点不同，因此需要清晰地认识到二者的网格建设任务也应该是有所区别的，而不能简单地讨论网格的管理和服务问题。在城市管理阶段，大多数地方基层政府构建的"网格"都是管制型的，网格化管理平台主要整合了公安、城管、维稳、建设、卫生等执法力量，执行社会治安、维护稳定、城市管理等相应的管制功能。网格员也被称为"网格监督员"，主要通过城市通等手机端采集环境、交通等公共问题，监督解决城市问题。但是随着社区网格逐渐发展成型，网格化一方面继承了管理监管的作用，另一方面也应体现出服务的职能。

社区网格不应仅限于成为管理和基层维稳的手段，而应该既是管理平台，也是服务平台。从政府行政职能来说，管理和服务是一体两面的关系，管理是服务的手段和过程，服务是管理的目的和方向。因为社区网格是最贴近群众的一个治理单元，因此具有最先了解群众服务需要和直接服务群众的天然优势，可以将服务内嵌于网格化管理之中，积极促成管理与服务在单元格内的有机融合，提升网格内的事件处置和管理服务能力和水平，强化网格的服务功能。例如，有些地区要求网格员通过上门入户为群众提供零距离服务，从而提高社区服务的精细化水平。总之，在社区网格化管理中，要避免城市网格监督管理的惯性思维，处理好管理社区与服务民生的关系。

（三）民政与其他：整合统筹推进

网格化在国家层面最早由住房和城乡建设部推进，2010年左右在中央政法委开展社会管理试点工作时被进一步推动至社会治理领域，2013年党的十八届三中全会又从党中央和国家层面整体部署，之后全国各地纷纷推进和响应。时至2023年，民政部门推动社区网格化向纵深发展。这样的发展历史，一方面促进了网格化不断和社会领域各个方面融合，另一方面也造成了目前主管单位或牵头单位千差万别。比如，从市级层面来看，网格工作主管或牵头单位有组织部、政法委、数据局、政府办、民政局、城管局至少6种类型，即使在市辖区也不完全统一，有些市级层面主要由政法委牵头，市辖县级层面由组织部管理负责。虽然各地可以结合实际开展特色工作，一些地方也设立了社区工作或社会建设领导小组来统筹，但是牵头单位或主管单位决定着工作体系建设和工作内容偏向及重点，这就造成了网格内部治理结构过于多元，长期下去将难以形成合力、治理好外部复杂的社会。

因此，要从顶层设计上明确牵头机构，制定规范或指导性专门文件。网格建设涉及领域广、部委多，对网格建设的要求基本分散在各部委业务文件中，在中央层面目前没有统筹机构，也没有整体性、专门性的规章制度。因此，首先明确中央或国家统筹部门或牵头机构，从顶层设计上做好组织规划和业务指导，制定专门规范文件，发布网格化建设指导意见，明确各省建设原则和目标，明确各省建设归口单位和"网格员"身份职能，提出网格运行一般性体制机制运行要求，建立以群众满意度为主导的网格考评体系等。

（四）城市与乡村：依据乡情施策

起源于城市管理的网格化模式被推广至广大农村地区，其能否适应乡村社会治理？这个问题需要审慎对待。单从硬件设施来看，网格平台系统建设的资金投入少则百万元，多则千万元，这样的投入对于本不宽裕的乡镇政府财政来说也是不小的压力。即使投入资金能够保障，资金投入与产出能否匹配也是一个不易评估的问题，因此需要认真考量乡村网格化建设问题。乡村社会具有田地面积广、空心化、熟人社会等特点，相较于系统建设和硬件设施建设，还是应该结合农村实际，以网格为依托增强与村民面对面的沟通交流和服务，包括网格员走访排查处置网格内信访、家庭暴力和民间纠纷以及其他影响社会稳定的矛盾问题；协助村（社区）便民服务中心为网格内村民提供便民、利民服务以及就业创业、社会保障、民政、卫生健康、税务等民生公共服务，以及主动为村民提供上门或代办服务。如苏北睢宁县李集镇根据该镇的实际情况，将网格聚焦在便民服务上，网格员上门帮助无法使用智能设备的老人和留守儿童解决生产生活问题，为老弱病残等行走不便的村民提供上门代办服务。

第五章

统筹好发展与安全的重难点与行动对策

"一带一路"倡议的重大战略价值与展望

张茉楠[①]

2023年是"一带一路"倡议正式提出十周年。十年来,"一带一路"倡议以"共商、共建、共享"为原则,以构建人类命运共同体为核心理念,以"五通"为重点内容与路径,赋予了经济全球化新的内涵。"一带一路"建设大大降低全球发展成本,提高发展收益,分享发展机遇,加快了国家间、区域和次区域之间发展战略的深度对接,正越来越成为顺应新型经济全球化发展的重要平台,为世界经济注入持久增长的内生动力。展望未来,"一带一路"对世界格局的影响是重大而深远的,其对世界经济的贡献是全方位、多层次和体系性的,其对于有效解决当今全球经济发展中的增长问题、短板问题、动力问题、不平衡问题发挥了不可替代的作用。

一、"一带一路"倡议为全球经济增长做出重大贡献

近年来,全球化进程遭遇强劲逆流,国际贸易增长大幅放缓,全球经济增长陷入停滞,长期潜在产出增长率持续下降,地缘政治冲突不断,全球产业链、供应链合作受到极大冲击,以往推动全球经济增长和繁荣的趋势在衰减。在全球层面的不确定性因素日益增多的大

[①] 张茉楠,中国国际经济交流中心美欧研究部副部长、研究员,主要研究方向:全球宏观经济、国际金融、数字贸易与数字治理、中美关系等。

背景下，共建"一带一路"有望通过加强基础设施建设和促进"软联通"，打造互联互通走廊，推进创新和工业化，加速区域经济一体化，维护产业链供应链稳定畅通，形成基建引领、产业聚集、经济发展、民生改善的综合效应。正如联合国秘书长安东尼奥·古特雷斯（António Guterres）在第二届"一带一路"国际合作高峰论坛上指出，"一带一路"所聚焦的政策沟通、设施联通、贸易畅通、资金融通、民心相通这五大支柱，同 2030 年可持续发展议程下的 17 个可持续发展目标本质相通，可加速落实 2030 年议程，令全球受益。在疫情形势下，共建"一带一路"通过发挥抗击疫情、稳定经济、保障民生的积极作用，有望成为实现共同发展和繁荣的合作之路、健康之路、复苏之路、增长之路。世界银行报告显示，共建"一带一路"使参与方贸易增加 4.1%，外资增加 5%，使低收入国家 GDP 增加 3.4%。受益于"一带一路"建设，2012—2021 年，新兴与发展中经济体 GDP 占全球份额提高 3.6 个百分点。据世界银行研究报告评估，共建"一带一路"将使相关国家 760 万人摆脱极端贫困、3 200 万人摆脱中度贫困，并将使参与国贸易增长 2.8%—9.7%、全球贸易增长 1.7%—6.2%、全球收入增加 0.7%—2.9%。世界银行预测，到 2030 年，共建"一带一路"每年将为全球产生 1.6 万亿美元收益，占全球 GDP 的 1.3%。

二、"一带一路"倡议有望构建新的全球经济大循环

当今世界经济格局的主要形势依然是"南北"模式。过去几十年来全球外部需求主要来自发达经济体，如今随着新兴经济体与发展中国家经济体量与市场规模的不断扩大，也改变了全球贸易流向和模式。"一带一路"倡议就是形成"新南南合作"模式的重要体现。

"一带一路"倡议顺应经济全球化的历史发展大势，共建"一带一路"伙伴关系持续拓展，已由亚欧大陆延伸至非洲、拉丁美洲、南太平洋等区域，"一带一路"国际合作进一步展现出强大韧性。与内向型、

封闭式的跨区域合作不同，共建"一带一路"所倡导的是外向型、开放式的国际合作。"六廊六路多国多港"是"一带一路"建设的主体框架。"六廊"主要是指六大国际经济走廊，包括新亚欧大陆桥、中蒙俄、中国—中亚—西亚、中国—中南半岛、中巴和孟中印缅，涵盖了60多个国家和地区，有利于打造共建"一带一路"互利共赢新格局。新亚欧大陆桥、中蒙俄、中国—中亚—西亚经济走廊经亚欧大陆中东部地区，不仅将充满经济活力的东亚经济圈与发达的欧洲经济圈联系在一起，更畅通了连接波斯湾、地中海和波罗的海的合作通道。中国—中南半岛、中巴和孟中印缅经济走廊经过亚洲东部和南部这一全球人口最稠密地区，连接沿线主要城市和人口、产业集聚区。澜沧江—湄公河国际航道和在建的地区铁路、公路、油气网络，将"丝绸之路经济带"和"21世纪海上丝绸之路"联系到一起，让经济效应辐射至南亚、东南亚、印度洋、南太平洋等地区。

在共建"一带一路"倡议下，沿线各国展开密切合作。截至2022年年底，中国已累计与150个国家、32个国际组织签署200余份共建"一带一路"合作文件，共建"一带一路"已先后写入联合国、亚太经合组织等多边机制成果文件，其内容涵盖互联互通、投资、贸易、金融、科技、社会、人文、民生、海洋、电子商务等领域。随着合作越发密切，"一带一路"倡议推动了沿线国家的经济增长。一方面，协议合作使得国家间的贸易成本下降。另一方面，基础设施升级不仅使得贸易往来更加频繁，其本身也会促进经济发展。相关研究显示，"一带一路"倡议使71个潜在参与国之间的贸易流量增加4.1%，如果贸易改革和基础设施升级相互促进，会把这一影响平均提升3倍。

随着中国在"一带一路"的角色发生重大变化，全球正在构建新的经济大循环。一方面，中国全球制造业中心的地位不断加强。2012年—2021年，中国GDP占世界比重从11.3%上升至18.5%，提高了7.2个百分点，对世界贡献率远远超过30%；中国制造业增加值占世界比重从2010年的19.8%增加到了2021年的29.8%（4.87万亿美元），增加了 10 个百分点，制造业增加值连续 12 年位居全球第一，相当于美国（2.38 万亿美元，占比 15.7%）、日本（0.98 万亿美元，占比 5.9%）、德国（0.69 万亿美元，占比 4.8%）三国之和，绝对优势对于印度、越南等其他国家而言在短期内无法超越；中国制造业供应链配套完善，拥有 41 个工业大类、207 个中类、666 个小类，是全世界唯一拥有联合国产业分类中全部工业门类的国家，并形成一批产品集中生产、专业化协作配套、产业链条成熟的产业集群。

另一方面，中国正成为全球最具潜力的"需求市场"。从全球需求端来看，中国也逐渐成为全球三大需求链中心之一，早期全球需求链中心仅有美国和德国，当前中国已经基本确立了亚洲需求链中心的地位。中国既是全球第一大出口国，也是全球第二大进口国，是全球最具潜力的需求市场。数据显示，中国对 202 件商品的进口量排名全球第一。韩国、日本、美国和德国是中国主要的进口贸易伙伴。中国十大进口商品为电子集成电路、原油、铁矿石、石油气和其他气态烃、大豆、铜矿石、半导体制造机器、光学器材、飞机、未锻轧的精炼铜及铜合金。其中铁矿石和大豆的进口占全球进口总量超过 50%。

中国提出推动构建以国内大循环为主体、国内国际双循环相互促进的新发展格局，将为"一带一路"开辟更加光明的前景。坚持高质量发展，形成供需有效衔接、良性互动的高水平动态平衡，是构建新发展格局的内在要求，将为共建"一带一路"提供更强动力。因此，随着中国角色的转变以及"一带一路"沿线国家工业化进程的加快推进，"一带一路"经贸投资循环正在加快形成。在贸易畅通的带动下，"一带一路"沿线国家为中国出口注入新动能。根据商务部数据，2013—2022 年，中国与"一带一路"沿线国家货物的贸易额从 1.04 万亿美元扩大到 2.07 万亿美元，年均增长 7.96%。进一步看，2022 年中国对"一带一路"沿线国家的出口和进口总额分别为 1.18 万亿美元和 8 913.2 亿美元，较 2013 年分别增加 107.5% 和 89.1%。以人民币计价，2022 年中国对沿线国家的进出口总额为 13.83 万亿元，其中民营企业占比56.8%，对东盟的比重达到47.1%，对中亚5国、阿联酋和沙特等贸易伙伴的增速较高。中国对沿线国家的贸易额占总体的比重由2013年的25%升至2022年的32.9%，对整体增速的拉动较为明显。进一步从出口看，2022年中国对沿线国家的出口总额为7.89万亿元，其中中间产品占比56.3%，尤其是纺织品、电子元件、基本有机化学品和汽车零配件保持较高增速。相比之下，进口方面，能源产品的占比较高，达到41.4%。

在投资方面，2013—2022年，中国与沿线国家双向投资累计超过2 700亿美元。根据《2021年度中国对外直接投资统计公报》，2021年，中国对"一带一路"沿线国家直接投资额为241.5亿美元，占同期中国对外直接投资总额的13.5%，主要投向新加坡、印度尼西亚、越南、泰国、马来西亚等国家。从行业看，对"一带一路"沿线国家直接投资额主要流向制造业、批零、建筑业，占比分别为39%、13.8%、10%。

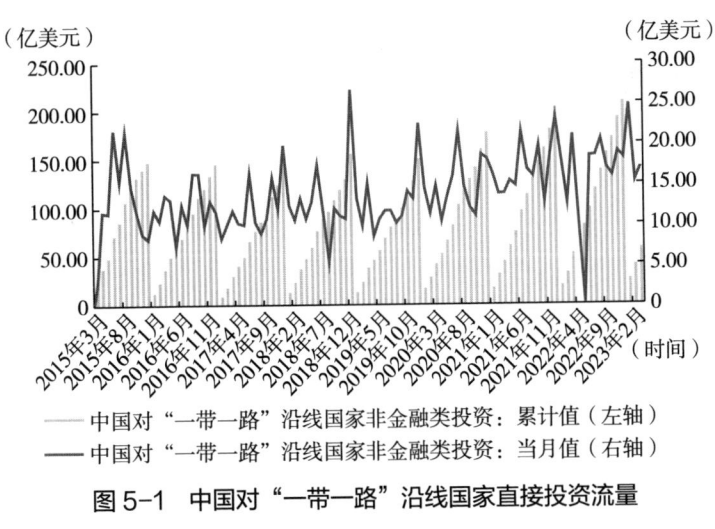

图5-1 中国对"一带一路"沿线国家直接投资流量

资料来源：Wind。

在推动中国企业"走出去"的同时，"一带一路"倡议对中国外资引入形成支撑。根据《中国外资统计公报2022》，2021年中国新设外商投资企业4.76万家，实际投资金额为1 809.6亿美元，其中来自"一带一路"沿线国家的占比分别为11.1%、6%。分行业看，批发零售业的新设企业数目、投资金额的占比分别达到47.5%、21.8%，领先于其他行业。制造业、房地产业虽然外资企业数目较少，但是投资金额占比相对较高，分别达到20.5%、15%。

三、"一带一路"区域产业链供应链价值链正加速成形

共同建设利益共享的全球产业链、价值链、供应链，有利于释放联动效应与外溢效应。"一带一路"建设充分激发了东南亚、西亚、中亚、中东欧等不同区域的体量优势、资源禀赋优势、区位优势、产业优势和协同优势，全面促进区域内贸易创造。

中国已成为全球主要经济体价值循环的联通枢纽，有全球1/3到2/3的国家和地区通过最终消费品和中间品贸易与中国紧密地联系在一起。中国在全球价值链中的地位和结构角色的变化整体嵌入现今全球价值链分工体系中，形成双向"嵌套型"全球价值链分工新体系，中国在全球产业链中的前向和后向参与度都比较高，居于产业链的枢纽位置。

近年来，"一带一路"国家和地区的内部贸易联系亦越发紧密，贸易黏性增强。研究表明，国际产业合作可从以下两个方面有效改善经济现状：一是拓展和强化工业基础，解决世界经济长期停滞、发展不平衡、资源配置不公平问题；二是帮助欠发达国家改善基础设施，获得技术转让，创造更多就业机会，提高其自主发展能力。从进口、出口两个角度来看，"一带一路"沿线国家和地区对外贸易额中的内部贸易占比均呈明显上升趋势，1988年至今，近1/4的贸易流实现"由外转内"，这也反映了区域化特征在全球价值链中影响越来越大。目前，中国为"一带一路"区域内大多数国家最大的贸易伙伴国、最大出口产品市场和对外直接投资来源国，基于各国比较优势，将中国优势产

能和优质资源与欧洲发达国家关键技术，以及"一带一路"新兴市场发展需求结合起来，加快"一带一路"价值链网络与区域贸易板块的形成。表 5-1 所选产品是中国从"一带一路"区域进口位居前三的工业品，主要以矿产品为主，并且比重较大，其余产品因地区不同呈现出明显的差异性。中国对"一带一路"区域出口工业产品主要集中于四大类，其中机电产品出口量最大（见表 5-2）。

四、"一带一路"倡议将重构全球互联互通格局

"一带一路"倡议的核心和优先发展方向是促进基础设施和各领域互联互通。"一带一路"以互联互通为导向，着力弥补发展缺口与发展短板。2013 年"一带一路"倡议正式提出以来，沿线国家和地区在基础设施互联互通领域的合作日渐紧密，构建互联互通经济合作伙伴关系，不仅有利于补齐短板促进全球区域之间板块的东西贯连，实现亚欧共通，也有利于促进区域各国贸易投资，对重构国际经济秩序、构建开放型世界经济产生广泛而深远的影响。世界银行相关研究部门发布研究报告表明，"一带一路"倡议可减少"一带一路"沿线经济体的运输时间和贸易成本（分别为 3.2% 和 2.8%）和整个世界的运输时间和贸易成本（分别为 2.5% 和 2.2%），对世界经济增长的贡献明显。

当前，包括亚洲在内的全球基础设施投资缺口巨大。亚洲开发银行预测，按照 2016—2020 年亚洲发展中国家基础设施缺口平均占 GDP 的 2.4% 估算，2016—2030 年，有关基础设施投资需求将达 26 万亿美元。而目前，全球范围内仅有 10%—15% 的基础设施投资进入发展中国家，私人资本和社会资本不能大规模进入发达国家以外的基础设施建设市场。"一带一路"倡议顺利实施，关键之一在于创造全新的、风险可控且可操作的投融资方式，使基础设施投资对经济产生较强的"外溢效应"。

表5-1 2019—2021年中国自各区域进口主要产品进口额及占进口比重

产品类别	年份	东北亚 进口额（亿美元）	东北亚 占比（%）	中亚 进口额（亿美元）	中亚 占比（%）	西亚 进口额（亿美元）	西亚 占比（%）	南亚 进口额（亿美元）	南亚 占比（%）	东南亚 进口额（亿美元）	东南亚 占比（%）
矿产品	2019	335.51	72	96.76	67	887.62	77	36.1	19	323.16	14
矿产品	2020	499.15	76	136.75	72	1 263.79	79	38.13	17	388.33	14
矿产品	2021	510.52	76	145.47	72	1 269.21	79	40.82	19	405.12	14
机电产品	2019	4.48	1	—	—	26.12	2	—	—	1 044.87	44
机电产品	2020	3.09	1	—	—	25.52	2	—	—	1 227.51	46
机电产品	2021	2.82	1	—	—	27.26	2	—	—	1 300.3	37
木及制品	2019	44.73	10	—	—	—	—	—	—	—	—
木及制品	2020	46.93	7	—	—	—	—	—	—	—	—
木及制品	2021	42.81	6	—	—	—	—	—	—	—	—
化工产品	2019	—	—	14.12	10	102.42	988	—	—	—	—
化工产品	2020	—	—	12.01	65	123.41	988	—	—	—	—
化工产品	2021	—	—	10.26	10	122.11	988	—	—	—	—
贱金属及制品	2019	—	—	22.55	—	—	—	16	31.1	—	—
贱金属及制品	2020	—	—	32.25	—	—	—	11	24.74	—	—
贱金属及制品	2021	—	—	34.79	—	—	—	7	15.97	—	—
纺织原料及制品	2019	—	—	—	—	—	—	18	35.2	—	—
纺织原料及制品	2020	—	—	—	—	—	—	18	39.4	—	—
纺织原料及制品	2021	—	—	—	—	—	—	13	28.56	—	—

数据来源：根据海关总署统计分析司统计数据计算得出。

第五章　统筹好发展与安全的重难点与行动对策

表 5-2　2019—2021 年中国出口各区域主要产品出口额及占出口比重

产品类别	年份	东北亚 出口额（亿美元）	东北亚 占比（%）	中亚 出口额（亿美元）	中亚 占比（%）	西亚 出口额（亿美元）	西亚 占比（%）	南亚 出口额（亿美元）	南亚 占比（%）	东南亚 出口额（亿美元）	东南亚 占比（%）
机电产品	2019	164.43	37	41.35	19	403.86	34	461.17	43	1 011.26	36
	2020	187.47	38	55.38	25	398.02	34	484.25	41	1 183.24	37
	2021	192.06	37	62.99	24	409.95	33	454.33	40	1 365.77	38
纺织原料及制品	2019	59.61	14	67.97	32	184.26	16	143.6	13	342.52	12
	2020	58.45	12	66.24	29	154.61	13	159.12	14	383.55	12
	2021	53.95	10	76.66	29	175.13	14	166.55	15	389.87	11
贱金属及制品	2019	32.04	7	16.42	8	130.86	11	84.14	8	305.54	11
	2020	37.89	8	18.84	8	135.68	12	106.71	9	374.09	12
	2021	41.63	8	21.57	8	140.33	11	102.05	9	372.61	10
化工产品	2019	19.53	4	5.19	2	55.47	5	127.16	12	177.8	6
	2020	23.44	5	5.9	3	63.67	6	165.01	14	202.31	6
	2021	24.52	5	5.75	2	67.06	5	161.73	14	201.67	6

数据来源：根据海关总署统计分析司统计数据计算得出。

- 291 -

从长远看，共建"一带一路"具有缩小基础设施差距、促进全球互联互通的潜力。根据中国国际经济交流中心在首届"一带一路"国际合作高峰论坛（2017）发布的报告，2017—2027年基础设施建设将进入加速期，用于基础设施升级、数字技术升级、人力资本投资、公共安全与医疗、气候变化与生态监测、跨区域或洲际通道建设的投资将大大拉动区域投资增长，良好的基础设施系统会大大提高各国分享繁荣和提高效率的能力，带来可观的经济收益。预计2017—2027年"一带一路"沿线国家累计资本形成总额将达到110万亿美元，到2027年占全球资本形成总额的50%。与此同时，在全球金融体系内需要形成规模巨大的资产池，成为一种用于为包括跨境基础设施在内的区域和全球公共产品融资的"永久资本"。亚欧区域积累了大量的金融资源，仅亚洲储备资产规模就约占全球储备资产的2/3，"一带一路"通过将本地区储蓄和储备资金引导投入生产性领域及基础设施投资上来，有望创造规模庞大的基础设施及其投融资市场。

随着全球基础设施互通需求的提升，中国在"一带一路"沿线国家的工程建设和投资快速推进。根据商务部数据，在工程建设方面，2013—2022年，中国在沿线国家承包工程新签合同额、完成营业额累计分别超过1.2万亿美元和8000亿美元，占对外承包工程总额的比重超过了一半。

五、"一带一路"倡议积聚增长动能、促进全球可持续发展进程

共建"一带一路"通过效率变革、动力变革有望成为实现共同发展和繁荣的合作之路、健康之路、复苏之路、增长之路。新一代信息技术与数字基础设施的广泛普及，特别是物联网、边缘计算、5G技术的广泛应用，为提升数字生产力开辟了广阔空间。2017年5月，习近平主席在"一带一路"国际合作高峰论坛开幕式上的演讲

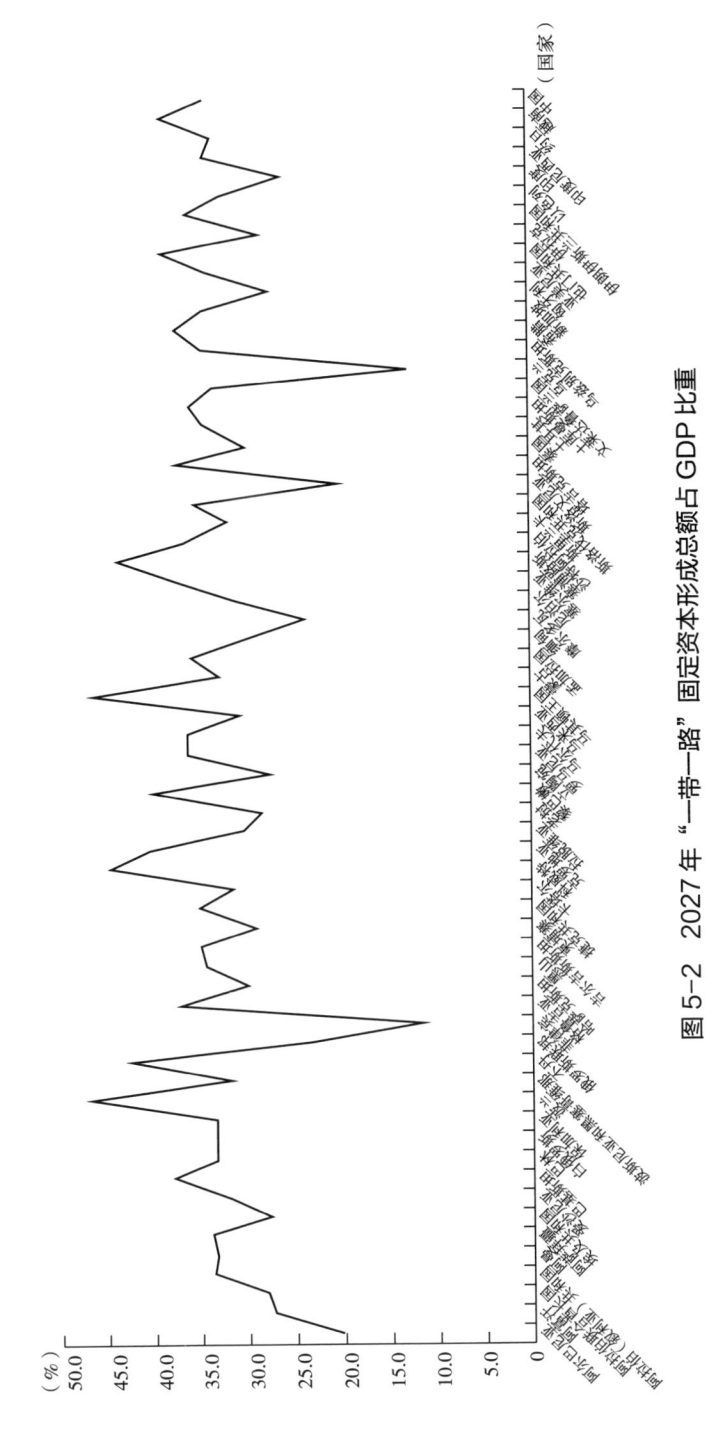

第五章 统筹好发展与安全的重难点与行动对策

图 5-2 2027 年"一带一路"固定资本形成总额占 GDP 比重

数据来源：中国国际交流中心课题组。

中正式提出"数字丝绸之路",并明确指出要坚持创新驱动发展,加强在数字经济、人工智能、纳米技术、量子计算机等前沿领域合作,推动大数据、云计算、智慧城市建设,连接成21世纪的"数字丝绸之路"。

6年来,"数字丝绸之路"建设取得显著成就。截至目前,中国已与17个国家签署"数字丝绸之路"合作谅解备忘录,与23个国家建立"丝路电商"双边合作机制,与周边国家累计建设34条跨境陆缆和多条国际海缆,中国与"一带一路"沿线国家和地区的数字经济合作正在不断深化,共同提出《"一带一路"数字经济国际合作倡议》。未来,中国将与沿线国家和地区以"数字丝绸之路"建设为契机,共同推进5G网络、云计算、物联网、人工智能、区块链等新型数字基础设施广域覆盖和大规模商用,破除数字经济和数字贸易发展的壁垒,积极参与构筑数字经济发展的区域平台和数字规则治理的新框架,加快拓展"一带一路"数字大市场,让更多国家/地区的人民分享数字红利,缩小数字鸿沟,减少数字贫困,实现跨越式发展。

践行绿色发展、可持续发展理念,"一带一路"倡议正成为落实联合国"2030年可持续发展议程"全球努力中的重要组成部分。高质量共建"一带一路"所秉持的绿色和可持续发展理念,在促进经济增长的同时,也有助于应对环境保护和气候变化方面的挑战。第二届高峰论坛圆桌峰会联合公报强调,要统筹好经济增长、社会进步和环境保护之间的平衡,呼吁推动绿色发展,促进生态可持续性,鼓励发展绿色金融,包括发行绿色债券和发展绿色技术,并在生态环保政策方面交流良好实践,提高环保水平。来自发达国家和发展中国家的合作伙伴签署《"一带一路"绿色投资原则》,成立"一带一路"绿色发展国际联盟,就是各方共同致力于绿色和可持续发展的有效例证。

2021年6月23日,在"一带一路"亚太区域国际合作高级别会议期间,中国还与文莱、智利、哥伦比亚、印度尼西亚、哈萨克斯坦、吉尔吉斯斯坦、马来西亚、蒙古国、菲律宾、沙特阿拉伯、新加坡、泰国、阿联酋、越南等国共同发起"一带一路"绿色发展伙伴关系倡议。2021年9月21日,国家主席习近平在北京以视频方式出席第七十六届联合国大会一般性辩论时表示,中国将大力支持发展中国家能源绿色低碳发展,不再新建境外煤电项目。此后,2022年3月,发改委等四部委又联合发布了《关于推进共建"一带一路"绿色发展的意见》,提出"全面停止新建境外煤电项目,稳慎推进在建境外煤电项目。推动建成境外煤电项目绿色低碳发展"。这是继2021年9月中国承诺境外"退煤"之后,首次由官方阐释了针对处于不同建设阶段的海外煤电项目的具体要求。作为中国海外投资和建设项目的主要政策性金融机构,中国的"两行一保"(中国进出口银行、国家开发银行和中国出口信用保险公司)都对海外煤电的退出政策做出了积极的响应。中国进出口银行成功发行了30亿元的"清洁能源"专题绿色金融债券,全部投向清洁能源领域,为水力发电、风力发电等可再生能源设施建设与运营提供资金支持。国开行分别与绿色气候基金(GCF)和联合国开发计划署(UNDP)签署了专门针对气候变化融资的合作备忘录。

近年来,中国在全球"碳中和"与绿色转型中发挥着越来越举足轻重的作用。数据显示,2022年中国可再生能源支出占据全球可再生能源支出的近一半,达到5 460亿美元,几乎为美国在清洁能源上支出(1 410亿美元)的4倍,是排名第二的欧盟在清洁能源上的支出(1 800亿美元)的2.5倍。国际能源署的《2023年能源技术展望》报告显示,中国是当今全球领先的清洁能源技术供应国,也是许多清洁能源技术的净出口国。中国拥有世界上大多数大规模生产技术(如太阳能光伏、风能系统和电池)至少60%的制造能力,以及40%的电解槽制造能力。通过"一带一路"倡议等能源基础设施项目,中国推进与"一带一路"沿线国家和地区的绿色合作。根据美国企业研究所数据,2021—2022年中国参与的"一带一路"可再生能源投资和建设项目中，水能项目占比最高（56%），其次为光伏和风能项目。为推动全球能源转型和低碳发展的进程，中国在"退煤"承诺的基础上还应持续加大与发展中国家在可再生能源领域的能力建设和输电网络基础设施合作，从而逐渐提高可再生能源项目的占比。从实际效果来看，中国对"一带一路"沿线各重点国家出口的工业品中包含的水污染物（COD、NH3-N）和大气污染物（SO_2、NO_x）排放量，都呈下降趋势或增幅小于贸易额增幅，这表明中国的出口已经越来越"绿色"，促进绿色产品贸易已经为"一带一路"沿线国家带来显著的环境效益。

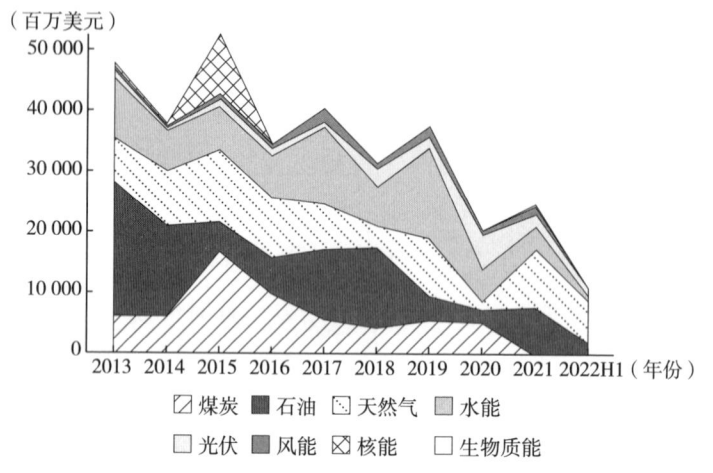

图 5-3　2013—2022 上半年中国参与投资和建设的"一带一路"能源项目

数据来源：美国企业研究所（AEI）。

六、"一带一路"倡议推动构建开放包容互利共赢的全球治理框架

高质量共建"一带一路"以多边主义为指引，为合作伙伴加强协调对接打造了一系列国际合作新平台。习近平总书记强调，要坚持真正的多边主义，践行共商共建共享的全球治理观，动员全球资源，应对全球挑战，促进全球发展。要坚持对话而不对抗、拆墙而不筑墙、

第五章 统筹好发展与安全的重难点与行动对策

融合而不脱钩、包容而不排他，以公平正义为理念引领全球治理体系变革。作为共商共建共享全球治理观的倡导者，中国将以"一带一路"倡议、全球发展倡议、全球安全倡议为依托，充分利用现有国际合作平台，创新国际合作机制，推动引领全球治理体系变革。

全球治理的基础是经济全球化，"一带一路"倡议顺应了全球化的趋势，是全球化的产物，亦符合全球化的趋势以及全球治理的发展方向。与以往的国际合作机制相比，"一带一路"倡议开展合作的层次和领域更加丰富和全面，也更加深入和具体。随着"一带一路"建设的不断推进，沿线国家以及参与"一带一路"建设的世界各国和各类组织的往来不仅仅体现在国际贸易和国际投资上，还体现在贸易、投资、金融、能源以及争端解决机制等多领域的合作与共建。这意味着"一带一路"国际合作极大丰富和加深了以往的国际合作机制，全方位、多层次、复合型合作机制成为"一带一路"国际合作的重大内涵与突出亮点。

为加强与各区域及全球发展战略、规划对接，共建"一带一路"也在不断搭建与联合国机构以及不同区域和国际组织之间的合作平台。与此同时，高质量共建"一带一路"也注重发展全方位、多层次的合作路径。除传统双边合作外，三方合作或多边合作也在不断推进。有关合作领域从最初聚焦基础设施互联互通，逐渐拓展至"软联通"，如促进规则标准对接、加强海关合作、提升数字互联互通、提高旅行便利程度、增进人文交流等。通过推动软硬联通协同并进，共建"一带一路"有望为全球经济增长和可持续发展做出更大贡献。

推动贸易投资自由化、便利化，构建开放型世界经济，符合共建"一带一路"伙伴国家的共同利益。通过共建"一带一路"加强多种模式的基础设施互联互通，有助于内陆国家加强对外联系，降低物流成本，促进跨区域贸易。建设数字基础设施和跨国光纤有助于缩小数字鸿沟，促进电子商务和资本流动。发展金融基础设施对于促进金融合作、便利跨境投资至关重要。世界银行 2019 年的一项研究表明，共建"一带一路"若辅以项目所在地治理水平的提升，可使伙伴国家之间的贸易流增加 4.1%。"一带一路"沿线国家 GDP 占全球 GDP 的比重从 1989 年的 11.2% 上升到 2018 年的 31.9%。30 年前，上述国家占世界贸易和对外直接投资比重分别为 12.9% 和 3.8%，得益于对外开放，这两项比重分别提高到了 32.1% 和 32.2%。与此同时，共建"一带一路"注重在项目实施中加强规则标准融合，有助于促进伙伴国家在更广泛的领域实现规则标准对接、整合国际最佳实践，确保合作在符合规则、高效、透明、包容和环境可持续的基础上开展，从而减少了跨境贸易和投资机制障碍，使世界变得更加开放、更具增长潜力。

展望未来，要加强"一带一路"倡议和各种发展战略的国际合作，推动南北合作、南南合作和第三方合作，推动亚太经合组织互联互通蓝图、欧亚伙伴关系、南美洲区域基础设施一体化倡议、世界贸易组织（WTO）贸易便利化协议等之间沟通协调，推动 WTO 等多边机制取得积极成果，推动贸易投资自由化和便利化等，构建"一带一路"促进普惠、包容、互利、共赢的多边合作框架。

七、"一带一路"倡议有望开启全球地缘政治格局新序幕

和平、发展、合作、共赢的历史潮流不可阻挡。维护国际和平安全、促进全球发展繁荣，应该成为世界各国的共同追求。习近平主席提出全球安全倡议，倡导以团结精神适应深刻调整的国际格局，以共赢思维应对复杂交织的安全挑战，旨在消弭国际冲突根源、完善全球安全治理，推动国际社会携手为动荡变化的时代注入更多稳定性和确定性，实现世界持久和平与发展。

2023 年以来，随着中国成功促成沙特、伊朗在北京举行对话并恢复外交关系，中东地区正掀起一轮"和解潮"，"停火""复交""和解""发展"在这个地区成为热词。中东和解是欧亚大陆地缘政治的大

事件，也是世界地缘政治的大事件。中东和解的震动与影响力将是全面的、深远的。

（一）从地缘格局看，"和解潮"反映中东国家战略自主意愿上升、地区格局重塑

长期以来，美国肆意干涉中东国家内政，在中东各国之间制造对立，谋求控制中东，固化中东与西方的非对称依赖关系。中东地区舆论普遍认为，地区力量正发生重大调整，美国独霸世界的时代已经结束，地区各国外交自主性不断加强，寻求新的外交平衡，试图塑造地区新格局。中东国家自主选择符合本国和本地区切身利益的发展道路的意愿不断坚定，为地区多国相互之间由隔阂转向接触提供了条件。

事实上，多年来中东国家一直深陷各方挑战。在地区安全方面，近年来美国在中东出现明显的战略收缩态势，其注意力转向亚太和欧洲。随着美国将大批军力紧急撤离中东，该地区安全局势恶化，沙特、阿联酋等国石油设施多次遭到胡塞武装袭击，海湾国家运输石油、天然气、粮食和其他进口商品的重要航道安全也难以得到保障；在经济发展方面，许多中东国家正处于经济转型过程中，希望摆脱对化石燃料出口收益的依赖，推进经济多元化和产业升级；在非传统安全方面，减缓气候变化、保护有限水资源、保障粮食安全等都是摆在中东国家面前的紧迫课题。

而中国提出的全球安全倡议顺应中东国家追求和平、稳定、发展的强烈愿望，为中东国家维护地区和平、消弭冲突根源、实现长治久安提供了中国智慧、中国方案。中国积极推动全球安全发展。2023年2月，中国正式发布《全球安全倡议概念文件》，针对当前最突出、最紧迫的国际安全关切列出20项重点合作方向并就倡议合作平台和机制提出建议设想。目前，已有80多个国家和国际组织对倡议表示赞赏支持。倡议明确写入20多份中国同有关国家和组织交

往的双多边文件。中国为解决地区冲突发挥关键影响力。数据显示，自 2002 年以来，中国曾试图在大约 15 个冲突中进行调解。在中东地区，中国先后提出实现中东安全稳定的五点倡议、政治解决叙利亚问题的四点主张、落实巴勒斯坦问题"两国方案"的三点思路等。随着沙特和伊朗这对"宿敌"在中国斡旋之下实现历史性握手言和，中东多国相继达成和解或关系缓和，国家间关系明显好转，一个多极化的中东正在形成。

（二）从金融格局看，"石油美元体系"正遭遇新冲击

俄乌冲突以来，美国频繁使用金融制裁大棒，美国政府将美元"武器化"，没收俄罗斯的相关资产，冻结其主权财富基金，甚至将俄罗斯主要银行踢出环球银行金融电信协会（SWIFT）等已经让越来越多的国家意识到，以美元为基准的石油定价与结算体系具有极高风险性，尝试摆脱美元的统治地位，中东国家开始寻求双边货币结算以及人民币结算。随着首单液化天然气（LNG）人民币结算的突围，中国和海湾国家的原油贸易结算中，用人民币替代美元已经拉开序幕。中俄能源贸易已采用人民币结算，且双方 70% 的贸易支付已用本币结算。东盟财长及央行行长会议中提到要"远离西方支付系统，金融自主自立"；南美洲最大经济体巴西宣布，已与中国达成协议，不再使用美元作为中间货币，而是以本币开展贸易结算。再加上伊朗、阿联酋、迪拜、印度、新加坡、委内瑞拉、印度尼西亚、伊拉克等，目前，全球已有 30 个国家启用人民币结算。

（三）从权力格局看，"向东看"成为中东地区的优先选择

随着中东堵点打通，欧亚非大陆经济、文化、物流、人员流动、技术、交通通畅起来，通畅起来的欧亚非大陆将串联起来，成为一个庞大的陆路市场，大幅提升陆权国家的影响力。"中东和解"有利于"一带一路"深入推进，也使"一带一路"串联起欧亚非大陆成为可

能。中东"和解"以及"去美元化"必将深刻改变中东乃至全球的地缘政治格局，推动未来中阿战略伙伴关系取得新突破，打开"一带一路"中东合作的新格局，而这也预示着一个新的全球时代、新的全球格局的到来。

欧盟碳边境调节机制：如何影响我国外贸及应对措施

朱 振　叶琲玲[①]

当前，世界之变、时代之变、历史之变正在以前所未有的方式展开，人类社会面临着前所未有的挑战。工业革命以来，人为活动导致温室气体（主要是二氧化碳）排放量增多，使得全球气候明显变暖。一旦温度升高突破2℃安全阈值，极地、海洋等关键生态环境损害将不可逆转，全球气候风险将急剧增加。据悉，全球累积排放的二氧化碳中有70%以上来源于化石能源燃烧与使用。全球气候变化形势日趋严峻，二氧化碳排放波动增长，地缘政治加剧能源供需失衡，气候变化与能源问题的突出挑战随着国际地缘政治、地缘经济局势的一系列新变化、新发展而进一步增强，"碳中和"共识在波荡中得到强化。当前，在全球加快推进绿色低碳发展、加强碳减排、减少碳泄漏的时代背景之下，欧盟对外公布实施碳边境调节机制（Carbon Border Adjustment Mechanism，CBAM），于2023年5月16日正式通过立法，于5月17日正式生效，2023年10月进行试运行并分阶段实施。碳边境调节机制实质上是碳定价的政策工具，通过税收手段将碳排放带来的环境成本转化为企业生产经营成本，客观上也是环境壁垒机制的安排。我国是欧盟主要贸易伙伴之一，根据海关总署数据，2022年

---

① 朱振，现就职于海关总署国家口岸管理办公室，经济学博士。叶琲玲，现就职于厦门海关隶属泉州海关，管理学硕士。

我国出口商品总值达 35 936 亿美元，其中对欧盟出口占全部出口的15.6%，位列第三。欧盟即将对其进口的高碳排放商品征收碳边境调节税，这将会对包括我国在内的诸多发展中国家向欧盟出口碳密集型产品造成极大的影响与冲击。本文立足当前、着眼长远，在深入分析欧盟实施碳边境调节机制深层次原因基础上，从海关视角思考分析欧盟实施碳关税后对我国贸易的主要影响，并为我国应对欧盟碳边境调节机制提出建议。

一、欧盟出台实施碳边境调节机制主要背景及原因分析

碳边境调节机制是一种关税制度安排，是发达经济体对其进口的高耗能的特定商品商加征二氧化碳排放特别税收的机制，旨在通过实施该机制对温室气体排放进行定价与约束，以期减少全球碳排放和碳泄漏，支撑全球低碳增长，并在一定程度上保护国内工业免受碳价水平较低或无碳价国家在国际贸易中的竞争影响。欧盟实施碳边境调节机制的主要背景和原因分析如下。

（一）欧盟实施碳边境调节机制的主要背景

1. 当前推进全球碳减排已成为各国共识

近年来，特别是以 2016 年 11 月《巴黎协定》正式生效为标志，《巴黎协定》把"全球平均升温幅度控制在工业革命前水平以上 2℃ 之内"作为长期气温控制的目标，以便减少气候变化带来的风险与影响，全球低碳转型已进入加速发展的新阶段。2021 年，国际货币基金组织（IMF）提出国际碳底价机制（International Carbon Price Floor）方案，加拿大、中国、欧盟、印度、英国、美国分别以 75 美元、50 美元、25 美元的三层碳价下限巩固《巴黎协定》承诺，支持实现到 2030 年全球碳排放较基线水平减少 23%。联合国政府间气候变化专门委员会（IPCC）第 6 次气候变化评估指出：全球已经从"气候变化"发展到

"气候紧急状态/气候危机"。《联合国排放差距报告》显示，共有49个国家和欧盟承诺实现净零目标，涵盖全球50%以上的国内温室气体排放和1/3的全球人口；有11个目标任务以法律形式固定下来，涵盖全球排放量的12%。近120个国家提交或宣布更新自主贡献零碳目标，130多个国家提出或计划提出零碳/碳中和目标，全球碳减排和零碳转型已成为各国的共识与趋势。

实施碳边境调节机制，可能的形式包括：一是在边境对存在碳排放（碳泄漏）风险的某些行业乃至全部行业的商品，征收特定的进口关税。二是将内部碳排放交易体系（ETS）扩展到进口商品。所谓碳排放交易体系，是指建立在温室气体减排量基础上，将碳排放权作为商品流通的交易市场。碳交易与碳税是实现碳成本内部化的两种主要方式。三是要求外国生产商或其境内的进口商按照进口需求来购买ETS排放许可证。四是要求出口商从ETS之外的渠道购买排放许可等。

当前，净零目标下碳定价制度进入新起点，各国特别是大国之间围绕碳定价的国际竞争与合作日趋复杂，已由发达国家延伸至发展中国家且发达国家气候贸易政策呈现俱乐部化特征，已由国内政策延伸至贸易政策，已由单纯应对气候变化转向全方位国际竞争与合作。需要指出的是，近年来经过有些经济体的探索实践，碳定价制度逐渐成为国际上实现碳减排目标的有效工具之一。据世界银行公布的数据，截至2022年4月，全球共运行68个碳定价机制，另有3个碳定价机制即将投入使用；这其中包括37项碳税和34个碳排放交易系统，覆盖全球23%的温室气体排放量。碳定价行业范围呈扩大趋势，除了传统电力、工业部门外，欧盟还计划将交通运输、建筑部门纳入碳市场。此外还出现了跨境碳交易、锚定碳税等新型跨国碳关税倡议，以复合型、系统性、制度化等方式在国家间传导碳减排成本与压力。

2. 全球碳排放持续增长加速碳边境税出台进程

国际能源署发布的《2022年二氧化碳排放》分析报告显示，2022年，全球与能源相关的二氧化碳排放量创下超368亿吨的新高，比上一年增加 3.21 亿吨，增幅为 0.9%。尽管 2022 年排放量增幅远小于 2021 年超过 6% 的增幅，但排放量仍处于不可持续的增长轨道。按照全球碳项目的预估，如果碳排放水平继续以当前水平增长，9 年内地球升温超过 1.5℃ 的概率将达到 50%。因此，国际社会普遍认为，需要采取更强有力的行动，在减少碳排放的同时加速清洁能源转型，推动世界走上实现可持续发展目标的道路。欧盟宣称通过征收碳边境税，有助于促进构建碳减排机制，减少全球碳排放，降低气候变化带来的风险。

（二）深层次原因分析

1. 欧盟借此设置新型绿色贸易壁垒

欧盟出台碳边境调节机制的政治意愿强烈，酝酿时间已久。早在 2006 年，法国就在联合国气候大会上提出碳关税议案，但因受 WTO 合法性等国际阻力而未能实现。2019 年 12 月，欧盟委员会发布《欧洲绿色新政》，正式提出碳边境调节机制，将其与能源税制改革和碳排放交易体系修订作为加速实现 2050 年欧洲碳中和的主要政策工具。2023 年 4 月，欧盟通过 CBAM，决定在水泥、铝、化肥、电力、钢铁等行业加征碳边境调节税。欧盟实施碳边境调节机制的初衷，是为了应对全球气候变暖、减少碳排放、避免碳泄漏等现象，并希望通过加征特定税收的形式，倒逼出口企业通过技术升级等方式进行减碳。但客观而言，欧盟实施碳边境税的征收对象主要为以中国、俄罗斯、印度、东盟等为首的发展中经济体。征收碳关税，一方面可以增加欧盟的财税收入，据欧盟估算，实施 CBAM 每年将带来 50 亿—140 亿欧元的收入，所加征的特定税收可用于资助落实"绿色协议"中的清洁技术创新、基础设施现代化及国际气候融资等部分工作任务。另一方面，欧盟征收碳关税，迫使发展中国家购买欧盟相关技术，从而为欧盟发展注入资金动力。究其更深层次动机，欧盟最先提出 CBAM 是为了掌握绿色标准体系的制定权和国际贸易的主动权，并借此主导全球绿色贸易新趋势，在新一轮全球气候治理规则体系中抢占制高点，同时对其他国家设置绿色贸易壁垒。

2. 借以重塑全球贸易格局

多年来欧盟不断完善碳排放管制措施，本质上是不断将一些高耗能产业转移到发展中国家。发展中国家在经济和技术方面与欧美等发达经济体存在一定差距，在贸易上相对依赖欧盟等发达经济体，使碳排放量一时难以降低。欧盟实施CBAM后，全球贸易特别是向欧盟的出口不可避免地受到该机制的影响。欧盟实施CBAM，导致发展中国家不仅要面临被发达国家阻挡在价值链低端环节的风险，同时发展中国家因碳价定普遍较低，出口成本加重无疑会在对欧贸易之间形成无形壁垒，一些企业可能会因此丧失市场份额甚至存在因相关碳关税的税负过重而极大地影响企业开展国际贸易，乃至出现企业退市、大量裁员等风险，这在一定程度上会影响全球经济社会发展与进步，本质上是一种变相的贸易保护主义。

二、欧盟实施碳边境调节机制的制度安排及其实施路径

（一）具体制度安排

1. 征收方式

一是欧盟将建立与欧盟ETS动态挂钩的"碳边境调节机制证书"体系。拟设立碳边境调节机制专门行政机构，进口商需先在此机构注册并成为"授权申报人"，此后需购买并在每年5月31日前提交足额的CBAM电子证书。

二是以欧盟ETS周度碳价为基准。碳边境调节机制需要以反映欧盟生产商支付的碳成本收取进口碳含量费，碳价应镜像反映欧盟ETS下欧盟配额价格动态变化，确保碳价可预测性和较小波动性。如果出口国有碳交易机制或碳税等碳价机制，则此成本可予以抵扣。

三是有电力市场与碳市场链接的国家可豁免。欧盟提出，欧盟碳边境调节机制应与境内ETS改革挂钩，不得滥用为贸易保护工具，要

兼容 WTO 规则和欧盟自由贸易协定，征税收入应用于气候目标，以便加强对实现欧洲绿色新政目标支持。最不发达国家和小岛型发展中国家将可得到优待。

四是与 ETS 免费配额改革同步，纠正碳泄漏；提升本地行业竞争力；增加疫情后财政收入；引领全球气候政策。

2. 征收范围

欧盟实施碳边境调节机制，主要包括以下 3 个阶段：一是启动过渡阶段（2023 年 10 月 1 日—2025 年年底）。这涉及水泥、钢铁、铝、化肥、电力、氢 6 个主要行业，此范围覆盖欧盟 ETS 超过 50% 的排放量。二是正式生效阶段（2026—2034 年）。欧盟碳市场的免费配额将逐步全面取消，CBAM 征收范围同步扩大。三是全面生效阶段（2035 年及以后）。2035 年完全取消免费配额征收范围全面覆盖欧盟"碳泄漏"清单及 ETS 所涉全部行业，包括直接排放和间接排放。

（二）实施路径

欧盟之外的某个国家（地区）一个产品出口到欧盟，缴纳碳边境调节税需要经过注册、预购、申报、结算、清算 5 个环节，主要由欧盟内部的进口商承担相应的缴纳任务。

1. 注册环节

欧盟企业从欧盟外部进口受到 CBAM 管制的产品的，首先需要在 CBAM 系统中注册获得资质。

2. 预购环节

欧盟提出，CBAM 许可证一年缴纳一次，许可证的价格将根据 ETS 实际运行情况一周更新一次。欧盟要求进口商每季度至少预购一次，且每次预购的 CBAM 许可证至少覆盖所估算的 80% 的进口商品的碳排放量，以防止进口商在一年的某一时刻集中买入 CBAM 许可证。

3. 申报环节

既可以由进口商在结算前向 CBAM 管理机构上报进口产品的实际

排放量，又可以由出口商自行在 CBAM 系统中注册，提交经第三方机构核查的产品实际排放量。

4. 结算环节

进口商在每年 5 月底之前，按照自身贸易实际情况，计算并申报进口商品的碳排放量，按照要求缴纳上一年度的 CBAM 许可证。

5. 清算环节

欧盟禁止私下交易 CBAM 许可证，对于进口商预购许可证总量超过其实际所需的部分（即剩余凭证），欧盟将按照原价向进口商回购，但总量不会超过进口商上一年度购买凭证总量的 1/3，而上一年度剩余未被回购的凭证将在下一年度被直接清零。

三、欧盟实施碳边境调节机制对我国外贸发展的主要影响

欧盟实施 CBAM，客观上有助于促进全球碳减排，并将对全球国际贸易产生一定的影响。对中国来说，其影响要素主要包括出口贸易和碳差价两方面，发达经济体实施碳边境调节机制对发展中国家的能源密集型产业影响较大，发达经济体或可能联合开展低碳产品"双反"（反倾销、反补贴）等贸易壁垒，恐怕对我国造成双重冲击对我国造成双重冲击。

（一）给我国出口贸易带来一定压力

欧盟实施 CBAM 初期涉及我国对欧盟的钢铁、铝等的出口。根据 CBAM 提案中的产品清单和联合国商品贸易统计数据库（UN Comtrade）测算，2016—2020 年，中国受 CBAM 影响的对欧洲出口额年均约 61.14 亿美元，占中国对欧盟出口总额的 1.8%，其中钢铁产品接近 3/4，铝产品接近 1/4，水泥和化肥的贸易量较小。依据碳边境调节机制相关规则进行测算，在欧盟碳边境调节机制正式实施后，由此导致碳成本升高，将推动出口欧盟的钢铁产品价格上涨 5.2%，铝材出口欧盟价格

上涨15.4%。对欧盟有出口业务的钢铁、铝等行业相关企业将面临国际竞争力下降等风险。中国与欧洲之间水泥、化肥的贸易量较小，中国对欧洲几乎没有电力贸易。中国出口欧盟的其他产品，例如汽车、太阳能光伏板、电子产品、机械零件、家具、玩具、服装等终端复合产品目前未纳入CBAM提案中，目前暂未受到影响，但后续欧盟实施碳边境调节机制的管辖范围最终将包括欧盟碳排放权交易体系所涵盖的所有行业产品，必将因此受到影响。

清华大学基于CBAM提案设计开展了针对性的评估研究，即覆盖欧盟CBAM产品清单中所有产品的直接排放，以中国平均生产排放强度来计算对欧盟出口产品的碳排放，采用52美元/吨CO_2的中欧碳价差。研究结果表明，如果不考虑EY-ETS下的免费分配，中国对欧盟出口成本年增加约3.05亿美元，增加额占CBAM覆盖产品对欧盟年均出口额的4.8%，占中国年均对欧盟出口总额不足0.1%。如果考虑欧盟ETS下的免费分配，中国对欧盟出口成本年增加约1亿美元，增加额约占CBAM覆盖产品年均对欧盟出口额的1.6%。综合分析，短期看，欧盟实施CBAM对我国出口欧洲的商品影响不大，但如果未来欧盟将CBAM覆盖范围扩展至钢铁、铝等行业的下游，将对我国出口贸易带来较大影响。

（二）外部压力传导推高我国碳交易价格

中国把碳减排行动视为一场深刻的经济社会变革，近年来先后出台并实施了确保碳达峰碳中和目标实现的一系列政策措施。综合看，跨国碳定价一方面有助于我国高质量的新能源商品与减排项目在国际市场上获取额外收益，另一方面更大的碳排放规模也意味着更高的碳价成本负担。2021年7月16日，全国碳排放权交易市场上线交易，电力（发电）行业首先纳入全国碳排放交易市场，未来全国碳市场将扩大至钢铁、建材、化工等高碳排放行业。地方试点碳市场与全国碳市场并行。目前，我国多层次碳市场体系已初步建立，先后启动自愿减排交易市场，部分省市参与碳交易试点。目前全国碳排放交易市场处于早期起步阶段，碳交易市场仅限于发电行业而未涵盖 CBAM 罗列的商品生产行业，同时我国碳交易市场尚没有与欧盟 ETS 交易市场开展实质性业务合作，尚未开启与 ETS 机制的深度对接，我国目前不在 CBAM 机制认可的国家范围内。

欧盟碳市场作为全球启动最早的碳市场，其碳价在 2021 年启动第四阶段，将年度总量折减因子由第三阶段的 1.74% 提高至 2.20%，并且修订制造业免费分配的基准值。2021 年欧盟委员会提交修正案，进一步扩大碳市场覆盖范围，调整市场稳定储备机制，建立碳边境调节税机制以防止碳泄漏。欧盟碳边境调节机制等主张及其做法似乎违背《巴黎协定》框架下"共同但有区别的责任原则"，在该原则下，各国减排义务、减排成本都应根据各个国家自主贡献度（NDC）以及各国实际国情而有所区别，而不是将碳减排责任转嫁为碳定价责任。欧盟严苛的碳减排目标使得欧盟碳市场空前活跃，碳价持续剧烈增长，屡屡刷新纪录。以 2023 年 8 月碳市场成交价格为例，我国碳排放权交易平均价格在 66.49 元 / 吨左右，与欧盟 84.5 欧元 / 吨的碳价格差距较大。碳边境调节机制对欧盟进口商品的含碳量进行定价，且欧盟规定进口商可扣除在生产国已支付的碳价，从而推动出口国碳交易市场与欧盟对标。高碳价将通过中欧贸易向中国传导，中国碳排放权交易价格将被引导至更高水平。

四、基于海关视角应对欧盟实施 CBAM 的对策建议

2021 年 9 月，习近平主席在第 76 届联合国大会一般性辩论上强调指出：中国将力争 2030 年前实现碳达峰、2060 年前实现碳中和，这需要付出艰苦努力，但我们会全力以赴。习近平主席的重要论述为我们推动实现碳达峰碳中和指明了前进方向，提供了根本遵循。当前欧盟所推出的碳边境调节机制涉及环境、贸易、外交等多个方面，但

其在实施层面仍面临一些难题，这对我国来说既是契机也是挑战。如何积极应对可能出现的贸易新摩擦至关重要。本文立足海关视角，着眼外贸转型升级和可持续发展，提出以下几方面对策建议。

（一）推动加快构建绿色低碳外贸体系

近年来，全球低碳转型进入加速发展的新阶段。面对绿色门槛日益提高的国际贸易环境，着眼积极推动全球绿色低碳发展，我们应强化国家层面统筹谋划和顶层设计，有效利用跨国碳定价的"倒逼"作用，有效发挥碳市场工具在重点领域降碳减排中的重要作用，加强相关部委和相应政策间协调配合，加快培育外贸企业绿色竞争新优势。

1. 推动外贸产业结构及技术绿色升级

根据商务部数据，2020年我国对欧盟出口产品的平均碳排放强度为0.89千克/美元，而欧盟对我国出口产品的平均碳排放强度为0.28千克/美元，提高企业生活科技水平并降低碳排放强度是未来我国减少碳排放成本负担的重要途径。为此，要积极引导外贸企业充分利用经济贸易政策、绿色融资和市场机制等，大力发展新兴战略性绿色低碳产业。要积极开展低碳发展能力建设，充分发挥低碳技术的支撑作用，推动零碳、低碳技术在重点排放领域研发和推广，同时利用生态碳汇和碳捕获、利用与封存技术（CCUS）等负碳技术增加碳吸收能力。要进一步加大科研投入力度，探索碳减排的创新型技术路线，将绿色低碳与产业跃升战略紧密结合，在提升低碳竞争实力、进行低碳转型的同时增强应对欧盟碳边境调节机制的能力。

2. 推动优化外贸商品结构，积极推动高质量高附加值绿色产品和技术进出口

碳边境调节机制的税负成本在很大程度上取决于贸易结构的优化与升级。为此建议在水泥、钢铁、铝、化肥、电力、氢等6个主要行业开展绿色低碳贸易试点，引导高碳行业企业向低碳转型、改进技术、降低出口产品含碳量，既有效规避发达经济体的绿色壁垒，又进一步

促进外贸优化结构转型升级。

3. 大力支持"绿色低碳""智慧零碳"港口建设

深度参与港口绿色发展政策体系、低碳物流机制、智能化信息化协同建设及多元管理，推动生态环境保护数据和信息的交互，实现海关与相关部门间的多方绿色监管与协同治理。

（二）研究推动碳税制度改革

碳税是对高耗能产品在国内征收的二氧化碳排放特别税。根据国际贸易的"避免双重征税"原则，在继续推进国内碳排放权交易市场建设的同时，应积极借鉴国际经验，加快建立符合中国国情的碳排放核算方法体系，适时研究在国内征收碳税，与碳配额、碳交易形成有机互补。

1. 财政、海关、税务等涉税部门进一步充分发挥职能优势

立足关税政策工具，扩大低碳技术研发与应用的现行税收优惠，强化减碳的激励效果，比如采用税收减免、投资抵免、加速折旧、再投资退税等多种税收支出形式，在高新环保技术研究、开发、转让、引进和使用等各环节给予更加优惠的税收鼓励，有效降低低碳技术开发利用的综合成本。

2. 研究探索碳税政策模式

以推动高质量碳达峰碳中和为目标，加强碳定价机制顶层设计。强化碳定价基础制度建设，提升市场化、法治化、国际化水平。就现阶段减排目标和税制结构而言，可设置"整合式碳税"，即整合改造与能源环保相关的税种，如整合煤炭资源税、成品油消费税、环境保护税等税种。初期可根据税负平移的原则，设计碳税制度，以根据能源消耗量和折算系数计算出的碳含量作为计税依据，参照碳交易价格和国际标准合理设置税率，后期则可根据国家落实碳达峰、碳中和目标的发展规划和外部国际环境，分阶段逐步提高税率，扩大征税范围。应保持宏观税负总体稳定，将碳税收入用于支持碳减排、发展新能源

等低碳生产活动。同时应当对采用绿色技术、减污降碳效率高的企业给予一定程度的税收减免优惠，激励企业转向绿色低碳的生产方式。

3. 适时加强碳税立法规制

加强跨国碳定价趋向的跟踪分析研究，立足我国实际国情，积极探索符合中国国情特色的碳定价机制。有必要适时加快碳税研究和立法进程，完善我国碳达峰、碳中和的"双碳"政策法规体系。根据发展需要，适时对现有相关法律法规进行修订完善，推动国内碳税制度建立，同时使相应碳税的税收留在国内。有专家提出，将碳税作为环境保护税的一个税目是现阶段可考虑的税制设计方向之一。此外，碳税政策也属于环保政策，将碳税作为环境保护税的一个税目具有合理性。从碳税立法效率看，我国已有完整的环境保护税法体系，将碳税纳入环境保护税，难度低于为碳税单独立法。

（三）积极推动建立完善低碳国际合作对话机制

当前欧盟实施碳边境调节机制一定程度上加快全球碳减排进程，但在面对可能产生的贸易壁垒风险时，我们要进一步发扬斗争精神，增强斗争意识，提升斗争本领，加强跨部位协同配合，主动应变、识变、求变，积极联合发展中国家，深度参与全球气候变化应对和全球贸易治理，提出中国特色的"绿色答案"，坚定主张绿色发展的全球化，依法依规反制发达经济体实施单边碳定价，坚决抵制碳定价名义下的贸易保护和转移减排责任行为，深化全球绿色低碳发展合作。

1. 围绕欧盟实施CBAM的合规性与国际社会展开对话交流

在以《联合国气候变化框架公约》及《巴黎协定》为基础的多边气候治理体系下，欧盟单边推行CBAM已经引发各国不同反应。CBAM与《巴黎协定》中的"共同但有区别的责任原则"、《联合国气候变化框架公约》中的"气候规则以及WTO最惠国待遇原则""国民待遇原则等核心原则"存在着合规争议。面对全球气候变化问题带来的复杂国际博弈局面，我国应该坚持《巴黎协定》的原则与目标，团结带领其他发展中国家，要求欧盟等发达经济体认真落实"共同但有区别的责任原则"，推动世界范围内相关碳税政策与其他碳定价机制实现国际趋同，逐步稳妥提高我国碳减排自主贡献，加快研究碳边境调节机制，完善国内碳定价体系，推动低碳行业发展，积极妥善应对国际贸易冲击。

2. 深度参与国际碳定价制度、碳关税及其规则制定

通过深化对外合作，塑造国际碳定价、碳关税等基础制度，深化产业链、供应链开放合作，引导全球在包容性发展的同时实现净零排放，以"中国方案""中国智慧""中国道路"着眼寻找世界各国利益的最大公约数，着力推动形成被国际社会广泛接受的统一标准和行动指南，在全球治理体系中争取更多话语权、更大影响力，确保更好地维护我国利益和整体利益。

3. 借鉴欧盟碳排放权交易经验，健全完善我国碳交易市场机制

欧盟碳排放交易体系在世界范围内已走在前列并发展了多种相关的衍生产品，如碳期货、碳期权等。我国近几年虽对相关碳产品交易进行了探索，但与之相比仍有差距。为此，我国应积极充分借鉴欧盟相关碳排放权交易发展经验，完善碳定价、套交易制度，加快建立完善的排放总量设定与配额分配的方法体系，稳步推进中国碳市场的市场化、法治化、国际化进程，进一步促进绿色低碳贸易可持续发展。

加快能源转型:从"资源"到"制造"

余 佳 田韶鹏[①]

新能源(New Energy,NE)这个词最初是以有别于传统的"非常规能源"来定义的。之所以"非常规",是指该种能源才刚开始开发利用或正在积极研究、有待推广。一种能源是"新的"还是"传统的",根据我们利用的程度和阶段来定义,所以"新能源"是一个与时代和技术水平密切相关的概念。比如,虽然我们在农业时代已经发现了石油,甚至用它烧火,但它是"新能源",即便是在农业向工业转换的历史阶段,它也是新能源,只有到工业时代它被我们广泛应用才脱去了"新"的标签。

目前我们对"新能源"的定义是从20世纪80年代规范延续下来的。1981年,在肯尼亚首都内罗毕召开的联合国新能源和可再生能源会议(UN Conference on New and Renewable Sources of Energy)上通过了关于开发和利用新能源和可再生能源的行动纲领,会议文件中提道:"以新技术和新材料为基础,使传统的可再生能源得到现代化的开发和利用,用取之不尽、周而复始的可再生能源取代资源有限、对环境有污染的化石能源,重点开发太阳能、风能、生物质能、潮汐能、地热能、氢能和核能(原子能)。"[②] 这段话提示了当代新能源与"新技

[①] 余佳,哲学博士,公共管理学博士后,武汉理工大学马克思主义学院副教授。田韶鹏,武汉理工大学汽车工程学院教授、博士生导师。本文获得中央高校基本科研业务费专项资金资助。

[②] 参见《促进新能源和可再生能源的发展与利用的内罗毕行动纲领》(Nairobi Programme of Action),1981年8月。

术和新材料"之间的关系，必须借助技术和材料革新的力量，传统的可再生能源——比如太阳能、风能、生物质能、潮汐能、地热能等，才可能得到现代化的开发和利用。也因此，新技术的应用和新材料的开发是当下新能源开发利用的关键。在这次可能长达半个世纪的能源转型中，我们要取代的一方面是对环境有污染且不可再生的化石能源，另一方面还包括未能进行技术和材料革新、利用效率低下的传统可再生能源。

  能源是一种技术符号。实际上，从某种意义上来说，从古至今，能源的利用都和当时的社会生产力与技术水平直接相关。能源利用程度的提高和使用阶段的跨越，也都取决于当时的产业发展程度。宋朝"科学达人"沈括在延州任职时发现当地老百姓将沙石和泉水相杂处冒出的黑漆一般的"脂水"采集到罐子里照明，命名此神奇的"脂水"为"石油"，并断言"此物必大行于后世"（《梦溪笔谈·卷二十四》），但那时的宋人对这种能源并没有足够的科学认知，广泛利用的技术条件更是不存在，只可期待"后世"。从技术符号的角度来理解能源，就意味着我们关注的不仅仅是某种能源的物本身或对物的依赖，而是对这种物的转换、使用，是驾驭这种物的能力，正是这种能力标度了科学技术水平，标度了人类的科技时代。在我们当前大众对能源的理解和表达中，会误以为能源只是一种可以直接满足生产、生活需要的"资源"，却很容易忽略能源应用的科学和技术基础，忽略能源背后与"制造"的密切关联，甚至不知道在目前这个工业大时代我们有大量的能源原本就是被制造出来的，而将来，这类"制造型能源"的占比还会不断扩大，彻底颠覆"能源是一种资源"的传统观念和现实逻辑。

一、从"资源"到"制造"的能源转型

  从 20 世纪的能源危机以来，全世界都在寻找传统能源的替代方

案，希望找到清洁、稳定、廉价的能源。而这三个能源指标在传统的理论中是无法同时兼容的。能源领域有一个"不可能三角"理论，指的是能源的生产与供应无法同时兼顾"清洁""稳定"和"廉价"三方面的目标。也就是说，如果要追求稳定且廉价的能源，那能源的清洁性将难以保证；反之，如果以能源清洁作为目标，那么其稳定性和经济性就难以兼顾。比如，相比光伏、风电等可再生能源，煤炭、石油和天然气等化石能源具有经济性和稳定性的优势，但同时也回避不了碳排放和污染的劣势。在化石能源内部，煤炭的碳含量和杂质最高而价格最为低廉，天然气则相对清洁但价格高，所以也存在着清洁性和经济性之间的权衡。可再生的太阳能、风能虽然是清洁能源，但具有间歇性的特点，比如太阳能、风力大小受季节气候影响大，稳定性难以保持，另外也存在使用效率低的问题，于是相对利用成本高、不够廉价，其经济性与传统化石能源相比存在明显差距。总体来说，传统资源型能源的特性决定了没有完美替代方案。然而，从"资源"到"制造"的能源转型为打破这个"不可能三角"提供了可能。比如就能源形式而言，传统化石能源是资源行业，而光伏发电则完全可被视为制造业。那么，什么是能源从"资源"到"制造"的转型？这种转型又意味着什么？

第一，能源从资源到制造的转型是从污染能源到清洁能源的转型。以化石能源八成以上占比份额存在的传统能源，早已成为污染型能源的代名词，支撑全球工业的同时也造成了多方面的负面影响：化石能源燃烧产生大量二氧化碳，导致全球温室效应加剧，极端气候变化、灾害频发；机械化和工业化带来硫化物和氮化物的排放，造成大气污染；工业废水的排放严重污染水资源；资源开采过程同样存在对生态系统的损害。不再依靠矿山和油田，逐步实现从石化到灰碳、低碳，最终到零碳的转型，是关系到人类生存和发展的重要路径抉择。清洁能源的替换需要有计划、有步骤地推进。近年来，在"双碳"指标的要求和指导下，许多制造企业尤其是新建工厂会优先选择在工厂或所在工业园区内建设风电站、光伏电站、地热站等，最大程度上实现企业所需电力和热力产生的二氧化碳零排放，尽可能实现生产制造过程中能源端的"零碳排放"。比如，以联想集团、宁德时代等为代表的中国工业企业积极推进"碳中和"行动计划，建立"零碳工厂""零碳园区"等示范项目，并取得了初步成效。其他的可再生能源储蓄、循环的方案也在不断开发和应用推进中。这些制造过程的努力，最终目的都是用清洁能源取代污染能源，实现能源转型的第一要求。

第二，能源从资源到制造的转型是从低效昂贵能源到高效廉价能源的转型。从宏观角度来看，随着人口红利、土地红利作用的逐渐衰减，诸多生产要素中能源的重要性日益凸显，只有价格更低廉的能源才能为经济持续稳步发展释放红利。目前，化石能源体系已经成熟，其成本正在变得令市场难以接受。而继续设计和使用这类能源的相关技术（比如内燃机和集中式电网）的生产力已经耗尽，基本没有潜力可挖。传统的可再生能源，比如我们从人类诞生就在享用的太阳能，在农业时代就运用到生产中的风能和水能，新中国成立后大力推广过的沼气生物能，这些也都是传统廉价的能源。据测算，全球陆地部分3千米深度内、150℃以上的高温地热能资源有140万吨标准煤，目前开发利用才刚刚起步；世界风能潜力约3 500亿千瓦，但因风力断续分散，难以经济地利用；包括潮汐能、波浪能、海水温差能等在内的海洋能，理论储量十分可观，但限于技术水平，现尚处于小规模研究阶段。目前常常提到的太阳能、风能、潮汐能、生物能等，这些并不是我们没有认识和使用过的全新能源，而是在以前的使用中存在难点、未能推广的能源。能源转型就是需要通过技术重新发现它们，挖掘它们的潜力，提高它们的使用效率和效能，更好地储存和更便捷地使用它们。

第三，能源从资源到制造的转型是从有限能源到无限能源的转型。能源危机形成的直接原因就是供需失衡，一方面普遍供应不足，另一方面消耗不可控。全球经济的持续发展，新兴市场国家崛起，对能源的需求不断增加。传统的石油、天然气等资源地域分布不均衡,受到军事冲突和政治变化的干扰很大。全球能源分配极不平衡,不发达地区因为开采利用的技术水平不高而导致浪费,发达国家地区则消费随意、资源浪费现象较为普遍。总体造成了传统资源型能源"不够""有限"的现状。在"有限能源"的模式下,能源就成为竞争的重要资源,而且是敌多我寡、敌有我无的零和博弈,如此很可能会导致强者在能源贸易中想尽办法占据优势地位,促成或赤裸或隐蔽的能源侵占和掠夺。所以,必须转换能源逻辑,从不可再生能源转向可再生能源,从有限能源转向无限能源。其中典型的比如太阳能,它无污染、对环境友好,在其应用中也无须任何稀有金属或材料,这意味着成本极低,同时太阳光在全球的分布比传统化石能源均衡太多,并且理论上是无限的。光伏产业通过技术革新的制造流程完成太阳能到电能的转化,这就把一个能源资源的问题通过制造的方式解决了。

此外,有关能源稳定的问题,有效稳定的储能设备和安全可靠的电力系统是解决问题的关键。可再生能源虽然是清洁能源,而且理论上无限,但存在间歇性问题,比如中国的水能西多东少、夏多冬少;太阳能、风能在不同季节和气候条件下时有时无、间歇输出,这就需要有效的储能方案。以技术和材料革新带动能源制造业,比如储氢技术的发展成熟和锂电技术的突破革新,可以使本不稳定的太阳能、风能、水能、潮汐能等固定下来,再进一步构建可再生能源体系,通过能源的收集设施、存储设施、分配能源的绿色电力互联网、插电式或零排放燃料电池传输系统等,以全新的生产和分配方式让能源进入不断可再生的循环中,造就能源的结构性变化,就有可能进入"无限能源"的"零边际成本"[1]生态。这样,"清洁""廉价""稳定"的问题都解决了。

---

① 杰里米·里夫金.零边际成本社会[M].赛迪研究院专家组,译.北京:中信出版集团,2014:80-81.

当前的能源转型，不论从世界潮流还是中国目标上来说，都可看作是从资源型能源到制造型能源的转型。各国包括中国政府都纷纷提出了在21世纪中叶左右实现碳中和的政策目标，并出台了一系列鼓励可再生能源发展的政策，同时不断积极推进产业层面建设。这里我们所说的"资源型能源"，以传统不可再生的石化能源为代表，是一种开采和使用过程中都存在污染的能源，会直接或间接引发环境问题。传统的风能、太阳能、水能、潮汐能等可再生能源也可以被视为一种资源，但由于地域、季节差异、技术原因，无法做到稳定输出，利用效率低下。此外，作为资源的能源相对固定、有限、珍贵，可能会成为侵占、掠夺的目标。而与此对应的"制造型能源"，是清洁环保、高效廉价、无限的能源，是在新材料革新基础上，运用新技术，通过制造过程重新开发利用太阳能、风能、生物质能、潮汐能、地热能等传统可再生能源，化学能、氢能、核能（原子能）等传统中并未得到广泛应用的新能源，以之逐步取代资源有限、对环境有污染的化石能源。我们还可以进一步构建可再生能源体系，通过能源的收集设施、存储设施、分配网络、传输系统等，最大限度地使以上能源得到现代化的开发和利用。

二、能源转型是"中国式现代化"的必然选择

众所周知，中国已超过欧美成为全球最大的能源消费市场，可再生能源的市场培育和发展也一直被寄予厚望。一方面是因为中国巨量的人口基数和产业发展需求，另一方面是因为当前传统能源特别是化石能源在中国能源消费结构中的比例很大，这意味着新能源方面我们有巨大的增长空间和增长潜能。目前，中国是世界上最大的电力消费国，2022年占全球需求的31%。据国际能源署（International Energy Agency，IEA）预测，未来三年，全球电力需求增长的70%以上将

第五章 统筹好发展与安全的重难点与行动对策

来自中国、印度和东南亚[①]。全球最大的能源消费市场自然也对能源的制造转型提出更高要求。那么，为什么要实现能源从资源到制造的转型？这种转型对中国来说意味着什么？

本文认为，基于中国安全发展、高质量发展、与世界共享共赢发展三方面的考虑，能源从资源到制造的转型是"中国式现代化"的必然选择。

第一，从"资源"到"制造"的能源转型基于中国生态环境、经济社会、国家发展的全面安全需求。一方面，从生态环境安全的角度来说，西方发达国家的现代化经历了先污染、后治理的过程，西方近代开发和利用能源的碳排放总量远超其他发展中国家的总和，对世界环境造成了不可逆的负面影响。"资源"到"制造"的能源转型要完成清洁能源对污染能源的代替，是人与自然和谐共生的能源现代化转型，符合中国期待的安全生态环境要求，也自然会成为中国的选择。另一方面，从经济社会、国家发展安全的角度来说，自近代工业全球化以来，能源安全与经济安全、社会安全甚至国家安全紧密联系在一起。围绕资源来源国或占有国、运输路线上的利益争端频发，受到复杂国际形势影响极大。2022年2月，自俄乌冲突爆发以来，能源危机加剧，围绕石油、天然气等传统石化能源的各国博弈白热化，北溪管道被炸引发国际连锁反应，短期内造成整个欧洲局势的动荡，给相关国家甚至全世界都带来了影响。所有相关社会和国家被裹挟进入全球化风险时代的洪流之中，有关于能源的安全要求不再仅仅局限于能源本身的开发和利用环节——实际上传统石化能源在这个环节也早已完全不能保证安全——甚至还提出了更高要求，这对传统的资源型能源而言是不可完成的任务。而"制造"对于资源有限但有一定工业基础和制造能力的国家和地区而言，则是相对安全很多的选择。

---

① IEA. Electricity Market Report 2023 [R/OL]. (2023-02-08). https://www.iea.org/reports/electricity-market-report-2023.

第二，从"资源"到"制造"的能源转型符合"高质量发展"的要求，以全体人民共同富裕为目标，诠释了"现代化"的内涵，具有世界意义。一方面，这是人口规模巨大的、全体人民共同富裕的现代化能源转型。我国十四亿多人口整体迈进现代化社会，规模超过现有发达国家人口总和，而能源产业是直接关乎生产、生活的产业，最大可能降低能源成本、解放生产力、发展生产力，符合社会主义本质"消灭剥削，消除两极分化，最终达到共同富裕"的总目标。这和从"资源"到"制造"的能源转型逻辑也是全面一致的。世界正在经历有记录以来最大的能源危机，特别是俄乌冲突爆发之后，煤炭、石油和天然气等化石燃料的价格飙升，一大波化石燃料公司获得暴利，但同时也导致数十亿人面临能源匮乏的威胁。如果继续走传统能源的老路，那就是死路。可以说，当前加速能源转型，尽快打造极致生产力、物联网、免费能源各要素相加成的能源新范式，是"现代化"的要求，对世界来说非常急迫。对拥有大规模制造基础的中国而言，则将成为弯道超车的最佳历史机遇。另一方面，现代化是任何民族和国家发展必经的过程和阶段，"中国式现代化"体现中国样态的个性，同时也兼具现代化的共性。中国式现代化破解了所谓"现代性意味着稳定，而现代化意味着动荡"的"亨廷顿悖论"，中国在"破解发展中国家现代化悖论"[①]中成长，这是美国那样的老牌资本主义发达国家无法做到的。中国能源转型的经验和智慧也会对资源并不丰富的发展中国家走出能源困境，化解矛盾，找到适合本国国情的能源转型道路具有重要借鉴意义。

第三，从"资源"到"制造"的能源转型体现了"中国式"与"西方式"能源策略的本质区别，符合与世界共享共赢发展的价值选择。西方发达国家通过战争、殖民、掠夺等方式起步，在血腥和暴力中开启它们的现代化进程，给广大发展中国家人民带来灾难。它们的

---

① 辛向阳.中国式现代化对世界发展的重大影响[J].理论与评论，2021（25）.

能源策略选择与现代化路径选择是一致的,"有限的"传统能源似乎还"促成"了西方式的"掠夺性"能源策略。比如即便美国已经凭借石油美元的优势地位,在国际能源贸易中占尽优势,并且它自身也有巨大地下油库,但还是先后发动了几次石油战争,不择手段地攫取石油储备,在中东人民的苦难之上稳固其全球能源大国地位,借此维持其全球霸权。与此相反,中国式现代化坚持走生产发展、生活富裕、生态良好的文明发展道路,强烈反对西方的"掠夺式"能源策略,这也是对西方现代化的突破和超越。我们的能源转型是"在坚定维护世界和平与发展中谋求自身发展,又以自身发展更好维护世界和平与发展",是走和平发展道路的能源现代化转型,也是物质文明和精神文明相协调的现代化能源转型,只有以"制造"为核心和灵魂的"共享性"能源策略可以实现。比如我国产业经济发展崭新名片的光伏产业,从原材料、设备、市场到产业链国际竞争优势显著,为全球市场供应了超过70%的组件,仅2022年一年中国出口的风电光伏产品为其他国家减排二氧化碳约5.73亿吨,合计减排28.3亿吨,约占全球同期可再生能源折算碳减排量的41%[1]。中国在深度参与全球新能源产业合作,向国际社会提供尽可能多的公共产品,对全球能源转型作出重要贡献,这对推动构建人类命运共同体、创造人类文明新形态意义重大。

三、能源转型的中国机遇

全球可再生能源网络REN21发布的《2022年全球可再生能源状况报告》[2]中指出:尽管在新冠疫情后可再生能源再一次取得了创纪录的增长,但能源转型并未发生,全球清洁能源转型进展缓慢,可再生

---

[1] 人民网—人民日报海外版.中国光伏为啥能畅销海外?[Z/OL].(2023-02-21). http://world.people.com.cn/n1/2023/0221/c1002-32627864.html.

[2] REN21. Renewables 2022 Global Status Report(GSR2022)[R/OL].(2023-06), https://solar.woordee.com/?p=1271.

能源在全球能源使用中的份额停滞不前，2022年能源消耗的增加和化石燃料使用的增加甚至超过了可再生能源的增长。新的能源危机和俄乌冲突导致前所未有的全球大宗商品冲击，进一步加剧了实现绿色复苏的困难。报告认为世界不太可能到2030年前实现关键的气候目标，世界即将错过清洁能源复苏的历史性机会。在全球化的背景之下，中国当然同样也面临能源转型的严峻挑战。那么，从资源到制造的转型真的能实现吗？如果能，何以实现呢？

第一，中国能源发展拥有世界少有的国内统一大市场，不止对于产业基础、技术培育，甚至预期管理和市场信心而言，都是最有利的影响因素之一。当下的世界能源短缺状况并不会在短时间内发生改变，经济进入发展平缓甚至衰退期，可再生能源替代传统能源是全球大势。中国14亿多人口，约4亿中等收入人群，能源消费的人均水平、购买力都不低。这是全世界几乎独一无二的国内超大规模市场。另外，分工完善、产业全面、与中国经济增长相匹配的庞大国内统一大市场，对于自身高质量发展和参与国际竞争而言，都具有比较优势甚至是绝对优势。"过去我们的比较优势是要素的性价比高，现在已经变为国家的超大规模市场容量和在此基础上产生的完整的、具有韧性的产业链"[①]，这是我国能源行业转型发展的底气，也是推动我国能源领域重大技术进步，加快能源结构变迁的主要力量。数据显示，近年来我国的能源行业持续发展，能源生产稳步增长，能源保供成效明显：2022年底，全国发电装机容量256 405万千瓦，比上年末增长7.8%，水电、核电、风电、太阳能发电等清洁能源发电量29 599亿千瓦·时，比上年增长8.5%[②]。当然，国内统一大市场还有待完善，特别是在后疫情时代，中美脱钩、国际形势不利的局面下，新能源相关产业链的建立，新能源消费市场的培育同样面临挑战，需要不断注入强心剂。中国能

---

① 建设全国统一大市场为世界经济增长提供新的动力［N］.光明日报，2023-05-26.
② 中能传媒·能源安全新战略研究院.中国能源大数据报告（2023）［R/OL］.（2023-06-19）.https://mp.weixin.qq.com/s/nRjJBY9A5jSdQ05ACI2NSA.

源产业早日转型发展,让更多发展中国家搭乘中国"便车",让中国能源市场成为世界的市场、共享的市场、大家的市场,对早日解决世界能源危机而言也将是重大利好。

第二,中国作为世界第一制造业大国,工业和技术基础雄厚,能全面护驾由"资源"向"制造"的能源转型,并逐步将能源劣势转变为能源优势。能源转型的主要支撑在"制造",能源行业的上下游产业也是"制造业",只有实力雄厚的制造业这个源头活水才可能带动当今的能源转型,也只有廉价的制造才能提供廉价的能源。我国制造业在全球竞争中颇具优势,据工业和信息化部数据显示,2022年我国制造业增加值占全球比重近30%,制造业规模已经连续13年居世界首位。一旦我们把能源产业作为制造业来打造,将不仅解决资源短缺问题,还同时解决能源安全自主可控问题。此外,制造业的核心是技术。如果真正理解了"能源是一种技术符号",就会认识到,在当今的国际竞争贸易格局中,对于新能源的"硬核科技"而言,试图"以市场换技术"是很难实现的。从能源结构上来看,我国多煤、贫油、少气,这在传统的"资源型"能源阶段,实在没有优势。但与此同时,我国的大西北地广人稀,太阳能、风能储量极大,可再生能源方面潜力十足,不过其开发和利用的技术要求也较高。我们只有以"制造型能源"为转型目标,前瞻布局,推动中国能源技术特别是储能相关技术自主创新,发掘中国市场自身力量,才有可能赢得突破。以光伏产业为例,2022年中国结束近十年的光伏度电补贴,这背后是技术进步大幅降本增效带来的光伏发电市场竞争力提升。目前,我国已经形成了从硅料、硅片、电池片、逆变器到光伏产品应用等全球最完整的全产业链,也因此,光伏度电成本可以做到接近甚至低于火电,这背后,中国制造功不可没。此外,中国还在加紧布局储能系统。2022年,中国的累计可再生能源配储年度产能增长近100%,储能装机容量超过了欧洲,达到 10 500 兆瓦[①]，仅次于美国。接下来，中国强大的制造业基础还要持续发力，同时加大投入在关键技术的突破上，早日实现优劣势转化，兼顾清洁、廉价、稳定的能源全部自主可控。

第三，中国的制度基础和文化价值观决定了我们在能源转型上的战略选择，也保证了相关政策的实施落地。中华优秀传统文化的根脉中，蕴含了革故鼎新、与时俱进的创新奋斗思想，道法自然、天人合一的绿色和谐观，海纳百川、以和为贵的共赢理念，天下为公、民为邦本的执政宗旨等，这不仅是我们中国人思想和精神的内核，也是解决世界和人类问题的重要参考。社会主义制度和价值观，始终坚守人民主体地位和作用，始终以绝大多数人而非少数人的利益为价值旨归，人民是中心、是基点，体现人民的基质、人民的情怀。也因此，社会主义中国历来在事关民族、国家、人民未来的重大决策上，必定立足长远，稳打稳扎，有计划地让政策落地。自 2020 年起中国的"双碳"目标提出，持续打破西方的环保霸权、能源霸权，持续为人类文明成长、人类历史进步贡献中国智慧、中国力量。一系列推动新能源发展的政策和措施相继推出、实施，都暗含了国家层面的顶层设计和明确扎实的实施路径。比如光伏风电、锂电池、新能源汽车等产业的培育，首先，是在科技部的层面全面支持科技项目攻关；其次，国家在应用的层面给予补贴，推动企业示范运营，逐步引导扩大示范运营的层面，相对成熟之后有步骤地让补贴退出市场，市场也逐步接受价格；再次，加大产能批量降成本；最后完善形成优势产业，可谓成效显著。2022年，针对新能源发展难点堵点，从创新开发利用模式、加快构建新型电力系统、深化"放管服"改革、支持引导产业健康有序发展、保障发展合理空间需求、充分发挥生态环境保护效益、完善支持财政金融

[①] IEA. Electricity Market Report 2023［R/OL］.（2023-02-08）. https://www.iea.org/reports/electricity-market-report-2023.

政策等7方面21项政策举措密集出台①，全方位、立体式推动新能源高质量发展。

以上，我们说这种从资源到制造的能源转型是"中国式"的，而不是"美国式""欧洲式"或者"日本式"的，一方面是因为这是"中国式现代化"的必然选择，符合中国安全发展、高质量发展、与世界共享共赢发展的历史目标。另一方面是因为，只有中国具备能源从"资源"到"制造"转型的基础和条件，也只有中国能够做到。应该说，最近的十年，虽然困难重重，却是中国能源从"资源"到"制造"转型的重要历史机遇，也是实现中华民族伟大复兴的重要历史机遇，我们必然选择，也必将把握住这个机遇。

---

① 针对新能源发展难点堵点,7方面21项政策举措出台——推动新能源实现高质量发展[N].人民日报,2022-05-31.

推动公共安全治理向事前预防转型

张文杰[①]

党的二十大报告指出,提高公共安全治理水平。坚持安全第一、预防为主,建立大安全大应急框架,完善公共安全体系,推动公共安全治理模式向事前预防转型。当前,国际国内形势复杂多变,各类风险挑战前所未有。推动公共安全治理模式向事前预防转型,是以人民为中心的发展思想集中体现、中国式现代化的本质要求和贯彻总体国家安全观的政治责任。

一、充分认识推动公共安全治理模式向事前预防转型的重大意义

(一)推动公共安全治理模式向事前预防转型,是解决人民群众最关心、最直接、最现实的安全问题的迫切需要,是实现所有人共同发展的前提和基础

人的生命最宝贵,没有安全,一切无从谈起。确保人民群众生命财产安全,是我们党作为执政党治国理政的一项重大任务,是最直接最现实的"国之大者"。党的二十大再次强调"人民群众获得感、幸福感、安全感更加充实、更有保障、更可持续",这是党在新的历史起点,对怎样更好满足人民群众期待作出的时代回应,也对公共安全治

---

① 张文杰,应急管理部二级调研员,主要研究领域:风险治理、风险传播、安全宣传等。

理提出了更高要求。因此，必须要把提升人民群众安全感作为公共安全治理的出发点和落脚点，将公共安全治理重心向事前预防转型，推动各级、各部门、各单位将安全作为最基本、最重要的民生，解决安全发展理念树得不牢的源头性问题，真正把问题解决在萌芽之时、成灾之前。

（二）推动公共安全治理模式向事前预防转型，是以中国式现代化全面推进中华民族伟大复兴的本质要求

全面建设社会主义现代化国家的新征程依然充满挑战，风险来源的多样性、风险表现的复杂性、风险后果的严重性日益凸显，迫切需要筑牢安全之基、夯实安全之本，让安全发展成为中国式现代化的坚强保障。中国式现代化坚持把实现人民对美好生活的向往作为现代化建设的出发点和落脚点，人民幸福安康是一切发展的价值取向和终极目标。习近平总书记强调，各种风险我们都要防控，但重点要防控那些可能迟滞或中断中华民族伟大复兴进程的全局性风险。只有把"防"的文章做足做精做细，既抓末端治已病，又抓前端治未病，保障人民安居乐业，国家才会长期稳定、社会才会和谐繁荣、经济才会持续发展。因此，必须坚持发展和安全并重，以安全保发展、以发展促安全，既积极适应发展要求持续提升防风险、除隐患、遏事故能力，又主动创新公共安全治理思路、模式、手段，营造有利于经济社会发展的安全环境，才能以新安全格局保障新发展格局，实现高质量发展。

（三）推动公共安全治理模式向事前预防转型，变被动为主动，由传统安全升级为智慧安全，体现了贯彻总体国家安全观的政治责任

国家安全是一个复杂系统，不同领域的安全相互联系、相互影响，一定条件下可能相互转化，如果对自然灾害、安全生产、应急救援等领域风险防范不及、应对不力，或因传导、耦合、演变、升级并与其

他风险叠加共振，形成风险链，就可能危及国家安全。当前，深刻认识我国社会主要矛盾变化带来的新特征，深刻认识公共安全风险新变化，必须做到既有防范先手，也有化解高招，如果不能事前管控好风险，事故必将接踵而至，社会稳定难以保障。因此，作为国家安全体系和能力现代化的重要组成部分，公共安全治理体系和能力必须与之适应，公共安全治理模式必须向事前预防转型。

二、切实把安全宣传摆在防范化解风险的重要位置

我国进入新发展阶段，高质量发展是主题，要统筹发展和安全，安全是发展的前提，发展是安全的保障，把安全发展贯穿于国家发展各领域和全过程，就是要把保护人民生命安全放在首位，切实防范和化解影响我国现代化进程的各种风险。多年来的工作实践充分表明，安全宣传作为增强公众安全素质、提升社会整体安全水平的重要举措，是推进公共安全治理模式向事前预防转型的有效手段，是推动安全理念培树、强化源头预防治理、全过程统筹防抗救工作不可或缺的重要一环，是一项打基础、促根本、惠民生、利长远的重要工作。

（一）安全宣传是贯彻"安全第一、预防为主"方针的重要手段

习近平总书记指出，要健全风险防范化解机制，坚持从源头上防范化解重大安全风险。公共安全治理模式向事前预防转型就是从制度化、规范化的事后补救惩罚向制度化、规范化、科学化、超前化的事前预防转型，不断推动公共安全治理从"要我安全"向"我要安全"跨越、从"被动防御"向"源头治理、主动防控"转型，把公共安全治理的着力点放到系统治理、源头治理上，这就需要关口前移，做好突发事件应急准备，建立健全公共安全形势分析制度，加强安全宣传、科普宣教和预案演练等工作，切实从源头上防范风险、化解隐患，切

实维护公共安全。当前，全社会的安全素质虽然明显提升，但安全发展观念和安全红线意识树立得还不够牢，安全知识和技能水平总体偏低，违章指挥、违规作业、违反劳动纪律的问题时有发生，统计分析表明，90%以上的事故是由人的不安全行为造成的，麻痹无知是事故的罪魁祸首，加强安全宣传宣传和教育，无疑是防止人的不安全行为最有效的手段之一，也是从源头上预防事故的第一道防线。

（二）安全宣传是提升公众安全意识和应急能力的重要途径

习近平总书记强调，要完善公民安全教育体系，推动安全宣传进企业、进农村、进社区、进学校、进家庭，加强公益宣传，普及安全知识，培育安全文化，开展常态化应急疏散演练，支持引导社区居民开展风险隐患排查和治理，积极推进安全风险网格化管理，筑牢防灾减灾救灾的人民防线。当前我国正经历着人类历史上速度最快、规模最大的城市化进程，城市各种复杂的风险问题不断涌现。同时广大农村地区很多处于灾害易发区、频发区，加之基层抗灾救灾力量相对薄弱，群众自救能力相对不足，迫切需要提高社会公众自身应对灾难事故的科学素质。通过加强安全宣传宣教，倡导应急科学方法，坚持突发性事故灾害科学传播和常态化安全知识普及，深入开展面向全社会的预防、避险、自救、互救等应急安全知识的普及，提升全民安全科学素质以及应对突发事件的处置能力、心理素质和应急素养，对于实现主动防灾、科学避灾、有效减灾具有重要意义。

（三）安全宣传是有效确保人民群众生命财产安全的重要支撑

习近平总书记多次强调，要坚持人民至上、生命至上，切实把确保人民生命安全放在第一位落到实处。事故灾害往往带来人员伤亡、财产损失，对个体生命来说，伤亡一旦发生，就不再有改变的可能。事故源于隐患，灾害风险普遍存在，防范事故灾害的有效办法，就是主动排查风险、综合治理各类隐患，把事故消灭在萌芽状态，把灾害防范在成灾之前。安全是人民幸福安康的基本要求，是人民美好生活需要的重要组成部分，是改革发展的基本前提。踏上建设社会主义现代化国家的新征程，党中央、国务院对应急管理工作提出更高要求，人民群众对安全的期待更加迫切，作为应急工作的重要基础环节，安全宣传必须紧密围绕经济社会发展和人民群众需求，不断丰富工作内涵，创新科普方式，挖掘科普资源，打造科普精品，构建科普新格局，提高科普服务能力，才能更有效保障人民群众的生命财产安全。

三、多措并举推进安全宣传高质量发展

大力推进安全宣传，提升公众安全意识和应急避险能力，是一项重要的基础性工作，健全完善工作机制，构建安全宣传大格局，拓展宣传产品的研发、创作及传播渠道，持续提升安全宣传的传播力、引导力、影响力和公信力，需要推动多元参与，塑造理念文化，筑牢社会基础和群众基础。

（一）进一步提升工作定位

坚持以人民为中心，有效防范灾害风险的核心，就是要提高人民群众的灾害事故风险防范意识和应急避险、科学施救的能力。安全宣传是实现用最小的行政成本和社会成本，获取最大社会效益的重要途径。只有深刻认识安全宣传宣教工作的极端重要性，将安全宣传作为增强公众安全素质、提升全社会整体安全水平的基础工作，广泛深入开展多种形式的安全宣传，不断增强社会公众风险防范意识和应急避险能力，才能提高防灾减灾救灾实效，提升从业人员安全素养，促进提高社会安全文明程度，切实打牢防范化解重大安全风险的社会基础。

（二）进一步完善工作机制

安全没有局外人、要全社会共建共治，通过搭建交流平台，畅通

信息传递渠道，构建形成横向互联、纵向互通的安全宣传工作机制，推动形成"政府主导、部门协作、消地结合、社会参与、全民动员"的工作格局。要进一步整合资源力量，加强动态衔接和联合策划，细化工作措施，完善应急管理系统科普工作机制。要聚焦重点行业领域的突出安全风险，鼓励公众争当安全"啄木鸟"、贡献"金点子"，动员吸纳社会应急力量、网格员、灾害信息员和志愿者参与安全宣传工作，引流社会优质科普资源、平台、团队，加强创作制作和传播普及，推进安全宣传融合机制创新，形成人人讲安全，个个会预防的良好氛围。

（三）进一步推进全民安全素质体系建设

将安全教育纳入国民教育体系，在中小学普通教育和职业教育的课堂教学、社会实践、班级活动中有步骤、分阶段体现安全教育内容，丰富校园安全教育"第二课堂"，聘请"校外安全辅导员"，积极推动建设公共安全教育实训基地，拓展安全教育校外实践领域，使学生和教职工做到懂应急避险、会自救互救。加强公众应急能力培训和素质评估。稳步推进应急自救教育进企业、进农村、进社区、进学校、进家庭，广泛开展公众应急演练，把应急演练与普及应急知识、提高全民应急能力有机结合起来，培养自我防护意识，掌握应急生存技能；推动建立涵盖不同社会载体、类别和单元的安全素质考评体系，推动将安全宣传纳入文明城市创建、生态文明建设示范区等，持续提升政府部门统筹发展和安全能力、企业全员安全生产规范执行能力、全民风险防范和应急避险能力。

（四）进一步提升安全宣传产品质量

开展安全宣传需求调查，针对公众需要，加大产品供给，打造安全宣传品牌，围绕森林草原火灾、台风、暴雨、洪涝、泥石流等自然灾害和危险化学品、燃气泄漏、消防火灾、有限空间作业等灾害事故，制作推出适合不同年龄、不同群体、不同层次、形式多样的科普短视频、动画、图解等产品，注重融入网络触屏、弹窗、条幅、动图等时下热门元素。深化"互联网+安全宣传"，加强虚拟现实等新技术手段在安全宣传的应用。强化应急科普热点话题设置和互动引导，多采用群众喜闻乐见方式，多发布老百姓关心的问题，充分发挥微信、微博、微电影、微视频、有声读物等新媒体传播速度快、覆盖面广的作用，突破时间和空间限制，促进专业化科普知识以更加大众化方式传播推广，实现精准科普，大幅提高安全宣传的传播力、影响力。

（五）大力推进安全文化培育建设

以提升人的安全意识、安全责任、安全知识和安全技能为主，面向基层、抓住基本、夯实基础，创新开展"安全生产月""消防宣传月"等主题活动，深化安全宣传"五进"，推动实现"人人讲安全，个个会应急"，筑牢安全生产人民防线。聚焦大安全大应急框架，结合安全生产、防灾减灾实际，会同高等院校、科研院所、第三方机构，深化研究中华优秀传统文化中的安全预防思想，凝练形成具有应急管理特色的安全文化实践模式和方法。壮大安全风险防范的共建、共治和群防、群治力量，促进多元主体参与安全文化建设，真正把安全治理触角延伸到基层末梢每一个社会单元，切实形成"人人有责、人人尽责、人人享有"的安全大格局。

（六）加强保障能力建设

强化安全宣传专业团队建设，组建安全宣传专家库，遴选组建包括专家学者、资深媒体人在内的工作团队，通过重点工作协作配合、定期开展研讨评选展播等方式提升工作"含金量"。建立和完善安全宣传综合考核、评价、激励机制，逐步加大安全宣传工作投入，增加安全宣传专项经费预算，保障工作资金需求。

安全宣传与人民群众的生产生活息息相关、密不可分，关系每个人的切身利益和自身安全，社会关注度、人民期待值都很高，要求我们进一步提高政治站位，必须以"时时放心不下"的责任感，把保护人民生命财产安全作为最直接、最现实的"国之大者"，紧紧围绕不断满足社会公众的安全需求，系统谋划、科学布局，着眼提升公众安全素质和自救互救能力，让安全宣传的传播范围更广、措施举措更实，以公众安全素质提升夯实安全发展基础，以更高水平安全宣传服务应急管理高质量发展。

参考文献：

［1］蒋华福. 新时代国家安全治理体系的理论逻辑、实践逻辑与思维方法［J］.国家安全研究，2022（3）.

［2］蒋华福. 新时代国家安全治理体系的理论逻辑、实践逻辑与思维方法［J］.国家安全研究，2022（3）：119-158.

［3］李瑞昌，唐云.论统筹发展和安全治理的三种面向［J］.广州大学学报（社会科学版），2022（4）：33-42.

［4］王太明，王丹，王瑞朋.习近平关于风险治理重要论述的三重维度［J］.理论导刊，2021（1）：10-17.

［5］习近平.习近平谈治国理政：第四卷［M］.北京：外文出版社，2022.

［6］习近平关于防范风险挑战、应对突发事件论述摘编［M］.北京：中央文献出版社，2020.

［7］杨克勤.落实总体国家安全观，推进新时代公共安全体系建设［J］.中国应急管理，2017（12）：37-38.

［8］张海波.中国第四代应急管理体系：逻辑与框架［J］.中国行政管理，2022（4）：112-122.

［9］赵霞，纪光欣.共建共治共享：新时代公共安全治理的根本遵循与实现路径［J］.中国石油大学学报（社会科学版），2022，38（3）.

加快缩小区域间财力差异

焦长权　　王伟进[①]

中央对地方财政转移支付是均衡地区发展差距，推动区域间财力均等化，促进共同富裕的主要政策工具。实际上，通过中央政府来调节不同区域间的财力余缺，在中国已具有悠久的历史传统。比如，早在汉武帝时期，中央就让"往郡"向"初郡"给予财政援助："是时，汉灭两越，平西南夷，置初郡十七，且以其故俗治，毋赋税。南阳、汉中以往郡，各以地比，给初郡吏卒奉食、币物、传车、马被具。"（司马光，1956）

目前，经济学界就财政转移支付的财力均等化效应展开了大量探讨，但尚未对地区间财力差距的动态演变展开一个总体性的理解。社会学界则对专项转移支付实践中形成的"项目制"治理体制进行了丰富论析。也有学者试图在这两个学科的研究之间展开进一步的连接和对话，以推动相关研究的深化（焦长权，2019）。本文继续在这一方向上展开尝试，重点对财政转移支付的动态效应和地区间财力差距的动态演变予以论析，并深化对财政转移支付的制度逻辑的理解与阐释。

[①] 焦长权，北京大学马克思主义学院助理教授。王伟进，国务院发展研究中心公共管理与人力资源研究所研究员。

第五章 统筹好发展与安全的重难点与行动对策

一、文献回顾和分析思路

改革开放以来，中国推动了以"经济分权"为重要特征的经济体制改革（Qian and Weingast，1996），在此过程中，中央同时保持了以人事权为核心的"政治集权"，"经济分权"和"政治集权"相结合，形成了中国特色的"分权型集权体制"（Xu，2011）。学界基本一致认为，这既是中国经济快速增长的制度基础，也是诸多社会经济矛盾的重要根源，经济分权与区域平衡发展之间的关系，就是其中的焦点问题。

按照蒂伯特等最早提倡的分权理论的观点，若消费者和经济要素可以在分权体制下充分自由流动，那么经济分权会同时给不同地区的民众带来更好的公共服务和社会福利，因此分权会缩小地区间的经济和福利不平等（Tiebout，1956）。但是，理论上经济分权也可能导致人口、税收等要素不断从贫困地区向富裕地区过度集聚，由此拉大区域差距；而且分权还可能导致中央政府的财政能力下降，弱化其调节区域间经济差距的能力（Rodriguez-Pose and Ezcurra，2010）。从经验研究来看，学界也未得出一致结论。

问题的关键在于：经济意义上的分权体制是一系列政治经济体制组合实践的结果，它是否会拉大地区间不平等，与政府治理体制和治理能力密切有关。比如，在欧盟等经济发展水平较高的经济体，经济分权之所以能缩小地区间发展差距，主要在于其具有良好的政府治理能力；在一些发展中国家，由于政府治理能力糟糕，经济分权不仅未能缩小地区差距，还会带来一系列治理难题（Ezcurra and Rodríguez-Pose，2014）。从经济分权与区域平衡发展的关系来看，与之最密切关联的治理体制是财政转移支付制度，它的一个主要功能就是均衡区域间财力差距。

经济学界已有不少研究探讨了财政转移支付在均衡中国地区间财力差距方面的实际效用。限于数据可得性，学者主要从两个层级展开论析。一是从省级政府角度，探讨中央对各省财政转移支付的财力均等化效应（Sun and He，2018；贾晓俊，2009；曾军平，2000）。他们主要依据历年《中国财政年鉴》中央对各省的财政补助数据，其缺陷是无法区分各类转移支付的细致构成。也有少数学者从财政部内部统计资料《地方财政运行分析》等获得过一段时期内中央对各省转移支付的细致分类数据，并据此展开了研究（Huang and Chen，2012；范子英和张军，2010；贾晓俊和岳希明，2015）。

另有部分研究从县级政府角度，主要利用财政部公开出版的《全国地市县财政统计资料》，①探讨转移支付对县级财力差距的作用效果（Tsui，2005；周飞舟，2006a；尹恒等，2007；尹恒和朱虹，2009；王瑞民和陶然，2017）。实际上，从县级政府层次探讨财政转移支付的均等化效应面临更大的困难。主要原因在于，县级政府面对着一个更为庞大复杂的转移支付体系。县级政府既有来自中央的转移支付，也有来自省、市政府的转移支付，但现有统计数据却难以将这些不同来源的转移支付区分开来。这在不同地区也差异甚大，中西部地区由于省级政府自身财政能力较弱，县级财政转移支付主要来自中央政府；东部地区则相反，中央对省级转移支付有限，县级转移支付主要来自省市级政府。

为此，少数研究同时从省级、县级两个角度展开了相关探讨（Liu et al.，2014；Liu et al.，2017；王瑞民和陶然，2017）。他们的共同发现是：不同县级单位之间的财力不平等要远大于省际的财力不平等，各省省内的不平等对县际财政不平等起到了很大作用，这使财政转移支付要发挥显著均等化作用的难度大大增加。因此，省级政府在统筹推进省以下各级政府间财力均等化方面处于特别关键的位置，但各省省以下财政转移支付体制却千差万别，省级政府的具体作用力度也差异甚大，结果导致财政转移支付在县级层面发挥的均等化作用较省级就明显要弱。

---

① 这一资料只公开出版截至 2009 年的数据，因此大大限制了相关研究的展开。

从研究结论来看，正是因为学者分别从省、县两个层次展开分析，在研究结论上未能完全达成一致。总体而言，分税制改革后到 2000 年前后，财政转移支付的均等化效果很弱，甚至是反向效应，这在省级、县级层面都基本得到了一致结论。但学者对 21 世纪以来财政转移支付的均等化效应存在一定争议：从省级层次展开分析的学者基本一致发现财政转移支付具有显著的均等化效应（贾晓俊和岳希明，2015），而从县级层次展开研究的学者认为财政转移支付的均等化效应仍然相当有限（王瑞民和陶然，2017）。而且，由于学者没有明确区分两个不同的研究层次，不同研究结论之间的分歧经常源于不同分析层次之间的不恰当比较，因此下一步的研究要自觉地区分出不同的研究层次，以利于相关研究的深化交流与对话。

可见，学界对中国财政转移支付的均等化效应已进行了丰富研究，但既有研究仍然存在一些明显不足。首先，既有研究的数据基本都截至 2010 年之前，大大限制了研究的展开。只有少数学者在财政部的协助下，将数据有所拓展，目前覆盖最近的也只到 2012 年（贾晓俊和岳希明，2015）。其次，既有研究未能对地区间财力差距从扩大和收敛的动态过程展开一个总体性阐释。吕冰洋、刘勇政的相关研究虽然初步触及了这一问题，但均未将其作为重点予以系统深入分析（吕冰洋等，2021；Liu et al.，2014）。最后，已有研究均只分析了中央对地方的"粗转移支付"，没有从"净汲取"或"净补助"的角度更深入地分析中央和各省间财政关系。2022 年 7 月 7 日，时任总理李克强主持召开东南沿海 5 省（市）政府主要负责人座谈会时指出：东南沿海 5 省（市）经济体量占全国 1/3 以上，在地方对中央财政净上缴中贡献近 8 成，有力支撑了国家财力和中央财政对中西部地区转移支付。他所说的"净上缴"就是本文所说的"净汲取"。[①]

[①] 参见李克强主持召开东南沿海省份政府主要负责人经济形势座谈会，中国政府网．http://www.gov.cn/premier/2022-07/07/content_5699817.htm．

造成上述不足的一个重要原因是数据可得性问题。在财政部的帮助下，我们在学界首次获得了 2008—2017 年中央对各省转移支付的分类数据，为丰富已有研究提供了可能。在既有研究基础上，本文的研究问题是：分税制改革后，政府间转移支付对均衡地区间财力差距发挥了怎样的实际作用？地区间财力差距经历了怎样的动态演变？背后又蕴藏了怎样的制度逻辑？

二、"两个大局"与"两个二十年"：发展战略与中央—地方关系

改革开放后，邓小平同志多次指出：要允许和鼓励一部分有条件的地区先发展起来，继而带动和帮助落后地区更好地发展，最终实现共同富裕（邓小平，1993）。1988 年，他正式提出"两个大局"的战略构想[1]："沿海地区要加快对外开放，使这个拥有两亿人口的广大地带较快地先发展起来，这是一个事关大局的问题，内地要顾全这个大局。反过来，发展到一定的时候，又要求沿海拿出更多力量帮助内地发展，这也是个大局，那时沿海也要服从这个大局。"（邓小平，1993）他同时指出：在 20 世纪末之前，中国经济发展应主要集中于"第一个大局"；到 20 世纪末，中国总体迈入小康社会之后，即应更加注重分配问题，逐步实现共同富裕（邓小平，1993）。中央和地方财政关系的调整一直是这一过程中的关键环节，并最终在中央和地方间建立了一个庞大复杂的财政转移支付体系。

---

[1] 21世纪初，中央在推动西部大开发、所得税分享改革等促进区域协调发展的重大战略时，都明确指出其主要指导思想是小平同志"两个大局"的战略构想。参见《国家计委、国务院西部开发办关于印发"十五"西部开发总体规划的通知》（计规划〔2002〕259 号），中国政府网. http://www.gov.cn/gongbao/content/2003/content_62545.htm；《国务院关于印发所得税收入分享改革方案的通知》（国发〔2001〕37 号），中国政府网. http://www.gov.cn/gongbao/content/2002/content_61880.htm。

（一）"第一个大局"：改革之初到世纪之交

为让一部分地区先富起来，20 世纪 80 年代，中央和地方之间逐渐形成了形式多样的"财政承包制"。财政承包制虽然使不同地区的地方政府都获得了更大财政自主权，但对不同地区的经济意义却相当不同。对沿海发达省份而言，承包制让它们获得了对上缴份额之外的财政收入的自主支配权。对内陆欠发达省份而言，它们自身无法实现财政自给自足，中央虽然给予一定财政补助，但是，随着承包制更全面、彻底地实施，中央财政统筹能力急剧弱化，在平衡区域间财力差距方面的作用也越来越弱。

1980—1987 年，对于实行"划分收支、分级包干"体制的收不抵支省份，中央承诺对不足部分按照一定比例进行调节；对于新疆维吾尔自治区等 5 个少数民族自治区和云南、贵州、青海 3 个少数民族人口较多的省份，中央给予定额补助，并以每年 10% 的速度增加（财政部预算司等，1993）。1988—1993 年，财政承包制得以更全面彻底地实施。由于中央财政汲取能力严重削弱，中央对收不抵支省份的补助全部改为定额补助，并一定 5 年不变，补助额度与国家财政收入增长完全脱钩。1988 年后，地方政府每年新增财政收入上缴中央的还不到 10%，90% 以上留在了地方，中央从新增财政收入中获得的边际分成比率明显越来越低（财政部预算司等，1993）。结果，中央对落后省份的财政补助力度大为减弱，它们不得不自求财政平衡。比如，贵州当时是经济最落后的省份之一，20 世纪 80 年代初，中央补助占该省财政支出的 60% 左右，到了 1993 年，中央补助占比已下降到 20%（王绍光和胡鞍钢，1999）。

总体而言，20 世纪 80 年代早期，中央从"盈余"省份得到的上缴收入大于它向财政不足省份的拨款补助；1988 年后，中央政府向下的财政补助已超过"盈余"省份上缴的收入，中央越来越缺乏资金来缩小日益扩大的区域不平衡（财政部预算司等，1993）。1988 年之后的财政承包制直接加剧了省际的财力不平衡：此前中央对收不抵支省份的补助还是一些基于粗略公式计算的、带有均衡目的的财政补助，此后的定额补助则基本成了政府间讨价还价的随意结果。

分税制改革大大提高了国家财政能力，尤其是中央财政统筹能力得到了根本性强化。分税制后，中央即试图建立一个规范化的财政转移支付体系，以平衡地区间财力差距。但是，由于分税制仍然具有向发达地区妥协的渐进改革特点，在改革初期，中央虽然形式上占财政收入的主体，但由于大规模财政资金要以税收返还的方式直接返还给地方政府，因此其实际可支配的财政收入仍然有限。同时，20世纪90年代中后期，中国在外部遭遇了亚洲金融危机的巨大冲击，国内又面临着大规模国企改革的严峻挑战，这不仅使国家经济和财政增长明显放缓，同时又不得不将有限的财政收入投入到应对经济危机和国企改革等重点领域。因此，虽然分税制改革后，中央就试图尽快建立规范的财政转移支付体系来逐渐平衡区域间财力差距，但整个20世纪90年代，中央真正投入这一块的资金却非常有限。在这种情况下，20世纪80年代到2000年左右，中国不同区域之间的发展差距明显扩大，这已经成了学界的共识（Jian et al., 1996）。

（二）"第二个大局"：21世纪以来的二十余年

进入21世纪后，中央主动调整了区域发展战略。改革伊始，中央采取了区域不平衡发展战略，在经济分配中提出了"效率优先、兼顾公平"的主张。世纪之交，中央首先出台了"西部大开发"战略；党的十六大之后，中央提出了全面建设小康社会的奋斗目标，又提出和实施了"科学发展观"，其中一个重要内容就是统筹区域社会经济的协调、平衡发展。在分配制度上，中央也调整了"效率优先、兼顾公平"的提法，提出"初次分配和再分配都要处理好效率和公平的关系，再分配更加注重公平"的主张。

党的十八大以后，中央进一步提出了创新、协调、绿色、开放、共享的新发展理念，提出要塑造要素有序自由流动、主体功能约束有效、基本公共服务均等、资源环境可承载的区域协调发展新格局。党的十九大报告则指出，我国社会主要矛盾已经转化为人民日益增长的美好生活需要和不平衡不充分的发展之间的矛盾，区域之间的不平衡发展显然是这一主要矛盾的主要方面（中共中央宣传部，2019），也是新时期国家社会经济发展过程中的关键问题之一。党的二十大报告进一步提出要"深入实施区域协调发展战略"，推动西部大开发形成新格局，推动东北全面振兴取得新突破，促进中部地区加快崛起，鼓励东部地区加快推进现代化（习近平，2022）。

在财政体制上，进入 21 世纪后，中央进一步推动了所得税分享改革和农村税费改革。这两项改革都同时涉及中央和地方、东部和中西部之间的财政关系调整。所得税分享改革，主要是中央从东部地区汲取更多财政收入，向中西部地区进行转移支付的过程；而农村税费改革的本质则是中央主动承担中西部农村地区基层政府大规模财政支出的行动（周飞舟，2006b）。所得税分享改革汲取的财政增量正是中央推动农村税费改革、让公共财政逐渐覆盖农村的主要财政来源。实际上，这两项改革都是分税制改革的直接延续，所得税分享改革主要从财政收入端出发，农村税费改革主要从财政支出端展开，二者一起对中国区域间财政关系进行了一次深刻的调整。正是在所得税分享改革和农村税费改革的基础上，中央才逐步建立了一个庞大复杂的财政转移支付体系。

可见，从区域发展格局的角度看，改革开放以来的 40 多年，大致可以划分为两个阶段，每个阶段分别约 20 年。从改革之初到世纪之交，中央采取了不平衡的区域发展战略，中国社会经济发展总体达到小康水平，但区域发展差距也明显拉大。进入新世纪后，中央提出了区域平衡协调发展的新理念，出台了以"西部大开发"为代表的诸多战略举措。21 世纪以来的 20 余年，中国顺利全面建成小康社会，在推动区域平衡发展方面也取得重要进展，改革前 20 年中持续扩大的区域差距问题得以明显舒缓（吴彬彬和李实，2018）。

三、财政转移支付的分配格局

分税制改革后，中央财政能力逐步增强。1994 年，虽然中央占全国财政收入的比重由改革前的 22% 增加到了 55.7%，但其中很大部分又通过税收返还转移到了地方。扣除税收返还，1994—1995 年，中央占全国财政收入的比重还不足 22%，1996 年后，中央实际占比开始快速增长，2001 年达到了 38.3%，2006 年后一直在 40% 以上[①]。因此，直到 2000 年之后中央财政能力才得以实质性强化。

在分税制改革初期，一般性转移支付占中央财政收入的比重很低，1998 年之前一直在 5% 以下，2001 年才超过 10%，此后增长迅速，2008 年超过了 30%，2012 年超过了 40%，近年已接近 45%。在改革初期，专项转移支付占中央财政收入的比重刚过 10%，1999 年超过了 20%，此后平稳增长，2009 年超过 30%，2012 年之后有所回落，但仍然在 30% 左右。在改革初期，二者合计占中央财政收入的比重刚超过 15%，1998 年才达到 20%，此后快速增长，2001 年已接近 40%，2009 年达到了 66%，此后长期稳定在 70% 左右。显然，2000 年之前，财政转移支付占中央财政收入的比重明显较低，财政转移支付的功能并未凸显。但进入 21 世纪后，财政转移支付占中央财政收入比重迅速由 30% 增长到 70% 以上，全国财政收入的 30% 以上由中央财政转移支付进行再分配。

中央财政转移支付主要指向了中西部地区[②]。在分税制改革初期，东部地区所获一般性转移支付占总量比重高达 30% 左右，但很快迅速下降，2000 年之后基本在 10% 左右。西部地区获一般性转移支付占总量比重在改革初期就达到了 50% 左右，2000 年之后则长期稳定

[①] 除另外说明外，本节其余数据系作者根据李萍于 2006 年出版的《中国政府间财政关系图解和历年《中国财政年鉴》相关数据计算所得。

[②] 中央在财政政策上的东中西部区域划分与通常东中西部划分略有差异，主要是将河北、海南纳入中部地区测算，其他省份不变（李萍，2006）。

在45%左右。中部地区在改革初期占一般性转移支付的规模较小，2001年后长期稳定在40%左右。显然，2000年以后，一般性转移支付的85%—90%流向了中西部地区（见图5-4）。在分税制改革初期，东部地区获得专项转移支付的比重也接近30%，此后逐年下降，2000年之后基本在20%以下。中部地区占比在改革初期达到了40%以上，并长期稳定在这一水平。西部地区在改革初期占比不足30%，此后逐步上升，2000年后一直在40%左右。因此，2000年之后专项转移支付的80%以上流入了中西部地区（见图5-5）。

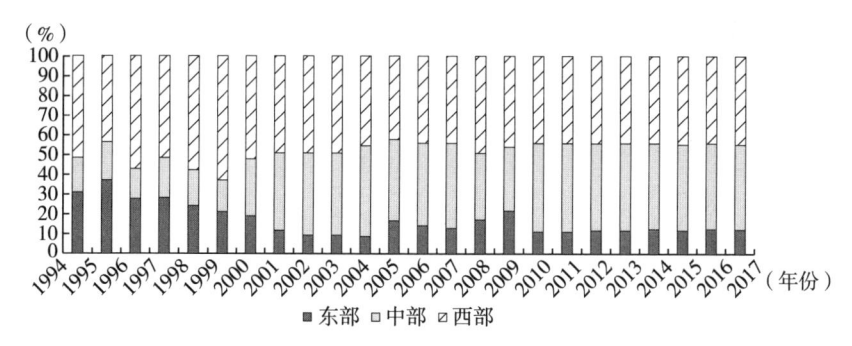

图 5-4　不同地区占一般性转移支付总量的比重

资料来源：1994—2004年的数据源于财政部《地方财政运行分析》；2005—2007年税收返还数据来自《地方财政统计资料》，专项转移支付分区域数据源于李萍《财政体制简明图解》，一般性转移支付根据中央对各省转移支付总量与上述两项相减所得。2008—2009年的数据来自《地方财政统计资料》，2010—2014年的数据来自财政部申请资料公开数据。2015—2017年的数据源于历年"中央对地方转移支付决算表"。图5-4至图5-6均据此所作。

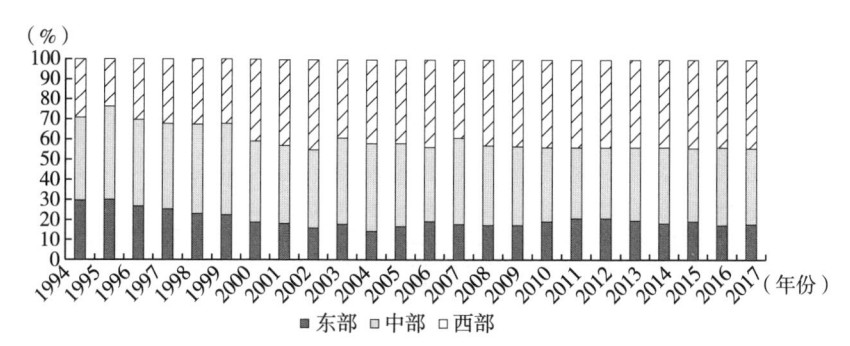

图 5-5　不同地区占专项转移支付总量的比重

一般性转移支付和专项转移支付合计，在分税制改革初期，东部地区占总量的比重达 30%，此后逐年下降，2000 年后稳定在 20% 以下。改革初期，西部地区占总量的比重略高于中部地区，2000 年之后，二者占比基本持平，都在 40% 以上。可见，改革初期，中央财政转移支付分配在一定程度上仍然偏向于东部地区，进入 21 世纪后才开始大力向中西部地区倾斜。

中央财政转移支付对中西部地区的大规模倾斜，从其占地方财政支出的比重中看得更加清楚。分地区来看，东部地区地方财政自给能力很强，地方财政支出的绝大部分来自地方财政收入：1994—2008 年，财政转移支付占东部财政支出的比重一直在 10% 以下，2009 年后略有上升，但最高也未超过 15%。中西部地区则相反。1994—1997 年，中央财政转移支付占中部财政支出的比重仅 10% 左右，1998 年开始迅速上升，2000 年为 28%，2011 年达到了 52%，此后略有降低，但也一直稳定在 45% 左右。1994—1997 年，中央转移支付占西部地区财政支出的比重即达到了 20% 左右，1998 年后快速增长，2000 年已达到 41%，此后继续上升，2008 年达到了 57%，2012 年后略有下降，但也一直稳定在 50% 以上。显然，2000 年以后，财政转移支付已经成了中西部地区地方支出的主要来源，地方支出中的一半左右长期依赖中央转移支付（见图 5-6）。

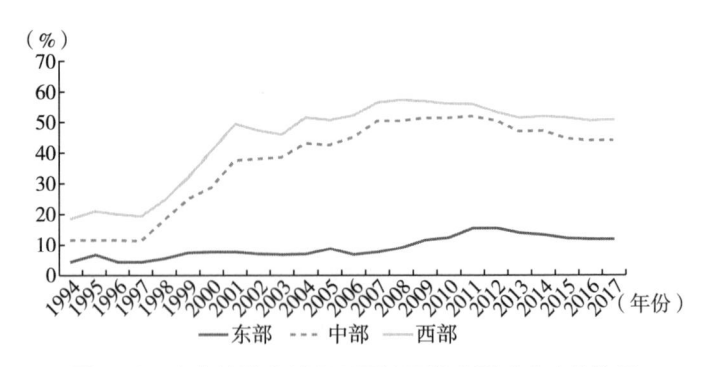

图 5-6　中央转移支付占不同地区地方财政支出的比重

四、净汲取与净补助

我们可以把中央从一个地区汲取的财政收入与对该地区的财政补助之差称为中央从该地区的净汲取（或净补助）。东部地区是创造全国财政收入的主体，中央对中西部地区的财政补助，主要是从东部地区的财政汲取。1994 年，中央从东部地区净汲取财政收入就达 998 亿元，此后逐年增长，但 2000 年之前增速比较缓慢。所得税分享改革后，中央从东部地区的净汲取规模急速上升，2000 年仅 1 700 多亿元，2005 年就超过了 8 000 亿元，2010 年则达到了 2 万亿元，2017 年更是高达 4.6 万亿元（见图 5-7）。1999 年开始，中央对中部地区转为净补助，从 2006 年开始，中央对中部地区的净补助规模迅速增加，2010 年增长到 4 600 多亿元，2017 年则超过了 9 000 亿元。自 1995 年开始，中央对西部地区即转为净补助，但增长速度比较缓慢，所得税分享改革后，中央对西部地区的净补助规模迅速扩大，2010 年增加到 6 600 多亿元，2017 年则高达 1.46 万亿元。总体而言，进入 21 世纪完成所得税分享改革后，中央从东部地区净汲取的财政收入规模越来越大，

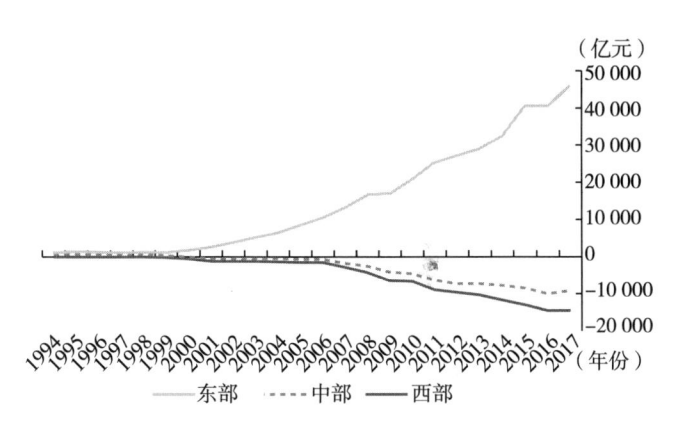

注：图中负数表示财政净补助量，正数表示财政净汲取量。

图 5-7　中央对各地区的净汲取 / 净补助规模

数据来源：中央对各省财政补助和中央从各省汲取财政收入的原始数据分别源于历年《中国财政年鉴》和《中国税务年鉴》，二者差额即为净汲取或净补助。

向中西部地区的净补助规模也越来越大。2017年，中央从东部地区净汲取4.6万亿元，向中西部地区净补助超过2.4万亿元，二者之间的差额是中央本级支出的主要来源。

我们可进一步分析中央对各地区净汲取或净补助占各地区财政支出的相对比重，以深入理解其重要性。分税制改革初期，中央从东部地区净汲取财政资金约占地方财政支出的50%，20世纪90年代中后期，这一比重下降到了30%左右（见图5-8）。但是，进入21世纪，中央从东部净汲取的财政资金占地方财政支出的比重又迅速上升，2008年达81%。2010年以来，受经济危机和经济增速放缓的影响，这一比重略有下降，但也长期保持在65%左右。因此，在分税制改革初期，中央从东部地区净汲取的财政资金相当于东部地区创造的财政总收入的30%以上，2008年达到了50%左右，2010年后长期保持在40%以上。

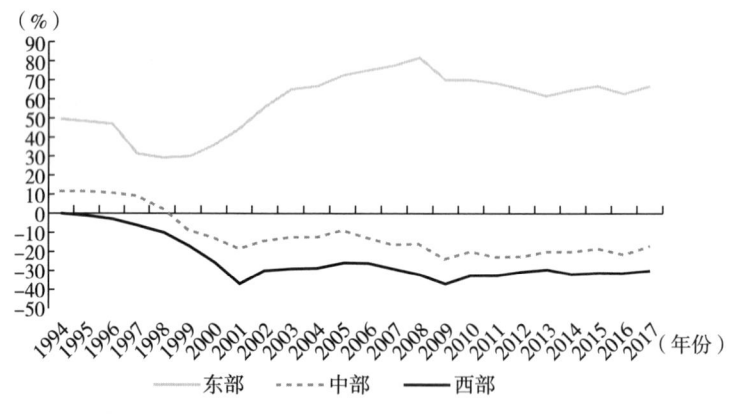

图5-8 中央净汲取/净补助占各地区财政支出比重

1998年之前，中部地区也是中央净汲取地区，但中央净汲取占地方财政支出比重非常小。1999年开始，中部地区转变为财政净补助地区，净补助占当年地方财政支出比重为8.65%，此后稳步增长，2001年达到了18.62%，2002—2005年略有回落，但自2006年开始再次快速增长，2009年达到了23.8%，此后长期维持在20%以上。

西部地区自 1995 年开始就是财政净补助地区，当年净补助占地方财政支出比重仅 0.36%，但此后快速增长，2000 年就达到了 26.6%，2001 年更是高达 35.66%。2002—2005 年略有回落，但此后迅速增长，2009 年达 35.67% 的高位。2010 年之后，中央净补助占西部地方财政支出的比重一直在 30% 以上。

可见，当前中央与东部和中西部地区形成了两种性质不同的财政关系。中央对东部是一种净汲取关系，对中西部是一种净补助关系。从深层来看，中央对中西部地区的财政转移支付由两部分组成：一部分是中央从中西部地区汲取来的财政资金，这部分全部转移了回去；另一部分是中央从东部地区汲取并转移到中西部地区的财政资金。厘清财政转移支付的这两个部分，有助于更加深入地理解中央和地方、东部和中西部间财政关系。因此中央和地方之间的财政转移支付包含了双重意义。一方面是中央和地方间财政关系的重要内容：中央从地方汲取财政收入并在全国范围内重新再分配；另一方面也是对东部和中西部地区间财政关系的调节：中央从东部地区汲取财政收入转移到中西部地区进行支出，在此过程中完成对区域间财力不平等的均衡。正是由中央统筹的对中西部地区的大规模净补助，构成了区域间财力差距得以有效均衡的体制基础。

五、财政转移支付的制度逻辑

可见，在分税制改革后，伴随中国经济长期稳定增长，中央实质财政能力日益增强，为均衡地区间财力差距，中国逐步建立了一个复杂庞大的财政转移支付体系，财政转移支付对地区间财力差距的均衡效应日益显著，地区间财力差距经历了一个从不断扩大到逐步收敛的动态过程，并呈现出一些明显的时间节点特征。

从财政转移支付对地区间财力差距的均衡效应来看，2000 年前后是一个重要节点。2000 年之前，中央实质财政能力仍然较弱，财政转移支付占中央财政收入的比重长期在30%以下，转移支付占地方财政支出的比重很低；转移支付分配在一定程度上仍偏向于东部地区，对地区间财力差距的均衡作用非常微弱。但是，进入21世纪后中央财政能力很快得以实质强化，财政转移支付占中央财政收入的比重迅速上升，财政转移支付分配也大力向中西部地区倾斜，对中西部地区的净补助迅速增加，对地区间财力差距的均衡力度显著增强。

从区域间财力差距来看，2005年前后是一个重要节点。2000年之前，中央财政转移支付的均衡力度很小且不稳定，地区间财政收入差距也逐年拉大，地区间财政支出差距明显快速扩大。2000—2005年，虽然财政转移支付对地区间财力差距的均衡力度日益增强，地区间财政支出的不平等程度较财政收入不平等明显减小；但是，由于地区间财政收入不平等仍然在快速扩大，财政转移支付的均衡效应远赶不上收入不平等的扩大速度，地区间财政支出不平等程度仍然在继续扩大。2005年左右开始，一方面，中央财政转移支付对地区间财力差距的均衡力度依然持续增强，对平衡地区间财力差距起到显著作用；另一方面，西部大开发等区域平衡发展战略开始明显发挥作用，地区间财政收入差距的不平等程度自2005年左右也开始逐步缩小，结果地区间人均财政支出差距开始显著下降，地区间财力差距明显有效收敛。

总之，分税制以来，地方间财力差距明显经历了一个从扩大到收敛的动态过程。经过分税制后近30年，尤其是21世纪以来20余年的发展和完善，中国当前形成了世界上规模最大的财政转移支付体系之一，简单以传统收入法或支出法来衡量中国中央和地方间财政关系（Oates，1985），都难以得出准确的认识，深入理解财政转移支付的制度逻辑就成了其中的关键。

（一）转移支付的政治逻辑

邓小平同志认为，社会主义有两大原则：发展生产和共同富裕（邓小平，1993），也可以称为发展问题和分配问题。中国处于社会主义初级阶段，只能先集中解决发展问题，再将重点放在分配问题上。越到晚年，他对分配问题越加重视，进而反复指出：只有"实现共同富裕，社会才能稳定，才能发展"；否则"民族矛盾、区域间矛盾、阶级矛盾、中央和地方矛盾都会发展，就可能出乱子"；"解决的办法之一，是先富起来的地区多交点利税，支持贫困地区的发展"。[①]"先富起来的地区多交点利税"就是通常所说的财政转移支付。当前，中央对地方一般性和专项转移支付都主要指向了中西部地区，二者均具有显著的均衡地区间财力差距的功能。其中，一般性转移支付的主要政策目标是"保运转"，专项转移支付则主要聚焦于"保民生"。

中央财政转移支付不仅具有重要经济功能，更具有重大政治功能。"保运转"关乎地方政府的基本运转，当前，若没有中央大规模一般性转移支付，中西部不少地区的基层政府将陷入严重财政困境，无法维持政权基本运转，甚至威胁社会政治稳定。"保民生"同样是重大政治问题，教育、医疗、社会保障等基本民生支出具有很强的支出刚性。中央之所以将大量民生支出确立为专项转移支付，主要原因是地方政府在财政支出中具有很强的"生产性支出"偏向，财政支出经常偏向于以城市基础设施建设为代表的经济发展活动，而对民生领域则容易选择性忽视（吕冰洋，2021）。中央希望以专项资金的形式，对以民生为代表的地方支出中的薄弱地带予以有效保障。若没有大规模专项转移支付，不少地区的民生支出将下降到难以想象的极低水平。因此，中央专项转移支付对中西部地区民生支出的兜底，对地方财政支出的生产性支出偏向起到了关键弥补和底线保障功能，对确保地方社会经济的协调发展发挥着关键作用，对维持政治社会稳定也具有极为重要意义。

可见，中央对地方的财政转移支付，从一开始就注入了明确的政

[①] 邓小平同志对此进行了一系列论述，参见邓小平.邓小平文选：第五卷［M］.北京：人民出版社，1993；中共中央文献研究室.邓小平年谱1975—1997（下）［M］.北京：中央文献出版社，2004.

治"意涵",最核心的就是"共同富裕"和区域平衡发展的政治理念,它成了推动财政转移支付规模不断扩大和体系逐渐完善的深层动力,这可以称为转移支付的政治逻辑。"共同富裕"和区域平衡发展是新中国成立后 70 多年的探索和实践所形成的重要政治理念,是社会主义新传统的重要组成部分。邓小平同志提出"两个大局"的战略构想,就是希望分阶段解决发展和分配问题,"一部分地区先富起来"的最终目标是"共同富裕",到"20 世纪末达到小康水平的时候,就要突出地提出和解决这个问题"。过去 40 余年的中央和地方间财政体制变迁,尤其是分税制以来的财政转移支付实践,清晰地展现了这一历史过程。

(二)转移支付的治理逻辑

当前,若仅从财政转移支付的分配结果来看,它确实有效贯彻了中央的政治逻辑,地区间财力差距得以显著收敛。但是,仅仅是财政资金大规模转移到中西部地区,并不意味着其治理目标的有效实现,它还需要一个漫长复杂的治理过程,才能真正扎根落地并发挥治理功能。这在专项转移支付中体现得尤其明显,公共财政项目的分配和实施,是一个中央与地方、财政部门与支出部门、政府与民众等多元主体的复杂互动过程,它能否有效实现治理目标,高度依赖于这一治理过程,这可以称为转移支付的治理逻辑。社会学界对项目制的系列研究,就是对专项转移支付的治理逻辑的重要阐述[①](折晓叶和陈婴婴,2011;渠敬东,2012;周飞舟,2012;周雪光,2015)。

总体而言,财政转移支付的治理逻辑主要包括两方面:一是财政资金的支出效率(efficiency),即能否实现财政资金的高效使用;二是财政资金的支出效果(effectiveness),即能否真正与公众需求偏好有效对接,为社会提供公共品和公共服务。当前,专项转移支付在这两

[①] 社会学者对项目制在基层的实践逻辑进行了大量案例研究,代表性的成果包括陈家建,2013、2017;陈家建等,2015;狄金华,2015;冯猛,2009;付伟和焦长权,2015;李祖佩,2016;史普原,2015、2019。

方面都还面临不少严峻挑战。

从支出效率来看，一方面，由于大量专项转移支付在年初无法细化预算到具体地区和项目，必须在年中预算执行中进行"二次分配"，这极大影响了专项转移支付的实施效率，形成大规模资金沉淀和浪费。另一方面，由于专项转移支付预算和执行过程不规范和不透明，使分管专项资金的政府部门拥有很大自由裁量权，造成了地方政府大规模的"跑部钱进"行为。在专项转移支付的申请、竞争、审批、实施、检查等一系列环节中，地方政府不得不花费很大力气，这不仅引起了大量灰色交易和官员腐败，更是对财政资金的支出效率造成很大影响（范子英和张军，2010）。

就支出效果而言，专项转移支付在回应公共需求，将政府项目体系与公众需求偏好的有效对接方面也存在诸多问题。首先，中国是一个广土众民的大国，地方和民众的公共需求极其多元分散，并因具体情况而动态变化，一些中央转移支付项目在设立之初就和实际公共需求有较大偏离。其次，地方政府经常有意将大量项目资金集中到一个地点实施，以"垒大户"的方式打造"亮点"。这直接导致"亮点"地区的项目资金过分扎堆，大量普通地区却难以得到有效投入，形成"马太效应"（杨善华，2017）。最后，专项转移支付都由不同政府部门负责管理，它基本在中央和地方同一部门内相对封闭地分配实施，这经常形成相关部门的部门利益，由此造成公共服务供给的严重"碎片化"。

在实践过程中，上述因素经常叠加作用，使项目制的实践效果经常偏离其治理目标，与公共需求偏好发生严重错位，造成财政资金的大规模浪费耗散；甚至形成了财政转移支付逐年大规模增加，地方公共品和公共服务却无明显改善，治理绩效也没有显著提升的"内卷化"现象（陈锋，2015）。

应该说，学界从公共财政项目的治理逻辑切入，对项目制的反思性批评是深刻而有力的。为提高项目制的治理绩效，真正实现其治理目标，对某些过于分散的项目资金予以归并整合，清理取消一些过时或不符合实际的项目，加强项目资金预算和执行过程的规范性和透明性，这些都非常及时必要。但是，我们也不能因此对专项转移支付予以简单否定，因为它还承载着极其重要的政治功能。

质言之，中国财政转移支付体系同时蕴含着政治和治理的双重制度逻辑。中央政府更聚焦于政治逻辑，即更关心区域平衡发展和共同富裕所承载的政治意义，典型体现为财政转移支付对中西部地区"保运转"和"保民生"所带来的政治稳定、民族团结、社会和谐等政治功能。相反，地方政府则更关注转移支付的治理逻辑，即转移支付在实践过程中的支出效率与支出效果，这反过来又会影响其政治功能的达成。因此，二者不是截然分离的，政治逻辑和治理逻辑可以说是财政转移支付体系的制度逻辑的"一体两面"：政治逻辑为其注入政治动力和演进方向，治理逻辑则确保其治理效果和实践过程。但是，二者在实践中也存在一定张力和矛盾，需要有效地结合与平衡。当前，如何在确保财政转移支付政治功能的同时，提高财政资金的支出效率，优化治理效果，真正实现其治理目标，这是财政转移支付实践面临的重大挑战。

六、结语

改革以来，中国区域发展格局经历了两个不同的阶段，每个阶段分别约 20 年时间。中国区域间财力差距也经历了一个从扩大到收敛的动态过程。改革之初，中央和地方间实行了多样化的"财政承包制"，中央财政统筹能力急剧下降，对区域间财力差距的均衡力度大为弱化，不同地区间财力差距显著扩大。进入新世纪，分税制的体制效应充分释放，中央实质财政能力显著强化，对地区间财力差距的均衡力度明显增强，2005 年后区域间财力差距开始有效收敛。

决定中国区域发展格局的因素主要有两方面。一是国家关于区域经济格局的政治"理念"，即中央是采取以区域平衡取向为主的发展战略还是区域不平衡为主要取向的发展战略。二是中央和地方间关系，这是贯彻中央发展战略的关键因素，中央和地方间财政关系又是其中的枢纽环节：中央和地方间收入分享体制决定了中央财政汲取能力，而中央和地方间财政转移支付体制，则是均衡地区间财力差距的体制基础。中央和地方间财政体制深度嵌入于政治集权与经济行政分权相结合的"分权型集权体制"，也是这一政治经济体制的重要组成部分。"分权型集权体制"为中央在转移支付体系中注入"共同富裕"的政治理念提供了根本性的制度基础，同时也塑造了财政转移支付体系的双重制度逻辑。

参考文献

［1］财政部预算司，IFM财政事务局.中国政府间财政关系［M］.北京：中国经济出版社，1993.

［2］陈锋.分利秩序与基层治理内卷化——资源输入背景下的乡村治理逻辑［J］.社会，2015（3）.

［3］陈家建，张琼文，胡俞.项目制与政府间权责关系演变：机制及其影响［J］.社会，2015（5）.

［4］陈家建.项目化治理的组织形式及其演变机制［J］.社会学研究，2017（2）.

［5］陈家建.项目制与基层政府动员［J］.中国社会科学，2013（3）.

［6］邓小平.邓小平文选：第3卷［M］.北京：人民出版社，1993.

［7］狄金华.政策性负担、信息督查与逆向软预算约束——对项目运作中地方政府组织行为的一个解释［J］.社会学研究，2015（6）.

［8］范子英，张军.中国如何在平衡中牺牲了效率：转移支付的视角［J］.世界经济，2010（11）.

［9］冯猛.后农业税费时代乡镇政府的项目包装行为——以东北特拉河镇为例［J］.社会，2009（4）.

［10］付伟，焦长权."协调型政权"：项目制运作背景下的乡镇政府［J］.社会学研究，2015（2）.

[11] 贾晓俊,岳希明.我国不同形式转移支付财力均等化效应研究[J].经济理论与经济管理,2015(1).

[12] 贾晓俊.政府间转移支付制度横向均衡效应研究[J].经济学动态,2009(3).

[13] 焦长权.从分税制到项目制：制度演进和组织机制[J].社会,2019(6).

[14] 李萍.财政体制简明图解[M].北京：中国财政经济出版社,2006.

[15] 李萍.中国政府间财政关系图解[M].北京：中国财政经济出版社,2006.

[16] 李祖佩."新代理人"：项目进村中的村治主体研究[J].社会,2016(3).

[17] 梁进社,孔健.基尼系数和变差系数对区域不平衡性度量的差异[J].北京师范大学学报,1998(3).

[18] 吕冰洋,李钊,马光荣.激励与平衡：中国经济增长的财政动因[J].世界经济,2021(9).

[19] 吕冰洋.国家能力与中国特色转移支付制度创新[J].经济社会体制比较,2021(6).

[20] 渠敬东.项目制：一种新的国家治理体制[J].中国社会科学,2012(5).

[21] 史普原.科层为体、项目为用：一个中央项目运作的组织探讨[J].社会,2015(5).

[22] 史普原.项目制治理的边界变迁与异质性：四个农业农村项目的多案例比较[J].社会学研究,2019(5).

[23] 司马光.资治通鉴：第21卷[M].北京：中华书局,1956.

[24] 王瑞民,陶然.中国财政转移支付的均等化效应：基于县级数据的评估[J].世界经济,2017(12).

[25] 王绍光,胡鞍钢.中国：不平衡发展的政治经济学[M].北

京：中国计划出版社，1999.

［26］吴彬彬，李实.中国地区之间收入差距变化：2002—2013年［J］.经济与管理研究，2018（10）.

［27］习近平.高举中国特色社会主义伟大旗帜，为全面建设社会主义现代化国家而团结奋斗［M］.北京：人民出版社，2022.

［28］杨善华."项目制"运作方式下中西部农村社会治理的马太效应［J］.学术论坛，2017（1）.

［29］尹恒，康琳琳，王丽娟.政府间转移支付的财力均等化效应——基于中国县级数据的研究［J］.管理世界，2007（1）.

［30］曾军平.政府间转移支付制度的财政平衡效应研究［J］.经济研究，2000（6）.

［31］折晓叶，陈婴婴.项目制的分级运作机制与治理逻辑［J］.中国社会科学，2011（4）.

［32］中共中央文献研究室编.邓小平年谱1975—1997（下）［M］.北京：中央文献出版社，2004.

［33］周飞舟.财政资金的专项化及其问题：兼论项目治国［J］.社会，2012（1）.

［34］周飞舟.分税制十年：制度及其影响［J］.中国社会科学，2006a（6）.

［35］周飞舟.从"汲取型"政权到"悬浮型"政权：税费改革对国家与农民关系之影响［J］.社会学研究，2006b（3）.

［36］周雪光.项目制：一个"控制权"理论视角［J］.开放时代，2015（2）.

［37］Ezcurra, R., Andrés Rodríguez-Pose. Government Quality and Spatial Inequality:A Cross-country Analysis［J］. Environment and Planning A, 2014, 46(7).

［38］Huang, B., Chen, K.. Are Intergovernmental Transfers in China Equalizing?［J］. China Economic Review, 2010, 23(3).

［39］Jian, T., Sachs, J. D. Warner, A. M. Trends in Regional Inequality in China［J］. China Economic Review, 1996, 7(1).

［40］Lerman, R., Yitzhaki S.. Income Inequality Effects by Income Source:A New Approach and Applications to the United States［J］. Review of Economics and Statistics, 1985, 67(1).

［41］Liu, Y., Martinez-Vazquez J., Qiao B.. Falling Short:Intergovernmental Transfers in China［J］. Public Finance and Management, 2014, 14(4).

［42］Liu, Y., Martinez-Vazquez, J., Wu, A.. Fiscal Decentralization, Equalization, and Intra-provincial Inequality in China［J］. International Tax and Public Finance, 2017, 24(2).

［43］Oates, W. E.. Searching for Leviathan:An Empirical Study［J］. American Economic Review, 1985, 75(4).

［44］Qian, Y., Weingast B. R.. China's Transition to Markets: Market-preserving Federalism, Chinese Style［J］. Journal of Economic Policy Reform, 1996, 1(2).

［45］Rodriguez-Pose, A., Ezcurra R.. Does Decentralization Matter for Regional Disparities?A Cross-country Analysis［J］. Journal of Economic Geography, 2010, 10(5).

［46］Sun, M., He Q. C.. Central Transfer and Fiscal Capacity in China:Evidence from the Tax-sharing System［J］. Emerging Markets Finance and Trade, 2018, 54(2).

［47］Tiebout, C. M.. A Pure Theory of Local Expenditures［J］. Journal of Political Economy, 1956, 64(5).

［48］Tsui, K.. Local Tax System, Intergovernmental Transfers and China's Local Fiscal Disparities［J］. Journal of Comparative Economics, 2005, 33(1).

［49］Xu, C.. The Fundamental Institutions of China's Reforms and Development［J］. Journal of Economic Literature, 2011, 49(4).

构建符合公众心理规律的风险沟通模式

苗 芃[①]

党的二十大报告强调"提高防范化解重大风险能力""提高重大突发公共事件处置保障能力"。风险随处可见，或小或大、或近或远、或熟悉或陌生，气候变化、空气污染、网络安全、新兴技术、食品药品安全等风险不断刺痛神经。风险是透视当代社会的重要视角，风险应对是现代治理中的重要命题。风险沟通作为风险治理体系的关键环节，是提升国家治理体系和治理能力现代化的重要抓手。

风险沟通是围绕风险相关信息，个体、群体和机构之间交换信息和意见的互动过程，旨在理性传达科学信息，减少公众认知偏差。但在实践中，风险沟通一大难题是将风险的"客观现实"有效转换为公众的"主观感知"，主要表现为单向自上而下的知识传达，忽视公众反应，无法形成互动，形成沟通壁垒，甚至越交流越愤怒，影响政府权威和社会情绪。为跨越风险沟通鸿沟，本文提出应努力推动形成以公众心理规律为基础、符合我国国情和发展需要的风险沟通模式，充分考量公众在认知、情绪、价值观、行为模式等方面的特征，推动风险沟通策略改进，为有效防控各类风险提供学理和技术支持。

---

① 苗芃，北京师范大学社会学院讲师，心理学博士，主要研究方向：社会心理服务、风险沟通、风险决策、老年人心理健康等。

一、风险认知特征及风险沟通现状

公众作为风险沟通的重要一方，其认知特点会直接影响风险沟通的有效性。风险具有主观建构性特征，公众对风险的感知远远超出了客观技术和科学维度，是心理、社会、制度、文化相互作用的结果[1]。与此同时，公众对风险管理的知情权、参与权要求日益提升。因此，公众的认知模式特征应当成为信息传递方优化风险沟通目标、内容、方式、程序的出发点和关注点，避免自说自话。然而，当前的沟通模式尚未充分将公众反应纳入沟通模型中，造成风险的"客观现实性"与"主观建构性"间存在偏差。小问题、伪问题被知觉成大问题，一些风险则被忽视、低估。沟通信息发出方和接收方间存在沟通鸿沟，信息不但没能促进公众科学认知，还加剧了负性情绪，引发舆论反感，现已成为风险治理的新痛点。

风险沟通模式经历了从单向传播和说教向双向沟通和互动转变的过程。早期 DAD 模式[2]强调政府或专家教育和告知公众科学技术信息，这种模式已被证明存在诸多问题。随着研究和实践的开展，风险的社会放大框架、风险认知模型、心理噪声模型、负面特性主导模型、信任决定模型等揭示了公众主观感知在风险认知和风险沟通中的重要作用[3]，认为政府和专家应与公众形成良性双向沟通机制。我国风险沟通工作在理念上虽突破了单向沟通思维、向各方共同参与转换，但较少进行落地性研究和实证性验证，时常"仓促上阵"，粗暴呈现科学信

---

[1] Renn O., Burns W. J., Kasperson J. X., et al. The social amplification of risk: theoretical foundations and empirical applications [J]. Journal of Social Issues, 1992, 48(4): 137–160.

[2] DAD模式（Decide, Announce, Defend）是指在风险沟通中由精英向民众进行单方面决定、宣布与维护相关风险信息的模式。

[3] Covello V. T., Peters R. G., Wojtecki J. G., et al. Risk communication, the West Nile virus epidemic, and bioterrorism: responding to the communication challenges posed by the intentional or unintentional release of a pathogen in an urban setting [J]. Journal of Urban Health, 2001, 78(2): 382–391.

息，出现形式化沟通，缺少规范的风险沟通指南[①]。例如，我国在食品添加剂的科普工作上投入了大量资源，出版了系列图书，组织了大量宣讲，但公众对食品添加剂仍存在根深蒂固的误解[②]，甚至极力追求未经质检的所谓"零添加"食品。而一些发达国家在重视公众认知特征的风险沟通实践路径上积累了更多经验，例如欧洲食品安全局在食品风险沟通时，在科学家和消费者之间建立沟通桥梁，强调时间、方式、信息和对象的匹配性；还有学者提出验证情绪、分享困境等关注公众情绪和认知的风险沟通准则[③]。我国风险沟通旧有模式不能有效跨越政府和专家与公众间存在的沟通鸿沟，沟通效果事倍功半。开展有效的风险沟通，引导公众采取理性行为，避免行为过当或反应不足，是当务之急、重中之重。

二、风险沟通鸿沟的产生根源

风险沟通的本质是努力弥合沟通各方的风险认知差异、寻求最大共识的过程。风险沟通的矛盾纠纷背后可能存在怎样的原因，因何激化又如何减缓？理解问题是解决问题的前提，其根源之一在于政府专家忽视了其与公众在认知模式上存在的差异，未在风险沟通中充分弥合鸿沟。

双系统理论可以清晰解释双方的风险认知差异及风险感知偏差的产生根源，该理论认为人的大脑中存在两套系统：一套是基于启发式

---

① 陈思，罗云波，李宁，等.我国食品安全保障体系的新痛点及治理策略[J].行政管理改革，2019（1）.

② Miao P., Chen S., Li J.. et al. Decreasing consumers'risk perception of food additives by knowledge enhancement in China [J]. Food Quality and Preference, 2020, 79.

③ Sandman P. M., Lanard J., COVID-19: The CIDRAP Viewpoint Part 2: Effective COVID-19 Crisis Communication [EB/OL]. 2020-05-06. https://www.cidrap.umn.edu/sites/default/files/public/downloads/cidrap-covid19-viewpoint-part2.pdf.

的"直觉式认知系统",另一套是基于思维的"分析式认知系统"[①]。进行风险判断时,直觉式认知系统以一种快速的、无意识的方式起作用,容易受到一般信念和情绪的影响;分析式认知系统以一种慢速的、深思熟虑的方式起作用,更多基于证据、逻辑和规则,需要大量认知资源。个体在进行风险判断时,直觉式认知系统不断为分析式认知系统提供印象、直觉、感觉等信息,分析式认知系统则会进行监控和纠错[②]。政府官员、科学家、风险分析师、生产商、监管和咨询机构关注科学知识,以提升逻辑的严密性、数据的翔实性为核心准则开展沟通,将风险测量技术、定量方法作为风险评估、控制和沟通的主要依据,还会更多强调自身努力。而受时间、精力和知识储备等因素限制,公众在进行风险判断时,较少基于统计数据和科学实验的量化标准进行精细加工,更依赖于情绪和刻板印象进行判断,进而产生风险认知偏差[③]。各类风险关乎公众的切身利益,具有较强的情绪激惹性,容易带来风险认知偏差。

公众风险态度和行为养成,不仅取决于对风险对象知识的掌握,更被信任、价值观、情绪,及对外界环境、现代技术、社会制度的态度等因素影响,而这些因素往往更为普遍和稳定,难以被纯科学知识改变。风险沟通不能仅仅重视以提升物质保障水平等层面的"硬沟通",更要关注情感、心理等层面的"软沟通",根据公众心理规律,

---

[①] Keren G., Schul Y.. Two is not always better than one a critical evaluation of two-system theories [J]. Perspectives on Psychological Science, 2009, 4(6): 533−550; Evans J. S. B., Stanovich K. E.. Dual-process theories of higher cognition: Advancing the debate [J]. Perspectives on Psychological Science, 2013, 8(3): 223−241.

[②] Dhar R., Gorlin M.. A dual-system framework to understand preference construction processes in choice [J]. Journal of Consumer Psychology, 2013, 23(4): 528−542; Kahneman D., Frederick S.. A model of heuristic judgment [J]. The Cambridge handbook of thinking and reasoning, 2005: 267−293.

[③] Bearth A., Cousin M. E., Siegrist M.. The consumer's perception of artificial food additives: Influences on acceptance, risk and benefit perceptions [J]. Food Quality and Preference, 2014, 38: 14−23.

对科学信息进行"软包装",使信息真正入脑入心、内化外行。

三、跨越风险沟通鸿沟

风险沟通应当充分考虑公众在认知、情绪、价值观、行为模式上的心理规律和现实需求,跨越沟通鸿沟,科学呈现信息,最终形成系统配套、务实管用的风险沟通理论体系和策略路径,更好服务公众身心健康、社会和谐稳定。

(一)认知维度

风险沟通的认知维度是指风险沟通信息要符合公众认知特征及风险关注点。长期以来,风险沟通内容往往"贪多求全",期望通过大量专业信息体现作为权威部门或专业机构的科学性、严谨性。然而话不投机半句多,这种策略不仅事倍功半,还会起到反效果。

信息被人们接受的前提要素之一,是信息本身和传递方式转化为其认知结构的一部分,准确把握公众信息处理的学习记忆特征是风险沟通的基础。学习的心理机制是由记忆系统合成并提取各种信息单元的过程,当处理外界信息所需认知资源超出个体可承受的认知负荷时会降低学习效果[1]。在识别风险沟通信息时,公众受到时间和专业背景限制,不能像专家一样去挖掘各类信息中的隐含条件和逻辑关系,快速学习判断。然而,判断风险沟通信息是否符合自身风险关注点,则不太需要系统的逻辑思考和复杂的细节判断[2]。研究发现,对关注点是否相似的判断比其他因素,如客观性、公正性、可预测性等,能更好

---

[1] Paas F., Renkl A., Sweller J.. Cognitive load theory and instructional design: Recent developments [J]. Educational Psychologist, 2003, 38(1): 1–4.

[2] Earle T. C., Cvetkovich G. T.. Social Trust: Toward a Cosmopolitan Society [M]. New York: Praeger, 1995.

预测公众对手机辐射、转基因食品等风险的态度和信任度[①]。还有研究证实，与面面俱到的沟通策略相比，选择食品添加剂安全性和必要性等公众关注的内容、以焦点式策略进行沟通，可以显著提升公众的食品添加剂知识水平、政府信任度，降低食品添加剂负性态度[②]。风险沟通的信息呈现，多不一定等于好。当然，并不是公众想听什么，政府专家就说什么。要在实事求是、公开透明的基础上，快速捕捉风险事件中公众的风险关注点。积极、优先、重点回应公众真正关切的内容，减少其处理信息时所需的记忆组块数量，提升学习效率，增加对信息的接纳度和信任度。

（二）情绪维度

风险沟通的情绪维度是指风险沟通信息要适当传达符合公众体验的情绪内容，与公众在情绪体验上形成共鸣。沟通实践中，政府专家偏好于讲事实、摆道理，往往避免感情用事，甚至将公众面对风险时产生的焦虑和不安视为过度或不合理。然而，风险事件引发的负性情绪所造成的损失，有时远高于安全问题本身引起的直接损失，风险沟通信息不应忽视传递情感体验的重要性。

一是共情性信息。强调信息发出方表达对公众情绪的充分理解和关注，用共情安抚不安与焦虑情绪。共情信息可以有效激活个体与社会网络之间的联系，提升社会融合度，拉近双方距离，促进沟通有效进行。二是情绪分享信息。强调信息发出方表达与公众感知到的情绪一致，这比单纯表达理解更进了一层。实证研究发现，情绪的分享能

[①] Siegrist M., Cvetkovich G., Roth C.. Salient Value Similarity, Social Trust, and Risk/Benefit Perception [J]. Risk Analysis, 2000, 20: 353-362; Poortinga W., Pidgeon N. F.. Exploring the dimensionality of trust in risk regulation [J]. Risk Analysis, 2003, 23(5): 961-972.

[②] Miao P., Chen S., Li J., et al.. Decreasing consumers' risk perception of food additives by knowledge enhancement in China [J]. Food Quality and Preference, 2020, 79.

增进人际协调，增加人际信任和亲密[1]。在风险事件中，当政府和专家进行相似情绪分享时，有助于形成政府专家与公众间情绪沟通和反馈的双向过程，有效提升公众对信息的接受度。三是积极情绪信息。强调通过唤醒公众的积极情绪，补充公众心理资源，提升自我调适能力。例如，风险应对期间不乏各行各业顽强拼搏的事例，这些正能量往往能够鼓舞士气，提升敬畏感、感激感，而这类情绪可以引发个体的亲社会行为[2]及对信息进行更多的分析式理性加工[3]，推动公众对风险沟通信息的理性解读。面对极易引发负性情绪的风险，以"封、堵、防"为主的沟通理念不仅不能有效应对舆情，还可能激荡更为极端的社会不安情绪，使得小事拖大、大事拖炸。风险沟通不仅要讲事实、摆道理，也要站在公众的视角理解其感受，对公众情绪进行安抚引导、共情宽慰，让公众感知到同心同力，使公众积极拥抱风险沟通信息。

（三）价值观维度

风险沟通的价值观维度，也可称为动机维度，是指风险沟通信息应引导公众树立主动应对风险的观念与意志。在传统模式下，风险沟通未充分调动公众实施行为的价值取向、思维模式、意志品质等内在动力，导致公众应对风险时动机较弱。

一是构建共同价值取向。公众对政府专家是否真正愿意解决问题、是否真心为民服务等信任性的判断，影响其解读信息的方向和实施行为的意图。信任不仅是重要的社会资本，亦是心理状态。无论是组织信任还是政府信任，除了能力和胜任力外，善意、正直、诚实等表达

---

[1] Strongman K.T.. The psychology of emotion: From everyday life to theory [M]. The Atrium, Southern Gate, Chichester: John Wiley & Sons, 2003: 186–187.

[2] Rudd M., Vohs K. D., Aaker J.. Awe expands people's perception of time, alters decision making, and enhances well-being [J]. Psychological Science, 2012, 23(10): 1130–1136.

[3] Griskevicius, V., Shiota M.N., Neufeld S.L.. Influence of different positive emotions on persuasion processing: A functional evolutionary approach [J]. Emotion, 2010, 10: 190–206.

动机的价值观和意图属性也是其重要组成部分[①]。回顾近年来的风险事件，当政府以"非正式工""非本部门职责"等为由回应时，公众极易产生"推诿塞责"的意图判断，使信任修复更加困难。风险沟通中应在不违背科学的前提下，主动呈现价值观类信息，提升公众对风险信息的信任度、接受度。二是引导树立理性思维模式。应适当向公众传递简单好记的科学准则，提升公众理性。例如，人们通常对健康安全存在"零风险"预期和诉求，这是因为个体对于绝对不发生与可能发生之间的差异十分敏感，即从概率为99%到100%的变化比从概率为10%到11%的变化对个体来说更重要[②]。这种零风险认知偏差导致个体对小概率风险过度反应，一定程度上解释了为什么人们希望风险的发生概率为零。若公众熟悉了解这一心理规律，可以更好调整心理预期和行为。三是形成攻坚克难意志品质。面对风险带来的身心压力，人们往往产生主动应对和被动回避两种行为取向。风险沟通不仅要传递科学信息，还要引导人们充分认识风险带来的现实困难，激励公众产生积极关注、评估、调适行为的动力，强调应对风险时自制力和坚持性的重要性和必要性，为公众打强心剂。公众科学理念的塑造和行为习惯的培养，不仅靠外界信息输入，更靠内在动机的激发。在价值取向得到充分回应、思维模式得到理性培育、意志品质得到引导强化的保障下，公众才能努力克服感性冲动及其他观念干扰，将主动应对风险转化为内在信念。

（四）行为维度

风险沟通的行为维度是指风险沟通信息应包含切实可行的行为建议，真正引导公众付诸风险应对行为。意图—行为差距现象表明，人

[①] 张书维. 社会公平感，机构信任度与公共合作意向［J］. 心理学报，2017（6）.

[②] Hastie R., Dawes R.M.. Rational choice in an uncertain world: The psychology of judgment and decision making［J］. Sage Publications, 2010.

的意图与行动并不完全相符，元分析发现行为意图只能解释 28% 的实际行为产生[1]，拥有行动意愿并不等于公众能够在实践上真正达成行为。

在心理建构上，个体一般将抽象信息知觉为渴望性维度，将具体信息知觉为可行性维度[2]。计划行为理论强调，个体对实现目标可控程度的判断对预测实际行为有重要影响[3]，这种对行为可控的感知在个体从事体育锻炼、节食、成瘾戒断等需要自我调控的行为上具有良好解释力[4]。以近年来各地开展的减盐宣传活动为例，各地活动丰富、形式多样，国家卫健委发布的《中国居民营养与慢性病状况报告（2020年）》显示，我国居民人均每日烹调用盐 9.3 克，虽与 2015 年相比下降了 1.2 克，但仍远高于推荐值。不少人表示，不知道该如何确定每人每天食盐不超 5 克的具体家用方法。风险沟通内容不能仅仅满足"点到为止"，应包括确立目标、应对风险行为切入点、培养习惯、巩固行为效果"何时、何处、如何进行"等具体可行信息，有效提升公众实施应对风险行为的信心和控制感，搭建意图与行为间鸿沟的桥梁。政府和专家的科学思维惯性，使其追求信息的严谨性和数据的精准性，这本没有错，但却不能止步于此，更要指导"怎么做"。如果说认知、情绪、价值观三个维度是打开公众心与脑的钥匙，那么行为维度则是引导公众在接纳科学信息的基础上付诸行为的助推器。

风险沟通的关键在于讲究沟通的艺术和技巧，特别是要纠正忽视公众认知特点和心理规律的沟通方式。本文提出，将认知、情绪、价

---

[1] Sheeran P.. Intention-behavior relations: A conceptual and empirical review [J]. European Review of Social Psychology, 2002(12): 1–36.

[2] Trope Y., Liberman N.. Construal-level theory of psychological distance [J]. Psychological Review, 2010(117): 440–463.

[3] Ajzen I.. The theory of planned behavior [J]. Organizational Behavior and Human Decision Processes, 1991(50): 179–211.

[4] 林琳.拖延行为的干预：计划行为理论和实施意向的影响[J].心理学报，2017（7）.

值观、行为模式四个维度纳入风险沟通模式框架，尊重公众在风险中的心理规律及需求，科学建立公众与政府专家间相互理解的桥梁，提升公众对风险沟通信息的接受度和信任度，真正跨越沟通鸿沟。这一模式并不是打感情牌、忽视科学，而是在及时公开真实信息的基础上，推动风险沟通方式方法改进完善，使沟通更加有力度、有温度、有效果。

提升国家安全治理能力：构成、约束及优化

杨华锋[①]

一、风险的时代特征

随着人类社会全球化、现代化进程的加快，人类社会发生了深刻的系统性转型，进入了一个高度不确定性和高度复杂性的"风险社会"，风险的叠加、耦合、漂移、扩散突破了过去风险的简单边界，呈现动态、立体、多维特征，对治理体系构成冲击与挑战。

第一，风险要素的类型趋于多样化。"冷战"结束前国家安全风险往往与政治、军事、国防、外交等传统安全议题相随。其风险应对方式往往聚焦于如何运用战略策略化解危险、威胁，谋取国家利益，具有典型"国家中心主义"倾向。"冷战"结束后，全球经济一体化的迅猛发展，经济安全、社会安全、生态安全、科技安全、文化安全等非传统安全风险日益凸显。传统与非传统安全风险的常态化并存带来治理对象的复杂化，非传统安全风险的分散性、隐蔽性、交互性加剧了安全治理难度。

第二，风险模式从相对静态转向持续动态化。在工业社会中，风险受时间与空间的约束，影响范围大多集中于一时一隅。而在风险社

---

① 杨华锋，管理学博士，国际关系学院公共管理系主任、教授。原文刊发于《社会治理》2023年第1期，收录本书时做了大幅度修改。

会，大多风险往往具有穿越和突破时空界限的能力，存在转化为系统性、整体性风险的可能，难以预测其演化路径，作用过程是持续的、动态的。在全球化的时代，世界经济社会交流更加密切，国家的边疆不再成为阻碍风险流动的界限，任何一个事件都可能沿着网络链条向全球迅速蔓延，形成连锁联动的"蝴蝶效应"。

第三，风险效用的社会影响力持续加深。从现实主义视角来看，在传统社会，风险主要来自自然界，风险具有单一性与局部性。而在现代社会，技术的进步带来许多足以毁灭人类社会的能力，如生化武器、核技术、基因编辑、人工智能武器等。从建构主义的视角来看，风险不仅是实质性风险，也包括观念中的风险。从主体风险感知的意义上来说，有时风险并未有本质性变化，但人们的风险感知体系发生了变化，人们可能开始意识到过去忽略与无视的风险内容，同时这些风险也由政府部门、技术专家、新闻媒体协同建构，运用各种媒介、信号和机制勾绘出来，对大众安全感知产生重大影响。

二、治理能力的构成

（一）议程设置的引导力

安全风险进入政策议程是国家安全问题得到解决的先决条件。风险进入政策议程需历经风险识别、风险评估、风险交流与预警三个阶段。风险识别需要找出所面临的各种风险，识别并确认可能潜伏的风险，将风险和隐患控制在萌芽之中，这是风险治理的逻辑起点。危机出现前往往都有不同征兆的风险信号，治理体系应及时捕捉风险信号，鉴别风险来源、类型和范围。在识别风险后，对风险进行评估，分辨风险发生概率、紧急程度与重要性程度，以此判断是否需要将风险信号向上传递，使风险信号抵达决策中心，触发政策议程，引导安全风险进入政策制定环节。

（二）政策规制的决断力

安全议题在进入政策议程之后需要规划和制定政策予以回应，政策规制是否有效与政策制定的决断力息息相关。安全风险出现后，风险极易通过非线性的传导机制，在短时间内实现风险范围和层级的跃迁，增大风险危害。此外，在高不确定性、高信息量、高紧急性的危机情境下，决策时间紧迫，需要快速做出决策以避免进一步损失。由此，治理者需要具有快速做出决断的胆识和魄力，避免陷入"完全信息陷阱"，在不断搜集信息的过程中犹豫不决、优柔寡断、瞻前顾后，甚至以文山会海落实决策，最终导致应急响应决策迟滞，贻误战机。

（三）紧急处置的权变力

风险的随机性、复杂性往往会诱致突发事件的紧迫性。突发事件包括自然灾害、安全生产、公共卫生和社会安全等类型，由于其具有高度的不确定性、突发性和巨大的破坏性，在爆发之时就需要政府和相关社会组织迅速响应，通过统一指挥、协同配合来对突发事件进行快速处置。这就意味着时间较长的常规决策模式无法有效应对突发事件，即使存在应急预案，大多也缺乏情景适用性和风险针对性[1]，需要决策者自行研判。这就要求治理者以卓越的临场应变能力、最大限度地发挥主观能动性，敏锐洞察形势、审时度势、快速应变、及时疏导、相机处理。

（四）组织合作的协调力

安全风险的良好治理不仅有赖于紧急处置，更需要治理体系充分调动一切资源来控制危机事态，其中最具挑战性的环节无疑是治理体系如何才能具备足够的协调能力以应对危机。一般而言，组织协调能

---

[1] 钟开斌.中国应急预案体系建设的四个基本问题[J].政治学研究，2012（6）.

力主要指的是行政主体运用各种手段统筹政府上下、左右、内外、各主体间关系，使其在治理体系中有效沟通、有序合作。从纵向府际关系来看，需要中央与地方政府通力配合。突发事件多始发于地方，作为第一责任人的地方政府，其应急处置能力就显得尤为重要。在"重心下移"的原则下，基层政府负有先期处置职责，可在第一时间相机处置。更高层级的应急部门应为之提供资金、技术、物资等方面的支持，为基层政府建立较为完善的应急体系，提供专业的应急设备和专门的应急队伍，保证基层政府的权责匹配，夯实事件发源地"属地管理"和"就地消化"的能力①。从横向部门关系来看，各部门应形成网络化的协作机制，通过对话合作交流保证各部门间信息的对称，提高适应风险的能力，避免九龙治水而水不治。

（五）适时变革的领导力

风险的有效应对往往喻示着组织变革。在常态组织秩序下，组织发现其自身问题具有困境。安全风险成为激发组织进行积极变革的外部动力。安全风险暴露的问题可改变领导者的观念，使其在机构建设、政策安排、制度框架等方面做出改变。只有及时实现自我变革与更新，才能让治理更具弹性与包容性，以应对不断演变的风险情境。同时，政府组织天然具有保守性，受路径依赖作用和组织惯性影响，容易沿着既有行为模式与发展轨迹，形成"组织惰性"，缺乏变革动力。决策者也习惯于采用既有思维与行动模式解决问题，不考虑创新提升绩效。如何有效克服组织惰性，恰恰需要治理者具有革新精神和战略眼光，以卓越领导力推进适时性变革。

---

① 刘霞，严晓.我国应急管理"一案三制"建设：挑战与重构［J］.政治学研究，2011（1）.

三、治理能力的约束因素

（一）风险预警的梗阻

风险的识别与预警是风险治理的原点。现代社会风险普遍存在，且因其复杂性、不确定性和易变性导致风险识别的困难，以至于危机已然出现，却还未料及风险。此外，某些危机信号在日常生活中的出现频率较高，在一定程度上降低了政府对该信号的敏感度和重视度，致使该危机升级时政府产生了疏忽和麻痹，这一点在公共安全危机中尤为明显。即使识别了风险，但是囿于科层制的负面消减效应，负面消息往往会在层层上报中受到一定程度的阻碍，致使风险信号传递不足，无法引起决策层的有效关注并作出预警决策[1]。只有当安全风险转化为亟待解决的安全问题时，才会引起政策系统的反馈，并进入政策议程。过往安全风险应对中侧重于对结果进行表彰或者问责，忽视常态下的风险防范，从而呈现出风险治理成本的确定性和政绩收益的不确定性现象，促使地方政府更加注重事后风险处置，疏忽于风险识别。

（二）政策规制的迟疑

国家安全风险涉及各领域、全方位、多层次，仅总体国家安全观提到的就有 20 种，且不同安全风险容易相互叠加、传导，演化成风险综合体。治理对象的复杂性与不确定性，安全政策的设计范围跨度极大，也给政策的制定带来了困难，且针对解决单一目标的安全政策往往会引发其他有待解决的问题。由此，安全政策需要具备及时性才能有效应对风险。决策者往往面临权衡困难，如启动应急响应将可能造成社会不稳定性，而不启动应急响应则有可能错过处置的最佳时机。同时，也需要在社会稳定、公共安全、经济发展等多元价值间取舍，

---

[1] 林雪.应急响应中的"决策失灵"[J].南京社会科学，2020（11）.

决策者难免迟疑。在安全议题进入政策议程后，危机信号的模糊性、零散性、陌生性降低了决策层信心，高度的社会关注或安全风险的严重程度使风险决策的成本预期升高，使领导层担心错误决策带来不利后果，从而造成了决策进程的迟滞与摇摆，决策的主动性转为执行的被动性。

（三）紧急处置的僵化

在突发安全事件中的决策属于非程序化的危机决策，往往没有可以参照的经验，且危机情境千变万化，没有一个应急预案可以囊括所有情境，需要领导者拥有因时因地权变决策的能力。然而，实践中领导者的权变能力受到极大制约。首先，行政组织的刚性和官僚机构的非人格化要求，需要领导者服从法律法规和上级行政指令，在面对突发事件时，应按照应急预案的内容严格执行，否则容易被问责、追责。但风险的不确定性决定着现场处置人员难有确切方案，只能根据经验性判断进行相机处置。而权变本身意味着突破甚至背离原有规矩，倘若紧急处置权变失败便需要承担重大责任。其次，在信息高度不确定的决策环境中，事件的复杂性和应对难度也会降低领导者的应对信心，这就使领导者存在着权变的担责预期，而倾向于按程序办事。最后，低自我效能感的领导者更有可能倾向于低估自身能力，认为权变行动无法控制事件的发展，不如照规矩办事，以免除自身责任，导致处置方式方法的僵化。

（四）合作治理的窘境

从纵向府际关系来看，根据"属地管理"原则，地方政府是风险发生后的第一治理主体。但安全风险尤其是突发事件的暴露会对地方政府的形象和政绩产生较大的负面影响，并且大部分突发事件都有可能会继续暴露出地方政府日常工作中的失职及地方官员其他负面消息，由此带来的问责后果使地方政府倾向对安全风险能瞒则瞒。在这种问责规避的逻辑下，地方政府会尽可能隐瞒风险以期自身能够独立处理，但地方政府安全治理能力有限,倘若安全风险超出地方的治理能力且地方不请求上级政府支援,只会让安全风险不断累积,最终成为重大事件。从横向部门关系来看,国家安全范围涉及广泛,在具体执行过程中往往涉及多个地区与部门,而各地区与部门由于职责差异,存在"信息割裂""信息孤岛"现象。在机构改革后,应急管理部门取代了之前设在政府下的应急办成为应急协调部门,使得应急管理的部门协调趋于扁平化,应急管理部门与其他部门在应急事务的处理关系上从纵向支配变为横向联动,导致应急管理部门引导协同治理的牵引力不足,约束力度不够,造成协同调度困难[1]。

(五)组织变革的约束

适时的变革是政府组织适应风险社会的必要措施,但组织变革受制度、成员、利益、个人特质等条件约束。从制度来看,政府组织中的制度既包括法律、规章、规定等硬制度,还包括一些惯例、传统等软制度。这些制度是经过组织环境的筛选后留存下来最具有适应性的思想行为习惯,强适应性给这些制度带来极强生命力和延续力,实践中具有自我强化的路径依赖。从成员来看,和政府中的领导者相比,一般政府工作人员往往认识不到组织变化的必要性、迫切性和潜在的效益,组织变化的不确定性会使他们对新变化产生一种不安的抵触情绪。况且普通工作人员为了适应组织变化的新环境,需要改变长期的处事习惯,并且还要投入时间、金钱和精力成本来学习新的知识和技能。从利益上看,变革会影响到人们为取得现状所作的投资。政府的工作人员为现有体制投入越多,其反对阻力就越大,因为他们害怕失去现有的地位、权势、个人便利或者其他看重的福利。此外,政府组织作为一种特定的组织结构,其中也形成了特定的利益分配方式,组

---

[1] 杨悦兮,王燕楠.地方应急管理跨部门协同的新变化及其应对机制[J].中国行政管理,2021(11).

织变化往往意味着利益分配方式的重新调整，利益的享受者利用和保护现有的组织结构，并抵制任何改变它的意图和行为。最后，从领导者个人特质来看，由于认知的有限理性，很多管理者在面对外部环境的巨大变化时，往往无法预测未来的发展方向，并且也很难判断组织变化决策是否正确，缺乏勇气和决断力的领导者往往会选择坐观其变、消极变革。

四、治理能力的优化

（一）议程引导力的优化

现代社会普遍存在的风险使安全环境日益复杂，风险的识别困难和政府包办的单一安全风险监管模式所带来的极高成本都是亟须解决的问题。一是发挥大数据在风险感知中的作用。利用人工智能对微信、微博中的舆情大数据开展安全情报感知研究，提前预知可能发生的社会安全事件，感知潜在的危险，并为社会安全事件接下来的可能发展提供战略情报，实现预测、预警、预防。二是构筑风险识别的协同机制。民众是风险的最先接触者，建立政府与社会间的风险交流沟通机制，调动社会力量如非营利组织、大众传媒、社会公众参与安全风险识别，扩大安全治理的主体范畴，以社会共筑对风险进行前瞻识别与提前预防。三是推动全过程风险治理问责。调整政府激励机制，将风险识别预警能力与准备能力纳入考核体系，将过去侧重的"事后问责"延伸为全过程的风险治理职责监督，强调常态问责，使地方政府的政策重心由事后的应急向事前的风险治理平移。

（二）政策决断力的提升

与常规的拉锯式决策不同，安全风险的复杂性和突变性使得政策规制需要具备及时性，这就使得政策规制需要果决，领导者需要拥有应对未知或陌生事件的决断能力。可以通过模拟演习使领导者适应高度不确定状态下的决策情境，以及在价值冲突的情况下进行取舍的能力。当领导者存在两个或两个以上的备选政策时，需要果敢地进行评估与选择，分析和估计实施中存在的不确定的因素，快速确定相对满意可行和适合的方案。针对领导者担心决策失误而不敢决断的情形，还应为领导者提供适当的容错机制，并引入人工智能辅助决策技术，在政策规制过程中帮助搜集海量信息数据，构建相应的模型，捕捉各类风险因子，并对风险进行科学的概率推演与综合研判，为政策的制定提供依据，预测政策的成本和收益，为领导者提供重要信息参考，提升领导者信心。

（三）紧急权变力的塑造

安全风险所导致的紧急事件范围广泛、类型庞杂，没有一种放之皆准的应对经验，在应对突发事件时需要领导者因时因地因人而调整，这就对领导者的紧急权变能力提出了要求。一方面，完善激励相容约束机制，为紧急处置的权变提供正向激励，鼓励一线决策者根据具体情况灵活处理。受决策者自身能力、经验影响，紧急处置中的权变不一定正确，也有可能导致事态的恶化，这种情况固然无法避免，但此时不应追究决策者的责任，否则就将形成逆向激励，导致紧急处置的僵化。另一方面，对领导者进行培训，提升领导干部的应急意识、水平和能力，锤炼应急处置的方式与方法。

（四）组织协调力的完善

政府的组织协调能力体现在确保政府间上下协同、左右一致，其完善也需从中入手。从府际关系来看，府际矛盾中最核心的症结就是信息的不对称。在既定的信息属地管理原则中，地方政府生产和占有危机信息，在信息传播速度较慢的年代，政府是天然的危机信息发布的垄断者，这也是其能够瞒报的权力基础。但随着互联网时代的到来，公众和自媒体改变了信息的所有权配置，公众可以借助互联网让危机信息低成本快速传播。因此可以引入信息多方来源竞争机制，拓宽上级政府信息来源渠道，使上级政府对媒体、公众所传递的信息进行甄别性吸纳，打破地方政府独自垄断信息的权力格局。通过现代信息技术建立上下级政府的信息共享平台，增强上下级政府的沟通与协作，减少中间层级对于信息向上传递的干扰，降低层层瞒报的风险。从横向政府关系来看，需要建立良好的常态化跨部门协同机制。强化应急管理部门的牵头能力和协调权威，理顺应急处置时相关部门之间的指挥关系，促进应急管理工作的协调和有序。建构地方政府横向的合作网络，促进资源共享与优势互补，摒弃地方本位思想，从而整合不同地区的安全资源。

（五）变革领导力的培育

受组织惰性和路径依赖的影响，行政组织的变革面临着较大的约束，唯有当组织面临危机时，才能激发出组织寻求变革的倾向。但显然不能等到政府组织发生危机的那一天才开始行动，而行政本身的保守又意味着组织的变革需要依靠领导者的出色领导力推动。为此，需要培育领导者的变革领导力。首先，培养领导干部敏锐的洞察力，从社会发展的趋势中，判断未来可能出现的变化，及时发现差距与不足，前瞻性布局变革策略。其次，设计合理明确的变革方案，变革步骤、目标。在选择变革方式的同时，要注意选择好变革时机，做好各方面准备。要明确从何处发动变革，选择好变革的突破口，始终把握好变革的进程，循序推进，稳步进行，从而让组织成员对变革有着充分的了解，消除他们的疑虑和不信任。同时，要考虑到政府各方工作人员的利益，处理好利益分配问题，减少他们抵制变革带来的惰性。再次，奖励变革的合作者，让政府工作人员参与到变革之中，同时也需要在日常工作中树立自己的领导权威，使自己能够超越抵制者推动变革。最后，培养学习型的组织文化，树立组织的创新进取精神，使创新变革之风深入人心。

后 记

"中国改革与发展热点问题研究"是反映和研究中国改革发展进程与成就的系列文集,自2013年始,已连续出版11年。11年来,该系列文集获得了各界好评,形成了良好的品牌效应,产生了很好的社会反响。

2023年,该系列文集的主题确定为"中国式现代化与高质量发展"。全书坚持以习近平新时代中国特色社会主义思想为指引,围绕党的二十大战略部署,重点研究中国式现代化的丰富理论内涵和实践成果,对经济、政治、社会、生态、发展与安全等领域中需要解决的重要问题及应对举措进行前瞻性探索,内容涵盖"中国式现代化进程中的高质量发展""经济高质量发展的重难点""政府高质量治理的重难点与行动建议""社会高质量治理的重难点与行动对策""统筹好发展与安全的重难点与行动对策"五部分内容。

本系列文集自出版以来,一直得到相关专家学者的大力支持。2023年,马建堂、王一鸣、贾康、高小平、张占斌等专家在百忙中为本书撰文,贡献了高水平的思想与智慧。丁茂战、胡敏、王露等学者积极参与本书写作,提供了优质的研究成果。张抗私、张茉楠、李芳更是始终如一地参与本项研究。在此,对所有作者一并表示感谢!

中国行政体制改革研究会作为国内知名智库,已连续多年支持

"中国改革与发展热点问题研究"并为出版提供资助。中译出版社的乔卫兵社长、于宇编辑为本书出版提供了一流支持，他们的专业水准和严谨负责的工作态度，保证了本书的出版质量和如期面世。在此一并致谢！

"中国改革与发展热点问题研究"系列文集一直是集体智慧的结晶和协同工作的成果。2023 年，在主编魏礼群教授的亲切关怀和悉心指导下，刘青松、冯俏彬、蒲实承担了全书的统筹工作，刘磊担任执行副主编，石伟、吴长军、李娣、安森东分别负责各专题的编务工作，刘文婧、何奎、巢小丽、朱瑞、余佳、黄文浩等在全书编撰和出版过程中均承担了大量工作，朱玉、朱振、杨华锋、焦长权、张文杰、孙金阳、苗芃、曹鸣玉、黄海燕、李振锋、黎娟娟、张弛、苏博文、李巧娟、谢梅婕、魏博等对本书的出版都给予了大力支持。在此一并致谢！

编者
2023 年 11 月